縄文と弥生の接点

縄文晩期／弥生前期の四国は，移行期を考えるうえで重要な資料を提供している。徳島産の三谷型石棒は，中四国から近畿まで流通し，共通の祭祀圏が存在したことを示す。弥生前期の土器を飾る木葉文の起源は縄文晩期前葉の橿原式にある。その後，数百年の空白期間をおいて四国の晩期末の三□□□□□□□□□□□□弥生前期の木葉文が成立する。

縄文晩期末の木葉文椀　徳島市三谷遺跡出土
（徳島市立考古資料館提供）

徳島市三谷付近産の縄文晩期の石棒（中村豊撮影）
徳島市三谷遺跡（左4点，端の長さ58.8cm，徳島市立考古資料館蔵）
南国市居徳遺跡（中央，24.7cm，高知県埋蔵文化財センター蔵）
神戸市大開遺跡（右，66cm，神戸市埋蔵文化財センター蔵）

弥生最古の木葉文　観音寺市一ノ谷遺跡出土
（香川県埋蔵文化財センター提供）

四国の弥生絵画

弥生中・後期の絵画土器は，この時期の祭祀儀礼を復元するうえで欠かせない。

大形船の絵画　松山市樽味高木遺跡出土
（松山市埋蔵文化財センター提供）

2層3階建ての高床建物の絵画　善通寺市旧練兵場遺跡
（香川県埋蔵文化財センター提供）

木葉文の壺　松山市持田遺跡出土
（松山市埋蔵文化財センター提供）

四国の高地性集落

香川県紫雲出山（352m）の頂上に立地する弥生中期の遺跡は，佐原真の研究によって，立地と石製武器の発達から軍事的な意味をもつ遺跡と評価され，2世紀後半の「倭国乱る」と結びつけられて，一時，定説化した感があった。しかし，出土した石器は，石庖丁を多数含んでいるように平野部の遺跡と変わりはない。

燧灘からみた紫雲出山遺跡
（乗松真也撮影）

紫雲出山からは心経山（300m）や高見島（297m）の高地性集落遺跡を遠望することができる。最近では，瀬戸内海を往来する船を監視し，その情報を伝えるための「通信施設」の機能をもつ集落と主張する研究者が多くなっている。それにしても，どうしてこれほどの高所にわざわざ住んだのか。

紫雲出山山頂からみた備讃瀬戸（同上）

弥生絵画の龍

弥生後期には龍を描いた土器が鹿児島から静岡まで広がっている。龍の表現にはいくつかの型があるが，ここには小さく具象的に描いた例と，大きく抽象的に描いた例を示した。

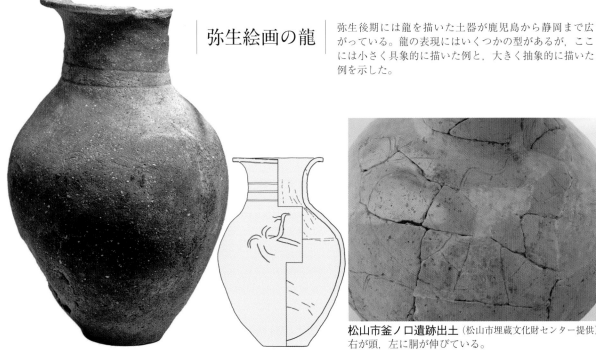

今治市新谷森ノ前遺跡出土（愛媛県埋蔵文化財センター提供）

松山市釜ノ口遺跡出土（松山市埋蔵文化財センター提供）
右が頭，左に胴が伸びている。

弥生青銅器の祭り

弥生時代の四国で生産している大型青銅器は平形銅剣だけであるが，北部九州産の銅矛，近畿産の銅鐸がもちこまれており，その発見数は驚くほど多い。弥生青銅器は中期までは瀬戸内沿岸部に分布しているが，後期になると太平洋岸が多くなり，高知では西に銅矛，東に銅鐸というように，九州勢力と近畿勢力が対峙しているような様相を呈する。

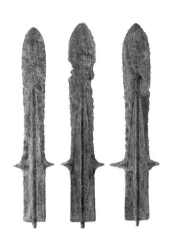

平形銅剣（左端の長さ 45.5cm）
伝松山市道後樋又出土
（松山市考古館提供）

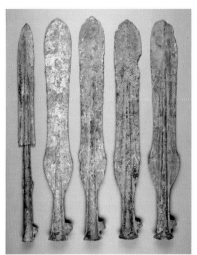

広形銅矛（右端の長さ 86.8cm）
高知県四万十町西ノ川口出土
（高知県立歴史民俗資料館提供）

突線鈕5式銅鐸（高さ 97.8cm，重さ 17.5kg）
徳島市矢野遺跡出土
（徳島県立埋蔵文化財総合センター提供，
梅原章一氏撮影）

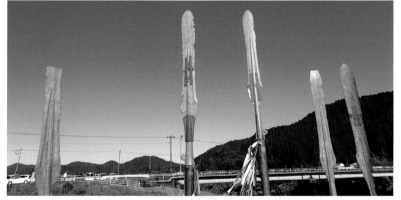

高岡神社の祭礼に供されている銅矛　高知県四万十町根々崎出土（吉田広撮影）

中国鏡・仿製鏡と破鏡

四国の弥生後期末／古墳初の銅鏡は，鶴尾神社4号墳の「伝世鏡」，萩原1号墳の中国鏡，そして仿製鏡と破鏡など，移行期の問題で重要な問題を提起している。

方格規矩鏡（径 18.2cm）
高松市鶴尾神社4号墳出土
（高松市埋蔵文化財センター提供）

画文帯神獣鏡（径 16.1cm）
徳島市萩原1号墳出土
（徳島県立埋蔵文化財総合センター提供）

小型仿製鏡（径 6.6cm）と破鏡　善通寺市旧練兵場遺跡出土　1・6 仿製鏡，2 方角規矩鏡か，3〜5 内行花文鏡（香川県埋蔵文化財センター提供）

四国の弧帯文土器

四国では弥生後期の弧帯文は徳島に多いが，これは愛媛の壺の口縁部に施した例である。吉備の特殊器台の影響をうけているとしても，独自の文様になっている。

愛媛県新谷古新谷遺跡出土（愛媛県埋蔵文化財センター提供）

弥生時代の辰砂鉱山

徳島県若杉山遺跡は以前から辰砂（硫化水銀）の採取遺跡として知られていた。近年の調査で堅緻な岩体を穿ち辰砂鉱石を採掘した驚くべき地下資源開発の実態が明らかとなった。採掘坑の長さは少なくとも10m以上に及ぶ。若杉山遺跡は阿波水銀鉱床地帯に属しており，周辺にも同様の採掘遺跡が存在する。

徳島県若杉山遺跡の辰砂採掘坑（大久保徹也撮影／阿南市協力）

徳島県寒谷遺跡の辰砂鉱脈の産状　（同左）

若杉山遺跡出土の辰砂鉱石（同上）

辰砂鉱石の採掘と粉砕に使った石杵と石臼　（徳島県提供）

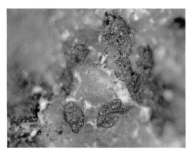

付着辰砂の拡大写真　（同上）

最初の前方後円墳と石積み

石清尾山古墳群の鶴尾神社4号墳は最初の前方後円墳である。立体的な後円部と長大だが低平な前方部、長大な竪穴式石槨を具える。石清尾山古墳群では双方中円墳の猫塚古墳を含め古墳時代前期を通じて積石塚を築き、墳丘外表を積石段で飾る。前半期では塊石積みの前面に緻密な板石積み段を設けるが、後半期では塊石積み段だけに変化する。

鶴尾神社4号墳の現況（大久保徹也撮影）

西面くびれ部の板石積み段（1983年撮影、同下）

高松市鶴尾神社4号墳の前方部からみた後円部（大久保撮影）

鶴尾神社4号墳の竪穴式石槨
（高松市教育委員会提供）

鶴尾神社4号墳の前方部前面の塊石列（香川県埋蔵文化財センター提供）

稲荷山北端古墳の板石積み段（大久保撮影／高松市協力）

北大塚古墳前方部隅の塊石段（大久保撮影）
稲荷山姫塚古墳の板石積み段（同上／高松市協力）

古墳時代前期の刳抜式石棺

近年，刳抜式石棺の再調査と検討が進んでいる。棺身の全貌が判明した三谷石舟古墳石棺は伴出遺物から最古段階の可能性がある。精緻な造付け石枕を具える。

高松市三谷石舟古墳石棺（徳島文理大学提供）

石枕の細部
（大久保撮影／高松市教育委員会協力）

善通寺市磨臼山古墳石棺（大久保徹也撮影／善通寺教育委員会協力）

石枕の細部（同左）

四国最大の前方後円墳

古墳時代中期前葉の墳長141mで四国最大の前方後円墳。同時期の前方後円墳は本墳と徳島県渋野丸山古墳だけである。周囲に盾形周濠を巡らし二基の方墳がとりつく。これ以後，四国では前方後円墳は長く姿を消す。

さぬき市富田茶臼山古墳　左が後円部，右が前方部（大久保撮影）

巨石墳以前の横穴式石室

古式の横穴式石室二基である。西山古墳は穹窿天井タイプだが，天井石の斜め架けがなく，大形化が顕著な段ノ塚穴型石室との懸隔は大きい。丸山古墳は初期の片袖タイプである。この系統は巨石墳化の中で，讃岐地域では主流化しない。

徳島県美馬郡つるぎ町西山古墳（大久保撮影）

香川県観音寺市丸山古墳（同左）

巨石墳の登場

四国諸島の古墳時代後期後葉の個性的な大形石室を掲げた。五間塚古墳と小蓮古墳は玄門構造と玄室の長大化の点では近似する。穹窿型天井を極度に誇張した太鼓塚古墳の形態は吉野川中流域で展開する。母神山鑵子塚古墳は四国最初期の複室構造石室で，複室構造を略化した石室の一つの範型として各地に波及する。

香川県観音寺市母神山鑵子塚古墳（大久保徹也撮影）　奥壁　　　　　　　　　　　　　　　　　　　　　　　　玄門部

奥壁　　　　　　　　　　　　　奥壁　　　　　　　　　　　玄室と奥壁

愛媛県今治市五間塚古墳　玄門部
（大久保徹也撮影）

徳島県美馬市太鼓塚古墳 奥壁と天井部
（同左）

高知県南国市小蓮古墳　　　玄門部
（同左）

古代山城

四国の３ヶ所の古代山城は瀬戸内海航路を睨むように配置されている。城山城の堅固な石積み城門は西方の塩飽諸島を望み，屋嶋城の城門は高松平野臨海部を見下ろす位置にある。

香川県坂出市城山城の城門（大久保徹也撮影）

城山城の城門から見た西方海上（同左）

香川県高松市屋嶋城　復元城門と高松平野（同上）

愛媛県西条市永納山城　版築土塁の基底石列（同左）

香川県坂出市讃岐国府跡と城山（香川県埋蔵文化財センター提供）
池の手前シート周辺が讃岐国府跡調査地，背後の山が城山

讃岐国府跡東方地区の建物群
（香川県埋蔵文化財センター提供）

古代官衙

古墳時代後期／令制期の巨大な変革を地方統治制度の整備の面から解明する重要な手がかりが次々と提示されている。久米官衙遺跡群の始点と変遷に関する評価は大きな議論を巻き起こすことになろう。讃岐国府跡も公的施設の起点は城山城造営と重なる可能性がある。

久米評

愛媛県松山市久米高畑遺跡の久米官衙群政庁地区
大形建物跡と出土した「久米評」刻書須恵器
（松山市埋蔵文化財センター提供）

季刊 考古学

（年4回発行）　本体2,400円

第163号（4月刊行）　　　　　　　　　　　　　　　　　本体2,400円

（特集）**埴輪からみた王権と社会**　　　　　　　　　　　廣瀬 覚 編

季刊考古学・別冊41

四国考古学の最前線

目次

I 総 論

II 縄文／弥生時代

III 弥生時代

表紙写真

香川県高松市石清尾山北大塚古墳前方部の塊石積み（大久保徹也撮影）

歴史・考古・世界遺産の情報誌

文化財 発掘出土情報

- ●全国の新聞（103紙307版）に報道される発掘情報を収集し収録
- ●最新の発掘調査の成果を巻頭グラビアで紹介
- ●歴史や考古に関連する博物館等の特別展案内や シンポジウム、研究会開催情報も満載
- ●遺跡の活用に向けた史跡整備や、世界遺産情報も掲載。

◆1983年1月 創刊 ◆毎月1日発行 ◆B5判
◆定価 2,200円＋税 （※年間購読の場合送料無料）

2022年10月号 (通巻497号)

◆収録遺跡・記事

上野国分寺
淀津
藤原宮跡
宮ノ浦遺跡 他

◆巻頭グラビア

和歌山県和歌山市
岩橋千塚古墳群

2023年1月号 (通巻500号)

◆収録遺跡・記事

目梨泊遺跡
造山古墳
吉野ヶ里遺跡
馬毛島 他

◆巻頭グラビア

青森県つるが市
田小屋野貝塚

2022年11月号 (通巻498号)

◆収録遺跡・記事

山内丸山遺跡
赤掘茶臼山古墳
上野遺跡
大中遺跡 他

◆巻頭グラビア

神奈川県相模原市
当麻遺跡

2023年2月号 (通巻501号)

◆収録遺跡・記事

胆沢城跡
富士山1号墳
峰ヶ塚古墳
ナスカ 他

◆巻頭グラビア

京都府亀岡市
法貴北古墳群

2022年12月号 (通巻499号)

◆収録遺跡・記事

香坂山遺跡
穴太遺跡
由義寺遺跡
鷹島沖 他

◆巻頭グラビア

徳島県徳島市
南蔵本遺跡

2023年3月号 (通巻502号)

◆収録遺跡・記事

塩﨑遺跡群
香山遺跡
富雄丸山古墳
熊本城内 他

◆巻頭グラビア

新潟県柏崎市
丘江遺跡

歴史と考古の書籍・グッズ ☆☆ **オンラインショップ** ☆☆ https://j-tsushin.co.jp/

・約1kg 1,800円＋税
（2～3片に分かれていることもあります）
・約400g 1,000円＋税
（中片・ケース入り）
・約150g 500円＋税
（小片・ケース入り）

黒曜石の原石（北海道・白滝産）

・ヒモギリ式 1,500円＋税
・キリモミ式 1,800円＋税
・ユミギリ式 2,500円＋税
・マイギリ式 3,800円＋税

火おこしセット（写真はヒモギリ式セット）

株式会社 ジャパン通信情報センター 〒150-0066 東京都渋谷区西原3-1-8 Tel. 03-5452-3243 Fax. 03-5452-3242

四国考古学の
最前線

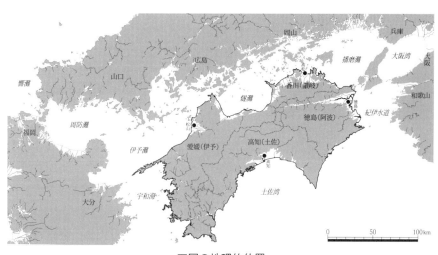

四国の地理的位置

I 総論

四国考古学の現在

国立歴史民俗
博物館名誉教授　徳島文理大学教授
春成秀爾・大久保徹也
HARUNARI Hideji　OHKUBO Tetsuya

　四国は，香川，愛媛，徳島，高知の四県からなる。江戸時代の讃岐，伊予，阿波，土佐の四国が明治時代にそのまま県に置き換わった例である。それだけ地域ごとのまとまりが強かったのであろう。四周を海で囲まれた四国は，中央に四国山地が東西方向に横たわり南北に分断しており，山地が占める割合は大きく，人々の活動の痕跡は海岸部と平野部周辺に集中的にのこされている。

　香川は瀬戸内海東部に面し，児島を介して岡山と結びつく。愛媛の対岸は広島・山口で西部は大分に面している。高知は太平洋に面しているだけでなく西部は東北部九州とも南九州ともつながりをもっている。徳島は対岸は和歌山で淡路島を懸け橋にして兵庫とつながる。このように四県はそれぞれ対面している地域が異なっており，四国内での交流だけでなく，対岸の本州・九州との交流がそれぞれの地域の特性を生んでいる。そのあり方は，本州・九州の歴史的動向の縮図の側面をもつ一方，積石塚古墳のように，四国独自の発展をとげた側面をもつ。四国は地域色豊かなフィールドを舞台にして歴史を展開しており，魅力あふれる考古学の研究分野である。

　本特集は，四国の縄文時代後期から平安時代前半に対象をしぼって，その歴史的動向を考古学的に解明しようとする試みであって，編者2名が36項目のテーマを選び，主に四国在住の研究者による論文を収録している。

1　縄文／弥生移行期の問題

　縄文／弥生移行期の問題を全国規模で考えていくうえで，四国は重要なカギを握っている。

　湯浅利彦は，縄文後・晩期の徳島市矢野遺跡が多数の竪穴住居跡，膨大な量の出土遺物から漁撈を基盤にした大規模集落をとらえている。しかし，近い所で縄文晩期から弥生前期へとスムーズに移行せず，その間には複雑な事情が存在する。

　徳島市三谷遺跡付近で生産した石棒は四国から中国・近畿一円にまで分布しており，とくに近畿への搬出が顕著であることを中村豊は明らかにしている。縄文的イデオロギーを体現する石棒は，縄文／弥生文化を担う人同士の接触，儀礼活動との関係が問題となる。

　弥生時代の始まりについて，出原恵三は，高知の弥生の始まりは瀬戸内側より早く，九州色のつよい文化をもっていることを指摘している。南国市田村遺跡の住居には朝鮮半島系の松菊里型が多い。その一方，縄文晩期の東日本系土器が徳島経由で土佐市居徳遺跡に流入している。縄文色を払拭した田村型集落と縄文色をのこす居徳型集落の併存は認められるだろうか。

　信里芳紀は，四国の状況を縄文晩期末，弥生前期初め～前葉，前期中頃と時期区分して，縄文晩期に水田が始まり，段階的に発展したことを述べ，居徳遺跡と田村遺跡とを二つの集団類型とみることに批判的である。

　秋山浩三は，河内の弥生前期の遠賀川系土器が香川・徳島と共通し，なかには四国からの搬入品があること，サヌカイトが金山産であることを指摘し，近畿への弥生文化の波及は四国からであったことを土錘・紡錘車の共通性からも主張している。

　縄文晩期末には，東日本系土器が西日本に伝わっている三谷遺跡と居徳遺跡出土の椀や壺に注目した春成は，木葉文は讃岐で生成し，河内への人の移住とともに伝わって発展したことを論じている。箆描き木葉文の分布域は，結晶片岩製石棒の分布と一致し，金山産サヌカイトの播布とも重

なる。

2　弥生中・後期の動向

　弥生中期後葉の松山市文京遺跡は，柴田昌児によると，四国内および九州との活発な対外交流によって成立した「密集型大型拠点集落」であって，その頂点に立つ有力者層は形成されているが，特別の個人や家族の台頭は認められない。後期になると，大型集落は衰退し，「特定の首長」を有する樽味遺跡や天山遺跡が出現するという。しかし，その「首長」の姿はまだ見えない。

　香川県三豊市紫雲山（352m）の頂上に立地する弥生中期の遺跡は，佐原真によって，軍事的な性格をもつ集落遺跡と評価され，『後漢書』の「桓霊の間，倭国大いに乱る」の記事と結びつけられた。その後，弥生中・後期の年代観が大きく変わった。出土遺物は，大型の打製石鏃が目立つけれども，石庖丁や石錘，釣針，紡錘車を伴っており，平野部の遺跡と変わりはない。信里芳紀は，その性格を瀬戸内海を往来する船を監視し，「交流・交易にかかわる情報伝達」の施設で，交易の場所は低地の大型集落を想定している。高地性集落の住人の生業，低地の集落との関係，盛衰の歴史について，いっそうの追究を期待したい。

　瀬戸内海は多島海である。芸予諸島を取り上げた柴田は，高地性集落の存在理由を「海上活動」の活発化とそれに伴う緊張関係の増幅に求めている。土器製塩によって得られた塩の流通と権力による掌握の問題も含めて考えたい。

　乗松真也が取り上げた児島では，古墳時代中期に漁具，製塩土器がなく，海での生産活動は不活発である。児島の後背地の吉備本土には造山・作山の2巨大前方後円墳を築造した時期であるが，その財源の一部として塩や海産物を想定できないか。香川県喜兵衛島の場合も，製塩活動の時期と横穴式石室墳の時期とは完全には重ならない。製塩と古墳築造との関係は，未解明の部分が多い。

　大久保徹也は，弥生時代の瀬戸内の土器製塩の意義を外部の需要にこたえる交易物資と位置づけ，大阪湾岸・奈良まで搬出先と想定している。

　中村豊は，弥生時代に柱状片刃石斧の石材が，徳島の片岩であることを明らかにして，中期の片刃石斧の供給先を示している。大阪湾岸から奈良では徳島産の片刃石斧を排他的に使っているという。儀礼用の石斧を推定しているのは重要である。

　四国産の弥生青銅器は，平形銅剣であって，これまで110点余の出土が知られている。吉田広は，平形銅剣の生産は弥生中期末に石製鋳型を用いて始まっていること，分布の中心は愛媛・香川であって，その生産地は，松山平野の文京遺跡と推定している。平形銅剣の分布がもっとも集中しているのは香川の三豊地域と善通寺平野である。

　その一方，北部九州産の銅矛は西南四国をおもに75本以上，近畿産の銅鐸は13個以上出土している。銅矛は，生産地の福岡の43本以上を凌駕し，埋納地の長崎対馬の95本以上に匹敵する。宮里修は，銅矛・銅鐸の研究の近況をまとめている。弥生青銅器は中期までは瀬戸内沿岸部に分布しているが，後期になると太平洋岸が多くなり，高知では西に銅矛，東に銅鐸というように，九州勢力と近畿勢力が対峙しているような様相を呈する。ところが，これらの銅矛・銅鐸が集中出土している愛媛南西部から高知には次の時代の前方後円墳は1基も知られていない。四国南部に最終段階の青銅祭器を埋納したのはどこの人たちで，その意図は何であったのだろうか。

　梅木謙一は，愛媛でとくに発達している大型器台と装飾高坏について論じている。特殊化は吉備ほどではないが大型化は著しい。器台の大型化と特殊化は程度の差こそあれ，中四国・九州で進んでいる。近畿だけは取り残されていることをどう考えるべきであろうか。

　春成は，四国の弥生土器に描かれた絵画についてまとめている。弥生中期の三層二階建て建物の存在や，後期の龍の絵画の発達は四国の弥生時代を理解するうえで参考になるだろう。

　菅原康夫は，弧帯文について論じている。弧帯文というと，岡山の楯築墳丘墓の弧帯石や特殊器台を真っ先に思うけれども，弧帯文でつながる四国と吉備との関係の追究はまだ不十分である。愛

媛では今治市妙見山古墳のように器台の形から脱していない土製品を埴輪のように立てている。これから追究したい課題である。　　　　（春成）

3　古墳時代の成立から展開

古墳時代への助走－弥生時代後半期の様相　弥生時代後半期の交易社会化の延長で，一つの帰結として古墳時代が生まれる。だから遡って弥生時代を主題とした論考に改めて少しだけ触れたい。

信里論考（p.37）が提示する備讃瀬戸海域の高地性集落は後半段階の開幕を象徴する遺跡類型，と筆者は考える。幾分，緊張気味に開始した遠隔地交易の初期的な装置として備讃瀬戸海域の高地性集落群成立を信里は論じる。一方，柴田論考（p.41）の捉え方は微妙に差異がある。柴田はむしろ自然環境や操船技術の面から接近を図る。備讃瀬戸海域のベーシックな生業を取り上げる乗松論考でも広域的交流の一面が示される。

西本論考が示す徳島県若杉山遺跡の辰砂採掘実態も，阿波水銀鉱床の開発本格化の起点を考慮すれば遠隔地交易「熱」の反映といえる。村上論考では水銀鉱床地帯の一隅，加茂宮ノ前遺跡の鉄器生産を挙げ，辰砂採掘に「誘引される現象」と評価する。鉄器生産自体も該期の島域では新奇な外来技術体系であり，「誘引」は遠隔地交易・交流という契機から生じた連鎖的反応といえよう。大久保論考（p.47）は土器製塩の成立もこれに関連づける。

南論考は弥生銅鏡の流入動向からこれを照射する。高知県田村遺跡出土鏡を含め島域の西・南部への一早い流入と燧灘以東に波及する後期後葉～末のコントラストが興味深い。後者では後期中葉末の兵庫県西条52号墓副葬鏡を嚆矢に，以後，流入量が急増する。南は鏡・破鏡の流通に強い政治的色彩を読み取ろうとする。なお旧練兵場遺跡の特異な鏡片加工と周辺域への波及もこの期の所産である。後者段階は森下が論じる漢鏡7期鏡の流通と重なる。森下は諸鏡式の製作地比定と，その各々の列島分布状況から漢鏡7期鏡群の一様ではない流通実態を明らかにしてきた。画文帯鏡群の流通も一律的ではない可能性を示す。さらに阿波

北部地域の7期鏡群の保有と最終消費（副葬）時期を検討し，多元的な鏡の獲得機会を推測する。弥生時代後半段階の旺盛な交易・交流「熱」が次代を生み出すことが様々な論点から示されている。

古墳時代の開幕と展開　香川県鶴尾神社4号墳の時期と評価について春成論考（p.93）と大久保論稿（p.89）は対立する。大久保は多面的な属性の変化から墳丘墓の様式的刷新と捉え，それを促した外的要因を重視する。一方，春成は鶴尾神社4号墳を箸墓古墳の一つの祖形とみる。大久保は伴出土器の編年観を前提に上記の理解に至るがなお編年論上の補強は必要だ。一方，春成には編年観の論拠，様式刷新の評価と契機についていっそうの説明が求められるだろう。岸本論考は播磨灘沿岸の前方後円墳を類型化する。諸属性中，墳丘平面形をとくに重視する視点は上記春成論考にも通じる。また墳丘型式の波及契機を陵邑と“奉仕”に見出す仮説を示す。春成や岸本と，大久保とでは古墳時代前期社会像はかなり相違する。

山内論考は小形墳に目を配りつつ，西部瀬戸内海の広域的関係の中で前方後円墳の築造動向の把握を試みる。高上論考は北東部エリアで100m前後級大形前方後円墳の継起的築造の開始期に創出された刳抜式石棺を論じる。石材採取・製作地の再検証を踏まえた製作体制の検討を提言する。高上が後日を期す石棺編年の再構成は，この提言と関連するだろう。期待したい。

島域の前方後円墳築造動向を二段階に大別した大久保論考（p.97）では古墳時代中期中葉～後期前葉を空白期とし，帆立貝式古墳，円墳の敷衍に，陪冢の型式を以て自らを表現するこの期の本質をみる。栗林論考はこの間の円墳等の築造動向を整理する。愛媛県祝谷9号墳など注目すべき調査が進む一方，墳丘形態や規模など基本情報が未確定な事例も残る。愛媛県観音山古墳や徳島県子安観音古墳については異見も多く，重要なだけに今後の綿密な検討が必要だ。松本論考が跡づけた横穴式石室の導入はこの空白期の主に後半段階に始まる。この時期には木槨（含む石積み木槨）構造も散見され，墳丘形態の斉一的傾向とは裏腹に

多系統の埋葬施設が展開する。松本が論じる横穴式石室はその有力な一つであって，さらにそこに内包される複数の石室系統を指摘する。本格的な導入は前方後円墳の再登場時期と重なり，上記大久保論考はそこに緩やかな地域的連携の形成をみるが，松本が指摘する石室系統の多様性と共存する。この二面性を掘り下げなければならない。

中久保は初期須恵器の生産動向を整理する中で必ずしも一系的ではない，複雑な技術系譜の共存を示唆する。前方後円墳築造の転換と重なる時期の所産だけに，築造動向との関係が気にかかる。

大久保は前期に衰退した塩生産がこの期に再開するとし，そこに政策的な技術移植をみる。乗松が指摘する漁網錘の転換は時期と技術系譜の点で製塩技術の移植と結びつく。

4 変容する古墳時代そして令制期

まず橋本論考の愛媛県久米官衙遺跡群を挙げる。変遷は 3 段階に整理されてきた。Ⅲ期は 7 世紀第 3 四半期末以降の久米評衙と付設寺院・来住廃寺の段階，Ⅱ期の遺構は舒明・斉明天皇行幸時の行宮に比定される。さらに橋本はⅠ期遺構を 600 年の新羅征討軍発遣と結びつけ，来目皇子の滞在所の可能性を指摘する。この当否には今少し議論を要しそうだが，行宮という特殊な国家的施設からスタンダードな令制地方統治施設＝郡衙関係施設に転換する過程をここに見出すことが重要だ。藤川論考が手際よくまとめた国府探究の現状，で言及する徳島県観音寺遺跡の「論語木簡」は実態不明だが 7 世紀中葉に遡る行政文書作成機関の存在を示唆するという。また 8 世紀前葉以降に施設整備が始まる香川県讃岐国府跡遺跡の下層には正方位の大形建物群が広がる。時期と立地とから讃岐・城山城との関係が推測される。令制地方官衙に至る様々な道筋が解明されつつある。

ところで行宮などの設置では予め運営・奉仕の機構が要るはずだ。橋本が提示する編年観に従えば，それは大形石室墳築造の盛期と重なる。中嶋論考では大形石室墳を，諸勢力の連携に基づく地域的秩序強化の産物と捉える。これと「奉仕拠点」設定を整合的な動きとみるか，大切なことだと思うのであらためて橋本や中嶋に追究してもらいたい。これは中久保が整理する該期の須恵器生産や，大久保の塩生産の動向も同じだ。これらは大形石室墳の展開期に定着・発展し，令制貢納体制に組み込まれる生産部門だ。この過程と背景を追及すればこの課題に合流する。渡邊論考（p.128）は瀬戸内海交通の視点から古代山城の立地を論じる。同時に渡邊が城山城で指摘した関連施設−下川津遺跡などを考慮すれば，築城地点の選定は軍略的観点とは別に設営と維持を可能とする機構の先行的な整備状況とも関係するだろう。

岡本論考は寺院造営状況の地域差を指摘する。均質的な寺院分布の讃岐と松山平野域の集中傾向が顕著な伊予などだ。その一方，それらは総じて前代の大形石室墳の分布状況と整合しない傾向も明らかだ。岡本が丁寧に整理した寺院造営時期は，この間に古代山城の築造−そしておそらくはそれを支える諸機構の整備−が挿し挟まれることを示し，そこに担い手の交替が推測される。その上で，指摘された地域差の問題は令制地方統治制度の整備過程を追究する鍵かもしれない。渡邊論考（p.143）は国分二寺以降の寺院造営をとりあげ，平安期を通じて寺院建立の営みが息長く続くことを示す。山林寺院が目立つが，讃岐国府に付設する開法寺など，地方統治施設と寺院の長く緊密な関係も注目される。平安期以降も整備・拡充が重ねられる讃岐国府跡遺跡（藤川論考）の推移とも相俟って令制で立ち上がった諸機関・施設の意外な"しぶとさ"は従来的な奈良・平安時代，あるいは律令体制像の更新を要請するだろう。

＊

やや口幅ったい物言いに終始しすぎたが，専ら筆者の関心に引きつけ，掲載順に拘らずに諸氏の論考を紹介した。各論説に目を通し，さらに各著者の既往，そして今後の論考に注目して頂きたい。そこに四国島域を題材としつつも偏狭な地域論に陥らず，素材を縦横に駆使し列島史に挑む最前線の研究姿勢が立ち現れてくると思う。　（大久保）

II 縄文／弥生時代

縄文時代後・晩期の四国

元(公財)徳島県埋蔵文化財
センター

湯浅利彦
YUASA Toshihiko

四国は背中合わせでひとつと言える。海を隔てた近畿・山陽・東九州と向き合い，対岸の文化要素を少なからず受容しながら独自に展開してきた。対岸と比べると遺跡数は少ないものの，四国には複雑な様相がある。脊梁の四国山地には草創期以降，洞窟や岩陰のキャンプ地が点在し，早期以降はおもに高知平野周辺部や南西四国に活動の痕跡を残す。縄文海進を経て中期には沖積地への進出が始まる。後・晩期は各地域の遺跡数が大幅に増加する，四国における縄文時代の盛期である（図1・2）。中四国縄文研究会（1990〜）の集成資料などをもとに，四国の縄文時代後・晩期研究の概要と課題の一端をまとめてみたい。なお，小稿の地域区分は図2のとおりとする。

1 土器編年研究の現在

基本となる土器型式とその編年は，東四国は近畿・東部瀬戸内地方の両型式の，北四国はおおむね瀬戸内型式の分布域と理解され[1]，南西四国は東九州と瀬戸内の関係も視野に入れた独自の型式が成立する地域である。

西日本の後期は北白川C式から変容した中津式の成立で始まる。徳島県矢野遺跡出土土器をもとにした矢野K式[2]は，北白川C式の器形・文様を保持したまま胴部独立文様を繋ぐ下端区画を発生させる中津式の萌芽とも言える土器を含む重

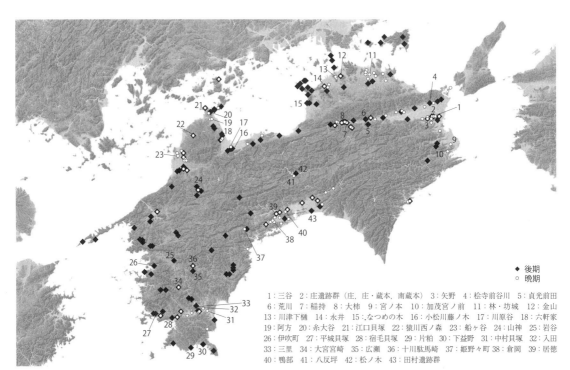

1：三谷　2：庄遺跡群（庄，庄・蔵本，南蔵本）　3：矢野　4：桧寺前谷川　5：貞光前田
6：荒川　7：稲持　8：大柿　9：宮ノ本　10：加茂宮ノ前　11：林・坊城　12：金山
13：川津下樋　14：永井　15：.なつめの木　16：小松川藤ノ木　17：川原谷　18：六軒家
19：阿方　20：糸大谷　21：江口貝塚　22：猿川西ノ森　23：船ヶ谷　24：山神　25：岩谷
26：伊吹町　27：平城貝塚　28：宿毛貝塚　29：片粕　30：下益野　31：中村貝塚　32：入田
33：三里　34：大宮宮崎　35：広瀬　36：十川駄馬崎　37：姫野々町　38：倉岡　39：居徳
40：鴨部　41：八反坪　42：松ノ木　43：田村遺跡群

◆ 後期
○ 晩期

図1　四国のおもな縄文時代後・晩期遺跡
（Ground Interface「川だけ地形図」https：//www.gridscapes.net/AllRiversAllLakesTopography/，2015）

要性は認められるものの，整理すべき課題は多い。中津式は近畿から北部九州に至る広域分布型式とされてきたが，地域性を重視する検討がなされている。後続は福田KⅡ式と四国南西部の宿毛式で，併存する遺跡も多い。

　西日本に分布する縁帯文土器は地域色が強く，近畿と瀬戸内の型式は異なる。成立期は近畿で四ッ池式などが設定されると，四国では松ノ木式[3]が提唱され，広く認知された。

　南西四国では三里式，平城（ひらじょう）式[4]，片粕式，広瀬上層式，伊吹町式などが設定され議論が盛んである。なかでも平城式はⅡ式→Ⅰ式の逆転編年案[5]が提示されてから，当初設定の系統説を支持する者と逆転説支持者の間で議論は続いている。2021年愛南町教育委員会により平城貝塚の総括報告書が刊行された。今後の議論に期待したい。

　後葉の凹線文土器以降，晩期前半までは各地で検討されているものの，資料数が少なくかみ合った議論はない。後半の凸帯文土器は弥生文化に接続する重要性から，その成立過程や変容について編年案が検討され，そのひとつの成果[6]を引き継ぎ四国各地域で精緻な土器編年が検討され続けている。

2　縄文遺跡の動態

　西日本の遺跡は中期末以降に急増する。中期末には近畿地方で石囲炉や大型石棒など東の縄文文化を受容しながら遺跡数を増やしたが，四国は遺跡数・出土品とも少ない。

　後期初頭中津式の遺跡数は四国各地域とも中期以前の各時期を凌駕する（図2）。福田KⅡ・宿毛式の時期，縁帯文土器の時期までは同様の傾向が

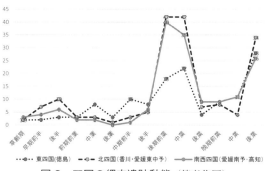

図2　四国の縄文遺跡動態（筆者作図）

続く。荒川・貞光前田・加茂宮ノ前（徳島），永井（香川），小松川・平城貝塚（愛媛），松ノ木・田村（高知）などがその代表的遺跡である。立地は山麓部や河岸段丘上が多く，沖積地への展開はまだ本格的ではない。

　後葉・凹線文土器の出土遺跡は急減し，晩期前葉も遺跡数は少なく，中葉から遺跡数は増える傾向にあり，後半・凸帯文期の遺跡数は四国でも急増し，その後の弥生遺跡と重なる沖積低地への立地が進むが，伝統的立地環境である河岸段丘なども多い。

3　集落と住居遺構

　西日本の縄文集落の小規模性は従来から指摘されてきた。四国でも住居跡の検出例は少ない。そのため住居以外の遺構（墓・貯蔵穴・落とし穴・貝塚など）を総合的に捉え縄文社会のありようを探ってきた[7]。

　中四国の縄文時代遺構集成[8]から住居跡を拾うと，可能性の幅を広げても北四国は後期11軒，晩期4軒，南西四国は後・晩期各1軒で，東四国は後期39軒，晩期12軒である。各遺跡検出例は通例1～2軒だが，後期の矢野は下層21軒と上層10軒（図3），小松川藤ノ木遺跡（愛媛）5軒，晩期宮ノ本遺跡（徳島）10軒が検出されている。

　矢野遺跡は中期末を含め後期初頭から中葉に至る遺物が85,000点と西日本では特異な規模の遺跡である。鮎喰川の沖積扇状地中央の標高約7～8mに展開し，その集落領域は後期前葉の上層（第3遺構面）集落の廃絶後，河川氾濫で西～北側と南側を浸食され失っている。東側の広がりは不明だが，調査区内で後期初頭の下層（第6遺構面）集落は南北110m，上層集落は約250mに範囲にある。下層の遺構は竪穴遺構21軒，屋外炉56基，土坑181基，小穴68基と，その集中度は西日本で例がない。竪穴遺構は炉や柱穴の屋内施設を備えた竪穴住居のほか，皿状に掘りくぼめ床面を平坦に整えただけのものも多い。これらは規模や炭化物・焼土粒などを大量に含んだ埋土状況，屋外炉を火処とみれば，住居と考えられる。下層集落からは列島最古で最西地点の土面や，列島最古級の水銀朱の精製と使用があり，東日本の影響で成立した

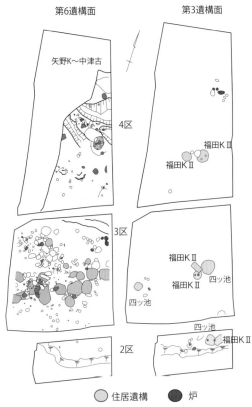

第6遺構面　　　　第3遺構面

矢野K〜中津古

4区

福田KⅡ

福田KⅡ

福田KⅡ

福田KⅡ

四ッ池

3区

四ッ池

四ッ池

2区

福田KⅡ

⬤ 住居遺構　　⬤ 炉

図3　矢野遺跡の居住関連遺構（1/1,500）
（『矢野遺跡Ⅱ』の遺構図を編集し筆者作図）

土器文化や石棒の導入もみられ，これを環状集落と捉える考えもある[9]。しかし近畿地方にも環状集落はみられず，遺跡内に石囲炉が無いなど東日本文化の選択的な受容状況から直接移住の集団とも考えにくい。竪穴遺構の簡易な作りは一時的な居住の意図を表現し，出土石器の半数を石錘が占める特異な組成から，漁労のためこの地に繰り返し回帰した結果の遺構集中と考えられる。堆積や浸食の状況から洪水が頻発する環境が想定され，周回行動の理由のひとつと考えられる。

　上層集落は福田KⅡ式の竪穴遺構が6軒，屋外炉1基，土坑5基，同じ遺構面の四ッ池式竪穴遺構4軒のほか，時期不明の屋外炉が8基検出されている。上層集落の竪穴遺構はそれぞれが30m〜40m離れており，空間利用の思考が下層集落と異なる。

　東四国で竪穴住居が要件を整えるのは，中葉の加茂宮ノ前遺跡からで，後期末の庄遺跡群の住居は石囲炉を有する。晩期宮ノ本遺跡の後葉〜末の竪穴住居は弥生時代住居と遜色ない作りで，凸帯文土器には籾圧痕が検出されている[10]。

4　石器と石材

　後・晩期に広がりを見せる特徴的な石器に石鍬（打製石斧）がある。矢野遺跡の中津Ⅱ式〜福田KⅡ式包含層から出土した2点がもっとも古い。北四国永井遺跡では津雲A〜彦崎K1式期から弥生前期まで各時期連続的に15〜70点（総数432点）出土し，石器全体の15〜60％を占める。南西四国の岩谷遺跡（後期中葉〜晩期）で21点，大宮・宮崎遺跡（後期中葉）11点が目立ち，高知平野の田村遺跡群では中葉に86点（37％），中葉〜後半には54点（88％）もの出土がある。晩期前半は東四国の稲持98点，後半は三谷25点，大柿28点と，入田（高知）61点の各遺跡が目立つが，この時期通有のものとは言いがたい。縄文農耕と直接結びつける考え方もあるが課題も多い。削器を石庖丁のような収穫具とする考え方も同様である。

　石鏃は伝統的な狩猟具であるが，晩期には五角形鏃の導入など数量を増やす傾向にある。その石材は香川県金山に産するサヌカイトが大半を占めるが，南西四国では極端に少なく，肱川流域に産地のある赤色珪質岩やチャート，頁岩が主体を占める。東四国那賀川流域はチャート産地だがサヌカイトが大半を占める。島外からは姫島産黒曜石が西部を中心に分布し，那賀川流域や吉野川中流域にも出土する。糸大谷遺跡（愛媛）や中村貝塚（高知）では西北九州の黒曜石や，猿川西ノ森遺跡（愛媛）では後・晩期と特定できないが隠岐産の黒曜石も出土している。また桧寺前谷川遺跡（徳島）には二上山サヌカイトが含まれる。

5　異系統土器

　近隣対岸地域との交流のなかで搬入や影響がみられるのは自然な流れだが，遠く離れた地域の土器そのもの，ないしは変容の少ない異系統土器の存在とその意味について議論されてきた[11]。

　晩期前半の橿原式文様以外は無文化が進む中

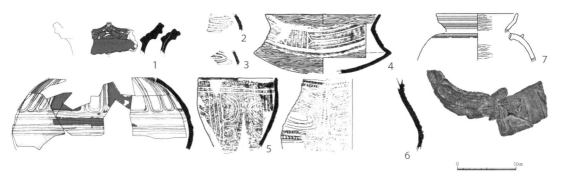

図4 東南四国の東日本系土器 1：居徳　2〜6：三谷　7：南蔵本
(1：(財) 高知県文化財団埋蔵文化財センター『居徳遺跡群Ⅲ』2002, 2〜6：徳島市埋蔵文化財発掘調査委員会『三谷遺跡』
1997, 7：(公財) 徳島県埋蔵文化財センター『南蔵本遺跡』2014・徳島県立埋蔵文化財総合センター所蔵)

で，弥生文化東漸の時代の東日本系縄文土器は極めて目立つ存在である。四国には大洞A式以降の東日本系土器が流入する。北四国では川津下樋遺跡と林・坊城遺跡（香川），阿方遺跡（愛媛）に少量あり，裏瀬戸内側の三谷遺跡，庄遺跡群（庄・蔵本・南蔵本）と居徳遺跡（高知）にまとまった量がみられる。三谷は石器組成や石棒祭祀などから縄文文化集落で，西500mの庄遺跡群は最初の弥生文化集落である。三谷には弥生土器や炭化米など，庄遺跡群には朱彩異形土器（図4-7）や糸玉など交換されたとみられる遺物が出土する，縄文と弥生の接点である。三谷の有文土器群（図4-2〜6）は北陸系八日市新保式や安行系・浮線文系とみられている。居徳は縄文時代前期から断続的に，後も弥生前期以降続く集落で，晩期末の東日本系土器は大洞系・北陸系や不詳も含め80点を超える。大洞A1式の連子窓文壺（図4-1）の胎土などの分析結果は「東北中部の本場の大洞式土器の製作に長けた人物によって中部高地か西南関東地方で製作され，北陸経由で居徳遺跡に搬入されたと推定される」[12] というものである。

むすびにかえて

縄文後・晩期の研究はレプリカ法など分析法の進展や，既存資料の再整理，今後進められる矢野遺跡を凌ぐ出土量があった加茂宮ノ前遺跡などの整理で新しい知見が得られるであろう。小稿では取り上げられなかった観点・論点は多くあるが，四国の多様性と列島各地との関係の追求は続くのである。

註

1) 『愛媛県史』（1982）で，東・中予地域も含めて地元出土の縄文土器をもとに型式設定される。中部瀬戸内編年とほぼ同内容であるが，地域色を捉える検討は続いている。

2) 湯浅利彦「矢野遺跡出土土器からみた中津式の成立」『矢野遺跡Ⅱ』徳島県埋蔵文化財センター，2003

3) 出原恵三「松ノ木式土器の提唱とその意義」『松ノ木遺跡Ⅰ』本山町教育委員会，1992

4) 犬飼徹夫が『愛媛県史』において，Ⅰ・Ⅱ・Ⅲ式土器として細分し型式設定した。

5) 西脇対名夫「伊木力遺跡出土縄文時代後期土器の検討」『伊木力遺跡』同志社大学文学部文化学科，1990

6) 土器持寄会論文集刊行会『突帯文と遠賀川』2000

7) 中四国縄文研究会『中四国における縄文時代後期の地域社会の展開 発表資料集』2008

8) 中四国縄文研究会『遺構から見た中四国地方の縄文集落像 発表資料集』2010

9) 氏家敏之『徳島の土製仮面と巨大銅鐸のムラ 矢野遺跡』新泉社，2018

10) 中村　豊・中沢道彦「レプリカ法による徳島地域出土土器の種実圧痕の研究」『青藍』10，2014

11) 中四国縄文研究会『中四国地方の外来系土器』2018，小林青樹「東日本系土器から見た縄文・弥生広域交流序論」『突帯文と遠賀川』2000 など

12) 関根達人・柴　正敏「居徳遺跡出土の大洞A1式装飾壺の製作地と製作者」『高知県立歴史民俗資料館研究紀要』26，2022，pp.11上段19-21行

なお，紙幅の関係上参考文献の大半を割愛した。

結晶片岩製石棒の生産と流通

徳島大学大学院教授
中村　豊
NAKAMURA Yutaka

縄文時代晩期後葉から縄文／弥生移行期にかけて，西日本東半地域を中心に「三谷型石棒」とよばれる結晶片岩製大型石棒が特徴的に分布する。本稿では，縄文時代中期末から晩期にかけての結晶片岩製大型石棒生産の展開を概観して「三谷型石棒」出現の背景をおもに石材面から検討し，流通についても考察を加える。

1 結晶片岩製石棒の生産・流通史

(1) 縄文時代中期末から後期前葉

石棒は縄文時代中期末に東日本から伝播すると考えられている。当初は多様な石材を用いており，地域外へ広域に流通する事例は多くない。

(2) 縄文時代後期中葉・後葉から晩期中葉

縄文時代後期中葉から縄文時代晩期中葉にかけて，石棒の小型化・精製化と，石刀の出現と展開が認められる。しかし，大型石棒も継続的に認められ，とくに四国地域ではその傾向が顕著である。石材は多様で，前代と同様に地域外へ流通する事例は多くない。ただし，島根県奥出雲町原田遺跡では中〜小型石棒が20点ほどまとまって出土しており，やや特異な事例といえる。四国地域では，四万十市大宮・宮崎遺跡，徳島市庄遺跡，西条市池の内遺跡など結晶片岩製大型石棒が認められ，基本四国島内にとどまるが，岡山市大森遺跡に出土例がある。

(3) 縄文時代晩期後半〜縄文／弥生移行期

凸帯文土器前半期の事例は多くない。一方，凸帯文土器後半期から縄文／弥生移行期にかけて，結晶片岩製大型石棒は近畿地域から中四国地域東半一帯，これまでにみられなかったような山陰地域や京都盆地，琵琶湖周辺，紀伊半島南部など急速に分布範囲を広める[1]。すなわち「三谷型石棒」の隆盛である。代表的な遺跡をあげると，四国地域では，徳島市三谷遺跡，同名東遺跡，徳島県東みよし町大柿遺跡，高松市井手東Ⅱ遺跡，松山市別府遺跡，土佐市居徳遺跡，山陰地域では島根県飯南町門遺跡，同板屋Ⅲ遺跡，出雲市三田谷Ⅰ遺跡，鳥取県智頭町智頭枕田遺跡，山陽地域では，岡山市津島岡大遺跡，近畿地域では，姫路市丁・柳ヶ瀬遺跡，神戸市大開遺跡，同北青木遺跡，伊丹市口酒井遺跡，茨木市東奈良遺跡，大阪市長原遺跡，東大阪市〜八尾市池島・福万寺遺跡，八尾市八尾南遺跡，和歌山県みなべ町徳蔵遺跡，和歌山県すさみ町立野遺跡，大和高田市川西根成柿遺跡，京都市高倉宮下層遺跡，高島市北仰西海道遺跡，滋賀・奈良・和歌山から島根・岡山・愛媛・高知各地域にいたるまで，当該期の代表的な遺跡をほぼ網羅するくらい，濃密かつ広域に出土している（図1）。

なかでも，徳島県の三谷遺跡，名東遺跡，大柿遺跡では未製品を含む多くの大型石棒が出土している（図2）。とくに三谷遺跡では，剝離（図2-2・3），敲打（図2-4〜6）の工程それぞれを示す個体を含む30点近くの出土例がみられる。他地域出土品と比較しても残存率が高く（図2-7），平均重量も重い傾向にある。素材である棒状礫をそのまま「石棒」としてもちいたとみられる「石柱」も複数出土している（図2-1）。各地の結晶片岩製大型石棒を観察すると，徳島市眉山の露頭（図2写真左）や転石および，三谷遺跡出土品（図2写真右）と肉眼観察上酷似したものが多く認められる。とくにフェンジャイトなどを含んで，ギラギラとした外観を呈する泥質片岩（紅簾石片岩，緑色片岩もある）製が一般的である。

岩石学上注目すべき成果もみられた。三田谷Ⅰ

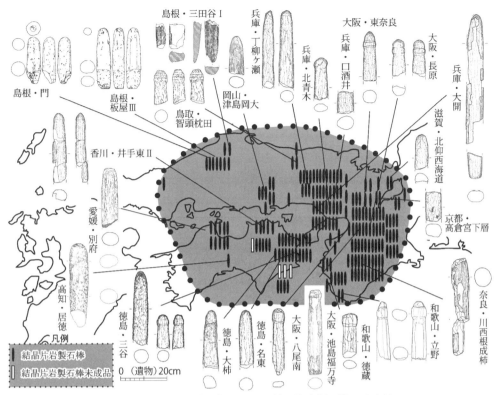

図1　縄文／弥生移行期における結晶片岩製石棒の分布域

遺跡出土例は，原産地推定のため，偏光顕微鏡による薄片観察がおこなわれている[2]。中国山地の周防－蓮華帯に産する結晶片岩とは異なって，三波川帯結晶片岩に一般的な，高変成度を示す特徴が顕著で三波川帯産と推定されている。山陰地域では，縄文時代晩期前半まで大型石棒は結晶片岩製ではなかった。ところが縄文時代晩期末から縄文／弥生移行期にいたって，結晶片岩製大型石棒が出土するようになる。これらはいずれも肉眼観察上酷似する上に，先の岩石学的知見から三波川帯から持ち込まれたものと推察される。

伝統的な大型石棒生産は，愛媛地域や紀伊半島など，三波川帯で継続していたとみられるので，三谷遺跡など徳島地域の遺跡における一元的な生産とまではいえないが，その特徴は他地域への提供を視野においた，まとまった製作の可能性を示唆しており，大型石棒生産遺跡として重要な役割を果たしていたことは動かない。

土偶の出土が，地域・遺跡による偏りをみせるのに対して，石棒は各地の中心的な遺跡において，まんべんなく出土する。これは，この両者の間にみられる儀礼の差異を示唆している。

結晶片岩製石棒流通の背景

（1）石棒の出土状況

三谷遺跡において，石棒は居住域のある北側の微高地から下がった旧河道に面した３ヶ所の貝塚付近からまとまって出土している。８体にもおよぶイヌの埋葬もみられた。イヌ犬歯製玉，ヒト切歯製玉ほか，貝製，骨角製装身具のみならず，有文精製土器がここに集中して出土する。石棒祭祀の実態をとどめる貴重な事例で，儀礼空間を反映するとみてよかろう[3]。他地域では単独で出土する事例が多く，ただちに儀礼と結びつけることができない。比較的まとまった出土のみられた長原遺跡は，墓域からの出土が特徴的である。口酒井

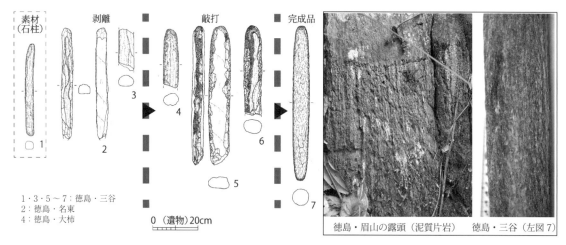

素材（石柱）　剥離　　　　敲打　　　　完成品

1・3・5〜7：徳島・三谷
2：徳島・名東
4：徳島・大柿

0　（遺物）20cm

徳島・眉山の露頭（泥質片岩）　徳島・三谷（左図7）

図2　結晶片岩製石棒の生産

遺跡は低地に面した包含層から出土しており，三谷遺跡と共通する。墓域（ヒト，イヌ）や集落縁辺部の低地（水辺を含む）に面した地点などが石棒祭祀の儀礼空間であったと考えられよう。一方，時代がやや下るとみられる大開遺跡では，集落域の中で遺棄されたかのような様子がみられ，行く末が垣間見える。

(2) 儀器としての石棒の流通

一般的な労働用具としての石器石材は，たとえそれが遠隔地間を移動するものであったとしても，原産地から贈与または交換というかたちで普及していったと推察される。一方，石棒は「儀器」である以上，石棒を使用する「儀礼」とともに運搬されていったとみられる。もちろんこれに労働用具が付随していったことは想定できるが，背後には「儀礼」をとりおこなう人びとの移動があったはずである。すなわち結晶片岩という特定の石材にこだわった石棒が，かつてないほど広域に運ばれるという特異な時代背景が，近畿から中四国東半地域における各地域社会に，共通してみられたからにほかならない。広域にわたる儀礼の共有，その背景にいかなる歴史的文脈を読み取ることができるのか。

(3) 縄文／弥生移行期という時代性

かつて林謙作[4]が指摘したように，石棒は縄文時代を象徴する儀器である以上，結晶片岩製大型石棒の供給量の変動が，縄文／弥生移行期という時代の変化を鋭敏にあらわしているとみてよい。石棒の有力な供給地である三谷遺跡の衰退と，すぐ近くの徳島市庄・蔵本遺跡における灌漑水田稲作の本格化は，地域社会における石棒祭祀の終焉を象徴する画期とみることができる。それはまた，近畿地域から中四国東部地域で結晶片岩製大型石棒の需要が急速に減退する動き，すなわち各地の地域社会を支えてきた儀礼の終焉をもあらわしている。結晶片岩製大型石棒の広域展開による儀礼をともなう人の移動は，その後の歴史にも少なからぬ足跡を残したのではあるまいか。

註

1) 泉　拓良「縄文時代」『図説発掘が語る日本史4 近畿編』新人物往来社，1985。大下　明「石器・石製品について」『伊丹市口酒井遺跡—11次発掘調査報告書—』伊丹市教育委員会ほか，1988。中村　豊「稲作のはじまり」『川と人間—吉野川流域史—』溪水社，1998 など

2) 高須　晃「三田谷I遺跡より出土した石器石材の岩石学的研究と原産地の推定」『斐伊川放水路建設予定地内埋蔵文化財発掘調査報告書9 三田谷I遺跡3』島根県教育委員会，2000

3) 勝浦康守編『三谷遺跡』徳島市埋蔵文化財発掘調査委員会，1997

4) 林　謙作「考古学と文化」『歴史評論』453，1988

縄文晚期から
弥生前期への転換

香川県埋蔵文化財センター
信里芳紀
NOBUSATO Yoshiki

かつて，縄文時代晚期から弥生時代前期の転換は，水稲農耕のはじまりを表徴する遠賀川式土器（おんががわ）の出現を境として急速に変化を遂げた考古資料に対して「縄文」・「弥生」の時代区分を設定し，その背景に集団の移動・移住が想定されてきた[1]。その際に生じる遺跡単位の考古資料の差異や遺跡の分布状態は，「棲み分け」や「共生」など転換期特有の居住形態や縄文・弥生の文化類型の差を示すものとして説明された。

一方で，近年の調査研究では，水稲農耕の開始から拡大までの過程が数段階に区分されることが明らかにされ，放射性炭素年代測定の研究ではこれらが長期間に及ぶことが指摘されるなど，一概に遠賀川式土器の伝播・成立をもって急激な転換とすることが困難な状況になってきた。

また，水稲農耕を契機とする協業や物資交易を媒介にして他者との連携・連帯を強めた弥生文化にあって，一遺跡のすべての考古資料を孤立・完結的に理解することはできない。

本稿では，上記の点に留意しつつ，四国島にお

ける縄文時代晚期から弥生時代前期への転換を，農耕関連の考古資料と遺跡立地の変化を中心にみていくこととしたい。

1 各段階における考古資料の変化

（1）第一段階：縄文時代晚期後葉〜末葉

農耕関係の考古資料は，晚期後半の突帯文期を上限とするが，初期の前池式併行期の資料は少なく，中葉から末葉の資料が中心となる。突帯文期の土器様式は，頸部が屈曲ないし直立する一条突帯深鉢を主体とし，二条突帯は少数にとどまる。突帯文期末葉の木製農具などの農耕関係資料の出現に合わせて壺が増加するが，構成比率は5％を超えない。おもな農耕関連資料として高松市林・坊城遺跡では，突帯文期末葉の埋没旧河道上面の水田と導水路や，手鋤・狭鍬などの木製農耕具（図1）が出土し，松山市文京遺跡では，栽培種は不明なものの畝状に連続する小溝群（畠遺構）が確認されている。土佐市居徳遺跡の鍬とされる資料は，前面側が窪み耕起具とは異なる形態をもつことか

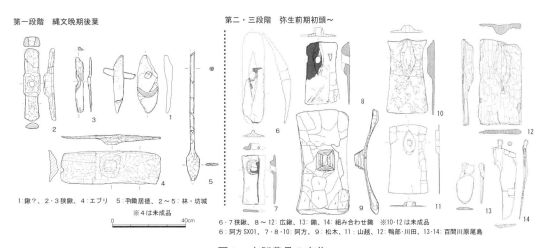

第一段階　縄文晚期後葉　　第二・三段階　弥生前期初頭〜

1：鍬？、2・3狭鍬、4：エブリ　5：手鋤居徳、2〜5：林・坊城
※4は未成品

6・7狭鍬、8〜12：広鍬、13：鋤、14：組み合わせ鋤　※10・12は未成品
6：阿方SX01、7・8・10：阿方、9：松木、11：山越、12：鴨部・川田、13・14：百間川原尾島

図1　木製農具の変化

ら，土の移動具の可能性もある。

　林・坊城遺跡や文京遺跡の事例から，沖積平野扇状地の埋没が進んだ旧河道上を田面として給水路を接続した水田と，微高地縁辺部の住居群に近接する畠からなる農耕空間を復元できる。ただし，想定される水田域は小規模にとどまり，木製農具は在来の掘り棒の延長とみられる手鋤と新来の狭鍬が組み合う試行的な様相を示す。

　栽培種は，従来のイネのプラントオパール分析に加えて，近年ではレプリカ法の研究が進み，新居浜市上郷遺跡（イネ），林・坊城遺跡（アワ）・高松市東中筋遺跡（イネ）の圧痕が確認されているなど具体的な資料が増加してきた[2]。林・坊城遺跡の農耕関連遺構・遺物に照らし合わせると，低地の水田でイネ，微高地縁辺部の畠のアワといった複合栽培が想定できる[3]。しかし，レプリカ法は時間軸上で保証されるが，量比や生産規模の復元はできないため，今後は他の農耕関連の遺構・遺物と組み合わせた研究が必要である。

　このように，縄文晩期後葉には，沖積平野扇状地でイネ・雑穀（アワ・キビ）の農耕が開始されているが，試験的段階にとどまっている。

（2）第二段階：弥生前期初頭〜前葉

　本段階は遠賀川式土器の伝播により区分される。北西部の松山市朝美澤遺跡，今治市中寺州尾遺跡，北東部の坂出市下川津遺跡，東部の徳島市庄・蔵本遺跡，南部の南国市田村遺跡は，初期遠賀川式土器の代表的な遺跡である。これらは板付II式古段階併行期の資料[4]であり，一部でさらに遡及させる意見があるがここでは深く立ち入らない。

　遠賀川式土器は，壺と甕が主体の器種組成をもち，壺は上半部に最大径のある球形の胴部に段や沈線で区分された「ハ」の字状の頸部から短く外反する口縁部をもち，甕は如意形口縁に倒卵形胴部をもつ（図2）。また，器種を超えた部分形態の共用や法量分化から系統樹に似た同時複数器種の製作工程が復元される[5]。部分的属性に地域差を示す[6]が，全体として高い斉一性を保持する土器様式であり，この遠賀川式土器と縄文晩期後半から継続する突帯文土器との明瞭な断絶が，文化類

型論や棲み分け論を生み出す要因となっている。

　初期遠賀川式土器には，農耕関係の磨製石器や木製農具を伴なうが，全体での出土量は少ない。これらは第一段階から遺跡立地が継続する瀬戸内側で少なく，太平洋側の新たに沖積平野に営まれる田村集落では，伐採斧を中心とした磨製石器が多いなど，第一段階からの経緯や開村・開田状況により差があり，一律に比較できない。木製品の遺存環境の問題を含めて，この量をどのように評価するかは難しい課題であるが，沖積平野扇状地に偏る遺跡分布からみて，本段階に水稲農耕が本格化したことは十分に推定できる（後述）。

　集落の構成は，田村遺跡で，南北約130m，東西約50mの範囲に，竪穴建物2〜4棟と掘立柱建物2，3棟を一単位とする2，3基の遺構群が同時併存する景観が復元できる。本段階に環濠集落は出現していない。

（3）第三段階：弥生時代前期中葉

　遠賀川式土器は文様や口縁部の広大化などの型式変化を遂げるが，広域における斉一性は維持され，突帯文土器は消滅する。

　維持された遠賀川式土器の斉一性に呼応するように，石庖丁，石斧などの磨製石器や鍬，鋤など機能分化した木器からなる農耕具が普及していき，第一段階の試行的な姿は完全に払拭される（図1）。

　また，磨製石器の複数石材種にみられる盛んな流通や，木製農具の鍬・鋤のミカン割り柾目材を利用した同時多量生産など，農耕必要物資の生産・交易が活発化している。

　水田は，前段階からの旧河道上面を利用した小規模な湿田に加えて，微高地上やその縁辺部に大規模に造成された半乾田が登場する。東部の鮎喰川下流の自然堤防上に立地する庄・蔵本遺跡では，推定で東西900m，南北約350m（約4ha）の範囲に給排水路を備えた大規模な水田が拓かれている。微高地縁辺部では畠が検出され，耕作土からアワ・キビの炭化種子が出土するなど，イネと雑穀類からなる複合栽培を想定できるが，あくまでも主体となるのは水田（イネ）である。

　集落では環濠集落が出現する。北東部の香川県

丸亀市中の池遺跡，さぬき市鴨部・川田遺跡を代表例とする。環濠には，中の池遺跡（1期）の径約40〜60mの小規模環濠と，中の池遺跡（2〜4期）の径70mを超えて多重化する大規模環濠の二者があり，同遺跡では前者から後者への変遷が追える。多重化する大規模環濠のスタイルは，大阪府八尾市田井中遺跡，高槻市安満遺跡など，近畿地方の環濠集落によく似ている。

また，鴨部・川田遺跡を典型例として，環濠集落は石器・木器などの農耕物資の生産・交易拠点となるものがあり，弥生時代中期中葉に出現する拠点的大規模集落の先駆け的な様相を示している。

以上のように，四国島における農耕社会への転換は三つの段階に区分することができる。中でも第二段階の遠賀川式土器の伝播を境として，第三段階までに農耕関係の考古資料が出揃うが，これらは，遺跡立地や分布にも少なからず影響を与えたはずである。

2　遺跡立地の変化

第一段階の遺跡分布は，瀬戸内側の松山・今治平野，丸亀・高松平野，徳島平野では，沖積平野扇状地から三角州への立地が盛んであり，中には約2〜3kmの間隔で高密度に分布するものがある

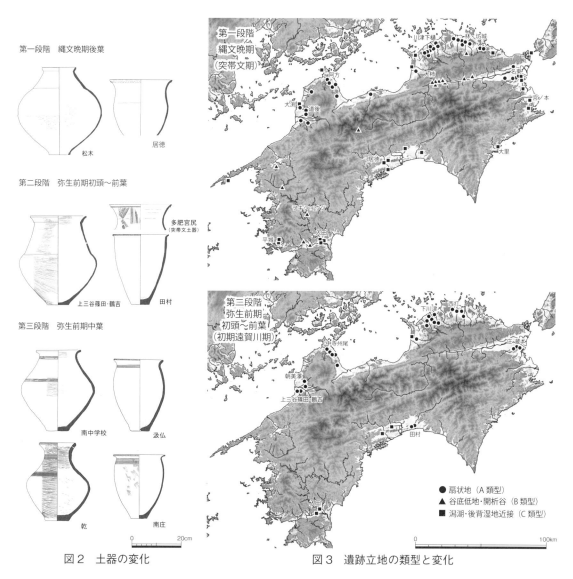

図2　土器の変化　　　　　　　図3　遺跡立地の類型と変化

（A 類型）。山間部となる吉野川，肱川（ひじかわ），四万十川（しまんとがわ）中・上流域の開析谷には散漫な分布が認められ（B 類型），太平洋側では臨海部の潟湖や後背湿地に接した位置に分布するものがある（C 類型）。B・C 類型の主たる生業は不明だが，沖積平野の A 類型では，イネ・雑穀類の複合栽培による試験的農耕がはじまっている。

　第二段階は，瀬戸内側で沖積平野の A 類型が圧倒的主体となり，土器様式は遠賀川式土器が主体となる。山間部においては，第一段階にみられた B 類型は姿を消している。太平洋側では，居徳遺跡などの C 類型が遺跡間距離を空けた散漫な分布をみせ，これらでは突帯文土器がやや目立っている。中央部の高知平野は，田村遺跡など少数の A 類型が新たに展開し，遠賀川式土器を主体とした土器様式をもつ。

　第一段階から二段階への遺跡分布の変化の特徴は，第二段階における沖積平野への A 類型の集中に求められる。第二段階に A 類型が卓越する背景には，第一段階に試験的農耕が開始された沖積平野における大規模な開田を想定できる。その際，第一段階に A 類型の遺跡立地が盛んであった瀬戸内側では，第二段階への移行が継続的にみえる一方，第一段階に C 類型のみであった太平洋側では，新たに沖積平野へ展開し遠賀川式土器を主体とする A 類型の田村遺跡群の出現が大きな画期として映り，突帯文土器が目立つ C 類型との対照的なあり方をもって縄文と弥生の二重構造との表現がなされてしまう[7]。

　しかし，本格的な水稲農耕への道のりは，三つの諸段階を経て達成されたものであるし，第二段階の遺跡分布の変動は，四国島外内を問わない移動・移住を想起させる。

　したがって，前史を無視し，第二段階に新出した考古資料の局地的なあり方のみをもって，縄文・弥生の二項的な文化類型では解釈できない。

　また，第三段階までに確立する水稲農耕の拡大に伴なう協業・交易を契機として他者との連携・連帯を強める姿を踏まえれば，一集落の考古資料を孤立的に特異視することは困難である。むしろ，協業・交易を反映して遺跡間距離短い瀬戸内側に対して，太平洋側で遺跡間距離が長くなる理由を，検証困難な環境交流決定論以外に個々の遺跡の存立基盤や周辺との連絡関係を考古資料から説明する必要があろう。

まとめ

　四国島の縄文時代晩期から弥生時代への転換には，水稲農耕の試験的開始から本格化に至る三段階に整理できる。中でも，第二段階の遠賀川式土器の伝播を境に考古資料や遺跡分布に大きな変化が生じている。本稿は指標となる新たな要素を中心に述べたにすぎず，これが本質的であったか否かは，断絶が著しい遠賀川式土器の製作主体を直接的にみることができない以上，水稲農耕の規模や形態，遺跡関係を反映する新・旧両方の考古資料にみる交易の変化など，相対的関係性から評価するという従前の課題が未だ残されている。

註

1) 小林行雄「弥生式文化」『日本文化史大系』1，1938
2) 中村　豊「縄文晩期から弥生時代の農耕について―東部瀬戸内地域を中心に―」『弥生研究の交差点』大和弥生文化の会，2015
3) 那須浩郎「雑草からみた縄文時代晩期から弥生時代移行期におけるイネと雑穀の栽培形態」『国立歴史民俗博物館研究報告』187，2014
4) 田崎博之「壺形土器の伝播と受容」『突帯文と遠賀川』土器持ち寄り会，2000
5) 深澤芳樹「土器のかたち―畿内第 I 様式古・中段階について」『財団法人東大阪市文化財協会 紀要 I』財団法人東大阪市文化財協会，1985
6) 信里芳紀「讃岐地域の初期遠賀川式土器」（前掲註 4 文献）。梅木謙一「遠賀川系土器の壺にみる伝播と受容」（前掲註 4 文献）
7) 出原恵三「1. 弥生文化成立の二相―田村タイプと居徳タイプ―」『弥生・古墳時代における太平洋ルートの文物交流と地域間関係の研究』高知大学人文社会科学系，2010

南四国の弥生の始まり

平和資料館・草の家
出原恵三
DEHARA Keizo

南四国における弥生文化成立期の研究は岡本健児によって開始された。1950年代西南部の入田遺跡，中央部の西見当遺跡（現在は田村遺跡に含まれる）の調査を皮切りに1970年代までは，入田B式・入田I式→西見当I式→西見当II式の編年が組まれ，南四国の弥生文化は九州に近い西南部において成立し，そこから中央部の高知平野へ伝播したと考えられていた。80年代に入り田村遺跡の調査によって西見当I式に先行する東松木式が設定されるにおよび従来の見解に再検討が迫られた。90年代に至って田村遺跡の前期前葉の土器・石器資料がさらに充実し，加えて居徳遺跡でこれまで欠落していた高知平野の晩期資料が豊富に得られたことによって，南四国の弥生の始まり，引いては西日本における弥生の始まりについて従来からの定説は見直しを迫られるようになった。筆者はこれまでに土器・石器・集落址などからそのことについて言及してきたが，ここではそれらをまとめて「南四国の弥生の始まり」として再提示したい。

南四国の弥生文化成立期の遺跡には，田村タイプと居徳タイプという対照的な二者が見られる[1]。前者の典型を田村遺跡，後者は居徳遺跡や入田遺跡に求められる。田村遺跡は高知平野東部の物部側右岸の自然堤防上に立地する集落址であるが，1980年代以降3次にわたる調査によって，太平洋沿岸地域における屈指の大規模集落址であることが明らととなった。分けても，弥生文化成立期の集落の全貌が掴めたことの意義は大きい。成立期の最初から晩期の刻目突帯文土器を伴わずに弥生土器のみで構成されていること，大陸系磨製石器がすべて揃っており且つ独特の展開が見られること，集落遺構は松菊里型住居や掘立柱建物で構成されているなど，それまでの弥生文化成立期の常識を幾重にも塗り替える内容を有していた。それは同時に弥生文化が福岡平野など玄界灘沿岸地域で成立し，時間差を持って変質しつつ東方に伝播したと理解されてきた「常識」論では田村遺跡の現象を合理的に説明できない。弥生文化成立期の研究に新知見を提供したと言えよう。

居徳遺跡は田村遺跡から西方20kmの高知平野西部の仁淀川下流域の右岸に広がる低湿地の埋没残丘上に立地し，周囲には多くの晩期遺跡が見られる。これまで高知平野で殆ど空白であった晩期土器が大量に検出されると共に大洞A1式など東日本系土器や北陸系土器が大量に伴っており注目されている。田村遺跡とは対照的に晩期刻目突帯文土器と遠賀川式土器が共伴する二重構造を呈している。

1 弥生前期土器 (図1)

田村遺跡の前期土器は大きくI・II期に大別される。I期は遠賀川式土器の生成期から甕に少条沈線が見られるまで，II期は多条沈線の登場と南四国型甕の成立が指標である。I期は5小期（Ia古相，Ia新相，Ib，Ic，Id期）に細分される。これを既存の型式名に対応させればIa期は東松木式，Ib期は西見I式（入田I式）[2]，Ic・d期は西見当II式，II期は大篠式となる。弥生の始まりを告げるのはIa期の土器で，壺，甕，鉢，高杯，蓋で構成され各器種ともにバリエーションに富んでいることが特徴として挙げられるが，もっとも注目すべきは岡本健児によって東松木式土器と命名された口縁部に刻目突帯を有する甕（突帯甕）の存在である。刻目突帯は晩期深鉢の名残であるが，幅広い粘土帯を用いた外傾接合による分割成形，ハケ調整仕上げ，刻目もハケ原体で施文

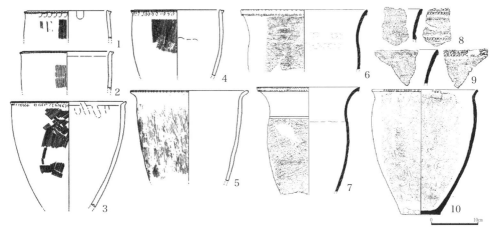

図1 田村遺跡Ⅰa期（古相：1～4、新相：5）・居徳遺跡1C区
Ⅳ層（ⅣD層：6・7、ⅣB層：8・9、Ⅳ層：10）出土の土器

されるなど完全に弥生土器の製作手法によっている。西南部の入田遺跡では入田Ⅰ式が晩期土器と共伴していることから，これまでの常識に従えば，Ⅰa期土器は当然晩期土器と共伴して然るべきであったが，晩期土器ではなくさらに古相の弥生土器のステージが用意されていたのである。

　この種の甕は，遠賀川式甕と共存するが，出土状況から古相と新相とに分けることができる。古相は突帯甕（1・2・4）が主体で，遠賀川式甕は口縁部が極端に短いなど如意形口縁が完成していない（3）。口縁部下に顕著な指頭圧痕が認められるのも特徴である。新相になって遠賀川式甕が完成し両者の比率も遠賀川式甕（5）が多くなる。この種の甕が最初に注目されたのは津島遺跡であったが，まとまった資料として提示できたのは田村遺跡が最初であった。近年では周防灘沿岸地域の遺跡からの出土例が知られるようになった。その系譜について，当初は単純に在地の晩期刻目突帯文深鉢に求めていたが居徳遺跡で高知平野の刻目突帯文深鉢の様相が明らかになる中で，在地の突帯文深鉢に求めるには無理があり，現在では祖型を朝鮮半島南部の先松菊里型土器とし，周防灘沿岸地帯で成立した可能性を考えている。遠賀川式甕に先行して出現し遠賀川式甕の生成に関わった「遠賀川式」以前の前期土器として位置付けられよう[3]。南四国においてこの種の甕は田村遺跡の

Ⅰa期にのみ存在し居徳遺跡や入田遺跡などに二重構造を示す遺跡には認められない。この突帯甕の成立と分布が周防灘を含めて環瀬戸内での弥生文化の成立期の特徴を体現していると考えられる。

　Ⅰb期になると甕組成から突帯甕は消滅し如意状口縁の定型化した遠賀川式甕にほぼ統一される。鉢に晩期系の要素が若干認められるものの各器種ともⅠa期に見られたバリエーションは消失し遠賀川式土器として淘汰される。細かな特徴であるが，甕においてこの時期まで朝鮮半島無文土器との関連が考えられる焼成後の底部穿孔例が顕著に見られる。田村遺跡以外に遠賀川式土器の分布が始まるのはⅠb期からで，Ⅰc期になるとさらに拡大する。

　居徳遺跡は高知平野最大の晩期の大規模集落であり多量の搬入土器や木胎漆器の存在は，列島規模での晩期ネットワークの拠点的性格を帯びていたことが考えられるが，遠賀川式土器が入るのはⅠb期からである。Ⅰa期は居徳遺跡では晩期土器単純期（6・7）で田村遺跡とは殆ど没交渉であったことが考えられる。Ⅰb期の甕（10）はハケ調整が認められないなど田村遺跡のものとはかなり違和感が見られる。Ⅰc期になるとハケ調整が定着するなど差異がほとんど見られなくなる。同時に田村遺跡にも木葉文や沈線間列点文が見られるなど融合が進行する。

2 大陸系磨製石器の受容と展開（図2）

田村遺跡ではIa期の段階で大陸磨製石器の殆ど揃っているが，搬入品が多い。石包丁は直背外湾刃タイプが8点出土し，石材はすべて菫青石ホルンフェルスで北部九州から完成品が持ち込まれている。両刃が多い。柱状片刃石斧と扁平片刃石斧は層灰岩製でこれも完成品が搬入されている。磨製石鏃はすべて実用鏃とされる短身のもので層灰岩による搬入品と在地の頁岩製があり，後者が圧倒的に多い。竪穴住居などから短冊形にカットされた素材や刃付け未了の未製品が多く見られる。伐採斧は1kg以上の重厚な太形蛤刃石斧が見られる。御荷鉾緑色岩製で縄文の伐採斧の多くが蛇紋岩や頁岩製であったのに対して石材の転換が図られている。このほか注目すべきものとして碧玉製管玉が3点出土している。蛍光X線分析の結果，朝鮮半島製の可能性が高いとの指摘を受けている。L.16SK6出土例は直径1cm以上の大型品である。

1b期は石鎌と磨製石剣が加わり大陸形磨製石器の組成が完成する。石鎌は搬入品と在地産の両者が見られ石剣は搬入品である。石包丁や扁平片刃石斧は搬入品と在地産の両者が見られるが，柱状片刃石斧は層灰岩製の搬入品で占められている。太形蛤刃石斧は良好な資料を欠くが未製品や欠損品から1a期を凌ぐ重厚な製品の存在を知ることができる。磨製石鏃はもっとも盛行し打製石

鏃をはるかに凌駕している。圭頭形が比較的多く見られるなど地域性も指摘できる。

Ic・d期は殆どが在地生産品に置き換わり形態的にも変容し在地化が進行する。石包丁はこれまでの外湾刃に加えて，小判形，半月形の直線刃片刃が見られるようになり以降の石包丁の基本形が成立する。注目すべきは石鎌で，当該期に盛行期を迎え28点を数え石包丁をはるかに凌駕している。柱状片刃石斧も在地生産が開始され吉野川の結晶片岩が使われている。

田村遺跡における弥生文化成立期の大陸磨製石器は，3つの段階を経て受容・定着する。多くの器種が搬入品で占められる1a期，搬入・在地品の共存のIb期，在地化を遂げるIc・d期として捉えられるが，注目すべきはその内容である。従来，大陸系磨製石器は先ず玄界灘沿岸地域において選択的に受容し，それが変容しながら東方に伝播すると考えられていた。玄界灘沿岸地域では伐採斧や実用の磨製石鏃など縄文晩期に共通の機能を有する石器ある場合，直ちに受け入れなかったという見解も示されている[4]。しかし田村遺跡では重厚な伐採斧や実用磨製石鏃を最初から積極的に受容しており，収穫具で石鎌が石包丁を凌ぐなど，玄界灘沿岸地域からの一元的な伝播論では田村遺跡の石器組成を合理的に説明できない。田村遺跡には玄界灘沿岸地域を経由してもたらされたものもあるが，そうではなく朝鮮半島から直接

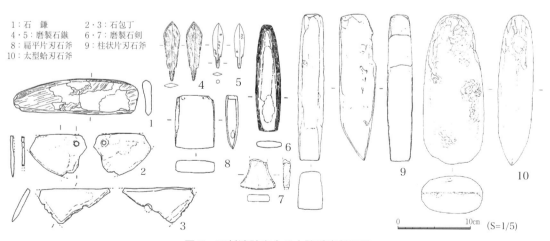

1：石　　鎌　　　2・3：石包丁
4・5：磨製石鏃　　6・7：磨製石剣
8：扁平片刃石斧　　9：柱状片刃石斧
10：太型蛤刃石斧

0　　　　　　10cm　(S=1/5)

図2　田村遺跡出土の大陸系磨製石器

関門海峡を通過して入手した器種もあった。磨製石鏃の短冊形未製品のあり方は朝鮮半島西南部の寛倉里遺跡や新豊遺跡などと共通しており，周防灘沿岸地域には弥生文化成立以前に貫川遺跡の石包丁や岩田遺跡の石鎌が見られる。周防灘沿岸は晩期段階に朝鮮半島との交流が行なわれていた。このような前史が田村遺跡の大陸製磨製石器の受容の背景にあったことが考えられる。ちなみに居徳遺跡からの大陸系磨製石器の出土は僅少であり入田遺跡においては皆無である。

3　初期弥生集落の成立と展開

　田村遺跡の周辺半径4kmには晩期の遺跡は認められない。物部川河口近くの標高5m前後の自然堤防上にⅠa期の集落が忽然と出現する。27,000㎡の楕円形の範囲に竪穴住居10棟，掘立柱建物16棟を中心に土坑，墓などから構成される。自然堤防の縁辺に沿うように竪穴住居が南北に並び，その内側に掘立柱建物が配されている。竪穴式住居は円形と方形が見られ前者が多い。大きさから大・中・小型に分けることができるが，大・中の5棟はいわゆる松菊里型住居である。大型住居は壁面に突出したピットを有している。竪穴住居は位置関係から大型ないしは中型と小型が一定の間隔を持って配され2棟一対

の構造が考えられる。掘立柱建物も大・小があり大型の長軸あるいは短軸に沿うように溝状土坑が配されている。これらの遺構は位置関係や重複から最低2時期が考えられる。Ⅰb期になると若干の土坑を残して集落の中心は北300mの地点に移動し約5万㎡の範囲に展開する。竪穴住居はⅠb期4棟，Ⅰc期9棟，Ⅰd期2棟を確認している。当該期の集落の特徴は掘立柱建物が基本的に認められないことと600基以上の貯蔵穴と考えられる土坑が集中すること，2条の環濠が登場することである。盛行期はⅠc期にある。竪穴住居は集落の南縁に位置し土坑群はおもに北側に分布する。環濠は土坑群の中に掘られ竪穴住居は環濠の外にあり，一般的にイメージされる居住域を囲む環濠とは異なる。また掘削時期は土坑との切合い関係

から判断してⅠc期かⅠd期に求めなければならない。集落の盛行期かそれを過ぎた時期に掘削したことになる。初期環濠の意味が問われよう。田村遺跡では墓が殆ど分かっていない。墓域が明らかになればさらに充実した内容となろう。

まとめ

　田村遺跡で得られた新知見は南四国のみならず西日本における弥生文化の成立を考える上では極めて重要な意味を持っている。同じ平野に居徳遺跡が存在していることがさらにそれを引き立てている。田村遺跡のⅠa期は，居徳遺跡では突帯文単純期で両遺跡は併存していたが遺物の状況から見て交渉はかなり希薄であったと考えられる。居徳遺跡に見られるよう東日本系土器は田村遺跡にはまったく認められない。この田村遺跡を避けるような現象は，弥生文化成立期前夜に列島規模で形成されていた縄文晩期ネットワークに起因するのではないか。弥生文化は縄文文化の影響力の希薄な地点で先ず生成されやがて晩期文化と融合し発展し広がっていったことが考えられる。田村遺跡はその典型的な遺跡として位置付けられる。太平洋沿岸地域の弥生文化は，田村遺跡を起点に居徳遺跡や入田遺跡，紀伊半島南部の堅田遺跡や徳蔵地区遺跡など東西に広がって行ったことが考えられる。

註

1)　出原恵三「弥生文化成立期の二相―田村タイプと居徳タイプ」『弥生古墳時代における太平洋ルートの文物交流と地域間関係の研究』高知大学人文社会学系，2010
2)　出原恵三「四国西南部における弥生文化の成立」『文化財論集』1994
3)　出原恵三「〈遠賀川式〉以前」『坪井清足先生卒寿記念論文集』坪井清足先生の卒寿をお祝いする会，2010
4)　下條信行「日本稲作受容期の大陸系磨製石器の展開」『九州大学文学部九州文化史研究所紀要』31，1986

参考文献

出原恵三『南国土佐から問う弥生時代像 田村遺跡』新泉社，2009

四国から近畿へ
─サヌカイト流通と弥生開始をめぐって─

桃山学院大学客員教授・
大阪府立弥生文化博物館
学芸顧問

秋山浩三
AKIYAMA Kozo

1 かつての「四国から近畿へ」のこと

1999年1月の考古学研究会岡山例会シンポジウムにおいて私は，近畿における弥生開始期の具体相に関し報告を行ない[1]，同11月にはその記録集が発刊された[2]。当該内容の1項目では，近畿弥生文化の成立にあたり，四国・讃岐からの直接的伝播（一定の人的移動を含）が重要な役割を果たした蓋然性に言及した。その推断で肝要証左として指摘したのは，通常はみられない讃岐の金山産サヌカイト（打製石器原材）が，近畿の弥生前期初現期・遠賀川系集落へ突出的なあり方で搬入された現象であり，加えて，近畿（とくに河内ほか）と讃岐において，遠賀川系土器にみる製作上のクセ，農耕文化に伴なって伝来した土錘（管状品），縄文晩期・突帯文期から続く一木鋤（手鋤）など，両地域間の直接的な共通属性が看取できる事項であった。

さて，今回の本冊特集にあたり編者から，上記見解の振り返りをすべしと要請があった。四半世紀近く前の考察のため逡巡したが，私なりにその後の研究状況を瞥見しコメントを若干付すこととした。なお，金山産サヌカイトの流入に関しては，シンポ時の資料集には近畿各地のデータを全般的に提示したが，記録集では紙幅の関係で旧河内湖周辺域の情報しか公表できなかった。よって，この機会にそれらの再開示も企図した。

2 近畿・遠賀川系集団と金山産サヌカイト
─その後の情報─

弥生時代における金山産の近畿への流入情報については，その後，数遺跡での分析報告や，禰宜田佳男論文をはじめ再検討・新情報の提示などが

なされた[3]。それらと，私が以前示したシンポ資料集の内容，既提示データでも研究者による新規補訂情報，さらに新出データも盛り込み，今回改めて整理し直し図1を作成した。本図は，近畿所在遺跡での弥生開始期における金山産保有率を示すが，二上山（大和・河内境）・岩屋（淡路島）産サヌカイトとを合わせた総計内における金山産占有率を示す。また，注意願いたいのは，新来集団の様相を浮き上がらせるため，データ提示遺跡は遠賀川系集団のものに限定し，突帯文系集団は含めていない。さらに，遠賀川系土器を主体とするが中期初頭にかかる時間幅として報告された情報は厳密を期し省いた。

同図のうち播磨（1〜5）は，当該期前後も恒常的に金山産が使用され元々の金山産供給圏であるので言及を省略する。他方，本来なら二上山産や地元他石材を主体として使用する各地域での様相は次のようになる。占有率が半数前後の割合以上（A〜C）を示す集団が分布する地域として，①大阪湾（および河内湖）沿いの，摂津西部（7戎町，8大開，9寺田），摂津東部（12森の宮），淡路（6馬木），河内（16讃良郡条里，17植附，18瓜生堂，19若江北，20山賀，22田井中），②淀川流域から琵琶湖東岸の，摂津東部（14安満），山城（25雲宮），近江（30烏丸崎，32湯ノ部，33塚町），③太平洋沿いの紀伊（27堅田，28徳蔵地区，29立野）があげられる。

以上のとおり，金山原産地からはるか離れた，東北東約250kmの近江北部や南東約180kmの紀伊南部にまで，近畿各所に金山産が高比率で流入することがわかる。それは同心円・面的分布というより，海・湖岸や流域沿いに主体的に点在する様相を示す。このように，近畿の上記地域での遠賀

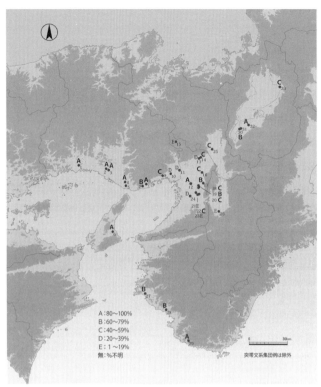

播磨（兵庫県）
1：丁・柳ヶ瀬（姫路市）
2：砂部（加古川市）
3：美乃利（加古川市）
4：玉津田中（神戸市）
5：新方（神戸市）

淡路（兵庫県）
6：馬木（洲本市）

摂津西部（兵庫県）
7：戎町（神戸市）
8：大開（神戸市）
9：寺田（芦屋市）
10：上島（尼崎市）
11：田能（尼崎市）

摂津東部（大阪府）
12：森の宮（大阪市）
13：芥川（高槻市）
14：安満（高槻市）
15：大里（能勢町）

河内（大阪府）
16：讃良郡条里
　（寝屋川市・四條畷市）

17：植附（東大阪市）
18：瓜生堂（東大阪市）
19：若江北（東大阪市）
20：山賀（八尾市・東大阪市）
21：亀井（八尾市・大阪市）
22：田井中（八尾市）
23：木の本（八尾市））
24：池内（松原市）

山城（京都府）
25：雲宮（長岡京市）

大和（奈良県）
26：川西根成柿（大和高田市）

紀伊（和歌山県）
27：堅田（御坊市）
28：徳蔵地区（みなべ町）
29：立野（すさみ町）

近江（滋賀県）
30：烏丸崎（草津市）
31：小津浜（守山市）
32：湯ノ部（野洲市）
33：塚町（長浜市）

図1　近畿・遠賀川系集団における
金山産サヌカイト保有状況（筆者作成）

川系集団＝弥生初現期集落における金山産との強い相関性があらためて把握できる。この点は，かつての私見が比較的広い領域まで敷衍できることを表している。反面，これら遠隔地を含む総てのあり方が，個別・直截な人的移動などに連動する現象ではなさそうだとも提示できることになろう。

3　その他の関連情報

（1）土器クセの詳細研究

　先記した遠賀川系土器製作上のクセに関しては，改めて検討した信里芳紀論文が重要である[4]。
　中・大形壺の口頸部界の段が突帯状になる形態をもつ一種特異な個体に関してである（図5-1）。この種技法の伝播を，東北部九州→四国→河内平野→濃尾平野と整理する。より重要と目される点として，この分布状況のなかでは，吉備などの中部瀬戸内北岸側にはみられず，類例が目立つ四国北岸（讃岐ほか）とは対照的な様相を示すという。これまでの漠とした類推では近畿への弥生文化伝播に関し，吉備などを故地の有力候補とする

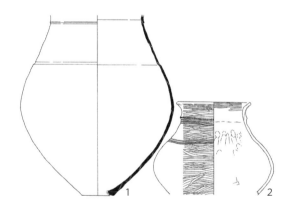

図2　河内・遠賀川系土器にみられるクセ
1：長原（大阪市，S=1/12）　2：若江北（大阪府東大阪市，S=1/8）

場合もあるが，土器属性から判断するなら否定的という証左となる。
　さらにこの種の壺は，近畿では河内平野（長原，若江北：図2）でしか確認できず，加えて，棺に使用された長原例は，讃岐の下川津例と形態・胎土が酷似するので同地域からの搬入品と断定する。このことからも，讃岐と河内との間に初

期遠賀川系土器の伝播に伴なう人的移動があった
と明言され，特定両地域間における親縁性の深さ
を強調する。在地研究者の詳細分析による成果だ
けに，私見に対する極めて肯定的な見解となろう。

(2) 木葉文の出現と伝播

　遠賀川系土器にかかわる事項として，木葉文に
ついての専論が，学史的にみて久方ぶりに春成秀
爾によって発表された[5]。

　詳細紹介は省略するが，初現段階の木葉文 A1
式の発祥地は讃岐（一ノ谷例が最古相：図5-2）で
あり，以降，木葉文が完成した姿（稲籾の表徴）
である B 式にいたるが，その B1 式の成立地は木
葉文がもっとも多様に発達した河内に求めてよい
とする。このように，遠賀川系をまさに代表す
る意匠となる木葉文の出現と展開が，讃岐から河
内へという地域間の直接・連動的な流れのなかで
理解される。讃岐で創作された木葉文が河内に持
ち込まれたあと，河内で大きく発達するというシ
ナリオを描くこともできる，とする。このような
特定両地域の連関性は，他要素から類推した讃岐
から近畿への弥生文化伝播の方向性や複合的様相
と，極めて整合的といえる。

(3) 石庖丁に関する新見解

　遠賀川系集団が保有した石庖丁（穂摘具）をめ
ぐる仲原知之論文は画期的な新知見を提出した[6]。

　近畿における弥生初現期の石庖丁生産は，結晶
片岩系（近畿南部），粘板岩系（近畿北部）および
白色系の石材によって開始される。白色系のう
ち，流紋岩製は大和で，安山岩製は河内での製作
と理解されてきた。それに対し仲原は，近畿の
流紋岩製石庖丁において，形状の異なる，大和タ
イプ（短身・幅広・杏仁形〜外湾刃半月形）と大阪
湾岸タイプ（長身・幅広・長方形〜杏仁形）の二者
があり（図3），前者は大和産で，後者は分布傾向
より瀬戸内地域からの搬入品と峻別した。大阪湾
岸タイプはおもに湾岸（および河内湖）沿いで出
土するので，海沿いの流入ルートを示唆し，移住
者・訪問者の携帯品とも想定する。

　そして肝要な指摘は，当該期の流紋岩製の成品
や製作途中品が下川津や鴨部・川田（図5-3〜5）

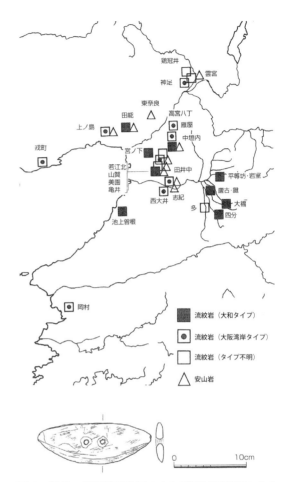

図3　近畿・遠賀川系集団の白色系石材石庖丁の分布
実測図：西大井（大阪府藤井寺市）の大阪湾岸タイプ流紋
　　　岩製石庖丁

という讃岐の初期農耕集落で出土することから，
讃岐が，近畿出土の大阪湾岸タイプの製作地候補
と明記する。この卓見は初出で，上述してきたサ
ヌカイトや土器クセなどの諸要素だけでなく，石
庖丁の研究においても，讃岐と近畿（とくに河内
ほか）との直接的な結び付きやその方向性を顕示
する属性となる。

(4) その他

　以上が管見にあがったその後の研究成果である
が，最後に土錘に関し記しておく（図5-6〜9）。

　頭書に土錘の出土傾向が，近畿（河内ほか）と
讃岐で共通性があるとふれたが，河内ではその
後，池島・福万寺（図4）などで多数出土例が増
加している[7]。土錘については下條信行の先行研

図4　河内・遠賀川系集団の土錘
池島・福万寺（大阪府東大阪市・八尾市）

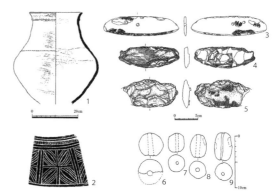

図5　讃岐における遠賀川系集団関連資料（参考）
1：下川津（口頸部界が突帯状段の遠賀川系土器・壺）
2：一の谷（最古相の木葉文Ａ１式）　3～5：鴨部・川田
（流紋岩製石庖丁・同製作途中品）　6～9：大浦浜（管状品の
土錘）

究[8]にもあるように，稲作文化に伴なって新たに伝来した漁労具であり，それは，列島各地域で変容，付加，創出を繰り返しながら農耕技術とともに順次的に東伝したことが具体的に解明されている。その意味において，土錘の出土傾向の類似は，当該期における讃岐と近畿との関連性を追究するうえで今後も留意すべき要素といえよう。

おわりに

ここまで，私見以降の内容を通覧してきた。改めて確認できる点として，私の理解が否定されたというより，近畿弥生開始にあたり讃岐の諸属性が重要位置を占める証左が増加したと考えられる。それら総てが讃岐からの直接ベクトルを示すとは断言できないものの，かつて想定したように，まずは讃岐付近からの河内などへの一定程度の人的移動を伴なう伝播・流入現象だった蓋然性は首肯されてよいであろう。

なお，突帯文期から遠賀川系期にかけて近畿では，阿波（三谷ほか）で製作された結晶片岩製石棒が顕著に出土する特徴もみられる[9]。そのことも含め，今後は讃岐のみに拘泥することなく四国他地域との検討も進めるべきである。

註

1)　秋山浩三「近畿における"弥生化"の具体相」『縄文人から弥生人へ──各地における弥生化の具体相』シンポジウム資料集，考古学研究会，1999
2)　秋山浩三「近畿における弥生化の具体相」『論争吉備』考古学研究会，1999（同『弥生大形農耕集落の研究』青木書店，2007に改題・調整のうえ再録）
3)　禰宜田佳男「水田稲作受容期の弥生遺跡をめぐって」『近畿最初の弥生人』大阪府立弥生文化博物館，2021。上峯篤史『縄文・弥生時代石器研究の技術論的転回』雄山閣，2012。山内基樹「滋賀県における剝片石器石材」『往還する考古学 近江貝塚研究会論集1』近江貝塚研究会，2002。ほか
4)　信里芳紀「農耕社会のはじまりと遠賀川式土器──四国島を中心に──」『近畿最初の弥生人』大阪府立弥生文化博物館，2021。
5)　春成秀爾「木葉文土器の意義」『明石の歴史』4，明石市，2021。本冊所収の春成論文参照
6)　仲原知之「弥生前期の石庖丁生産と流通」『紀伊考古学研究』5，紀伊考古学研究会，2002
7)　（公財）大阪府文化財センター『池島・福万寺遺跡13』2011
8)　下條信行「わが国初期稲作期における土錘の伝来と東伝」『考古論集』潮見浩先生退官記念事業会，1993
9)　本冊所収の中村豊論文，秋山浩三「石棒類の「なごり現象」」「縄文系呪術具からみた弥生時代の始まり」『弥生大形農耕集落の研究』青木書店，2007（初出は2002・03・04）参照

挿図出典

図1：筆者作成，図2：各報告書から作成，図3：仲原2002から作成，図4：（公財）大阪府文化財センター2011，図5：各報告書・論文から作成

四国の木葉文土器

国立歴史民俗博物館名誉教授
春成秀爾
HARUNARI Hideji

木葉文は，弥生前期の遠賀川（おんががわ）系土器の代表的な文様である。ヘラ描き文と貝殻施文のほかに赤彩文がある。土器では壺に施すことがもっとも多く，壺蓋に施した例が少数ある。赤彩文は，壺と木製高杯を華やかに飾っている。ヘラ描き文は島根・広島・四国から愛知まで，貝殻施文は山口・福岡北東部・大分をおもに，一部愛媛・島根に，赤彩文は兵庫・大阪・奈良から愛知まで分布している。木葉文は，福岡・佐賀の玄界灘沿岸までは広がっておらず，そこには羽状文が分布している。

木葉文土器に関する基礎的な論考は1983年の工楽善通，1989年・2000年の深澤芳樹によるものである[1]。私は両氏の研究をふまえ，2021年に木葉文土器の新たな編年案を示すとともに，木葉文の起源を徳島と高知から出土した縄文晩期末の東日本系土器の文様に求め，香川・岡山に最古型式があることを追認した。さらに，木葉文を稲籾の図像と推定して，木葉文土器は翌年の種籾を保存する祭祀用の土器であることを論じ，その意義についても考察した[2]。ここでは，四国を中心に木葉文土器の動向について述べる。

1　木葉文土器の編年と分布

木葉文は，方形の枠線内に4枚の木葉形をX字形に配置した文様（A類・B類）が基本であるが，2枚の木葉形をV字形に配置した文様（A'類・B'類），4枚の木葉形を十字形に配置した文様（C類），3枚の木葉形をT字形に配置した文様（D類），1枚の木葉形を横に連ねていく文様（E類）に分類することができる。ここでは，例数の少ないD類とE類については省略する。

A類からC類の木葉文は，表現のちがいによって細分できる。初稿でA1a式とA1b式とし

た二型式はそれぞれ独立させるべきであったので，A1式，A2式と呼び変え，A2式，A3式をA3式，A4式と変えることにする（図2）。木葉文の編年の私案とそれぞれの四国での出土遺跡はつぎの通りである（遺跡名の後ろの*は貝殻施文例）。

A類　2～1条の沈線による方形の枠線内に十字形に軸線をいれて四つに区切り，それぞれの区画に木葉形を1枚ずついれてX字形に配置している。木葉の部分は無文で，その輪郭に相当する個所の両側に弧線をそれぞれ4～2条描いて表現している。十字形の区画線の変化にもとづいてA1式～A4式に細分し，変遷を考える。

A1式　2条の沈線による方形の枠内に，縦横ともに2条の沈線で4分割し，それぞれの区画内に1枚の木葉形を描き，4枚でX字形になるように配置している。縦横の区画線は，中央で交差することはなく，方形の枠内から出ることもなく，方形枠内で4区画はそれぞれ独立し，十字形に交差する位置に凹点をいれている。木葉形は，木葉に相当する部分を空白にして輪郭の外側に弧状に沈線を4条併行に重ねて表現している。（香川：一の谷）

A2式　方形の枠内の十字形の軸線を縦横ともに2条の沈線を描いて4分割している。縦横の軸

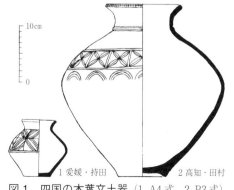

図1　四国の木葉文土器（1 A4式, 2 B3式）
1 愛媛・持田　2 高知・田村

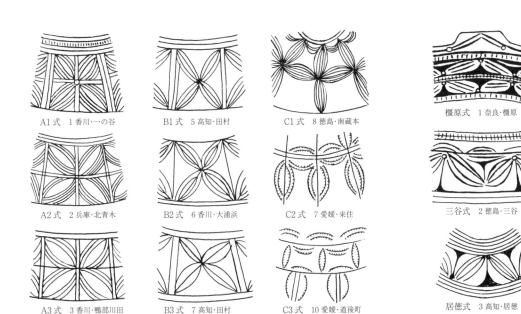

A1式　1 香川・一の谷	B1式　5 高知・田村	C1式　8 徳島・南蔵本	橿原式　1 奈良・橿原
A2式　2 兵庫・北青木	B2式　6 香川・大浦浜	C2式　7 愛媛・来住	三谷式　2 徳島・三谷
A3式　3 香川・鴨部川田	B3式　7 高知・田村	C3式　10 愛媛・道後町	居徳式　3 高知・居徳

A4式　1 愛媛・持出

図2　木葉文の分類と編年　　　図3　縄文木葉文の変遷

線は中央で交錯し，横線は方形の枠外まで延びて隣接する枠まで貫通する。（香川：伊喜末）

A3式　方形の枠内の十字形の縦線は2条，横線は1条になっている。（愛媛：阿方，香川：鴨部川田，大浦浜）

A4式　方形の枠線・縦横線ともに1条，木葉形は2〜3条で描いている。（高知：居徳，田村，愛媛：持田，阿方，朝美沢，文京，香川：室本，旧練兵場，鴨部川田，大浦浜，徳島：三谷，南蔵本）

B類　方形の枠線だけで縦横の軸線なしにX字形に木葉形を配置し，木葉の部分は5条〜3条の沈線によって表現している。貝殻施文が現われる。木葉形の軸線の有無，弧線の表現法の変化によってB1式〜B3式に細分する。B2式は山口で盛行するが，他県では少なく，B2式をほとんど経ずにB3式に移行したところがあるかもしれない。

B1式　方形の枠内に木葉形4枚をX字形に配置する。X字形の軸線はないか，またははっきりしない。4〜5条の弧線の末端は1点に収束する。（愛媛：阿方，宮前川*，道後町Ⅱ*，香川：鴨部川田，下川津，高知：田村，徳島：南蔵本）

B2式　方形の枠内に木葉形4枚をX字形に配置する。X字形の軸線を通して描き，木葉形は併行する2弧線を向かいあうように描いており，末端は1点に収束しない（愛媛：宮前川*，香川・室本，大浦浜）

B3式　方形の枠内に木葉形4枚をX字形に配置する。X字形の軸線を通して描き，木葉形は1弧線を向かいあうように描いている。（愛媛：阿方，久米窪田Ⅳ*，香川：下川津，大浦浜，徳島：南蔵本）

C類　4枚の木葉形を十字形またはT字形に配置している。木葉形の軸線の有無と弧線の表現法によって細分する。

C1式　木葉形の軸線は不明瞭，木葉形は3，4条の弧線を対にして描いている。（愛媛：郷新屋敷）

C2式　木葉形の軸線は明瞭，木葉形は2条の並行する弧線を対にして描いている。（愛媛：来住*，香川：鴨部川田，稲木北）

C3式　木葉形の軸線は明瞭，木葉形は2条の弧線を対にして描いている。（愛媛：道後町Ⅱ*）

木葉文土器は四国全県に分布しており，弥生前期の遺跡からは，遺跡の規模あるいは調査面積に比例するように，出土数に多寡は認められるが，普遍的な文様であり土器である。香川県鴨部川田，下川津，大浦浜，愛媛県持田，阿方，高知県田村，徳島県庄蔵本・南蔵本遺跡などは，その代

表 1　木葉文の消長（一部）　○ヘラ描き文，●貝殻施文

	A1	A2	A3	A4	B1	B2	B3	C1	C2	C3
福岡	●					○●	●			
山口				○	○	●	●			●
愛媛			○	○	○●	●	○●	○	●	●
香川	○	○	○	○	○		○			
高知				○	○		○	○	○	
徳島				○	○					
岡山					○		○			
兵庫		○		○	○		○	○	○	
大阪		○	○	○	○		○	○		
奈良			○	○	○		○			
愛知		○					○			

表的な遺跡である。

　四国とその周辺での木葉文の消長をみていく。

　木葉文の A1 式・A2 式・A3 式は香川からのみ，愛媛では A3 式から，A4 式になると香川，愛媛，高知，徳島で確認できる。B1 式・B2 式・B3 式は各県から見つかっている。高知は弥生土器の始まりは香川よりも早いけれども，木葉文が現われるのは香川よりも遅い。愛媛の西の東部九州から山口では，行橋市辻垣オサマル遺跡の貝殻施文の A1 式，下関市綾羅木郷遺跡のヘラ描き文の A4 式を例外として，B1 式から木葉文は始まる。そして，B2 式からはほとんど例外なく貝殻施文になり，しかも山口では，近畿・中四国では木葉文が衰退してしまった前期末から中期初めに盛行している。

　四国の木葉文はヘラ描きが主体である。しかし，愛媛西部では B1 式と C2 式は貝殻施文とヘラ描き文がほぼ同数見つかっている。対岸の山口（周防）との交流によるものであろう。

　木葉文の細分案を弥生前期土器の編年にあてはめると，A1 式〜A3 式：前期古段階　木葉文の成立，A4 式〜B1 式：前期中段階　木葉文の発達，B2 式〜B3 式：前期中段階〜中期初め　木葉文の衰退と変容・発達となる[3]。

　ただし，広島以東の中四国・近畿・東海では，前期新段階には木葉文土器はほとんど，またはまったく見られず，B2 式〜B3 式は前期中段階に限られている。前期新段階〜中期初めまで木葉文が存続するのは山口から九州北東部であって，この地域ではひじょうな発達をみせる。

2　木葉文の生成

　木葉文の起源については，縄文晩期の橿原式文様に求める説[4]が提出されて久しい。しかし，橿原式文様は縄文後期末から晩期中頃（滋賀里Ⅲa式）までの文様であり，晩期後半の突帯文の時期には木葉文の先駆となる文様が無かった。近年，私は，四国出土の縄文晩期末の東日本系土器の中に木葉文成立直前の型式を見いだした（図3・4）。

　徳島市三谷遺跡出土の椀形土器[5]は，上部に三叉文と弧文を組み合わせた木葉形をV字形に配置し横に連続させて文様帯を構成している。木葉形を縦に区切る線は，下向きの三叉文と上向きの玉付き三叉文を交互に配列している。下向き三叉文のすぐ上には弧線を1条いれている。口縁部には沈線を3条めぐらせたあと，刻み目を密にいれている。1弧線を付加した三叉文と刻目沈線は橿原式に特徴的であって，両者間に密接な関係があることは疑いない。文様の立体感は失われているけれども，椀形の器形とあわせ，橿原式に直接由来するといってよいほど両者の関係は深い。

　高知県土佐市居徳遺跡出土の小型丸底の壺形土器[6]は，上胴部に木葉形をV字形に配置し横に連続させて横帯文にしている。木葉形を縦に区切る抉り込みの玉付き三叉文は，上向きも下向きも同じ形になっている。

　香川県観音寺市一の谷遺跡出土の弥生前期の壺形土器[7]は上胴部の小破片である。方形の枠内に2条の沈線を十字形に施しているが，縦線と横線は交差させないように逆LとLを背中合わせに描き，上下もまた同様に上下を逆にした逆LとLとを重ねる形をとっている。横線は枠内にとどめ，隣の枠まで延長しない。十字形の交点には円形の小さな凹点をいれている。先行する三谷例と

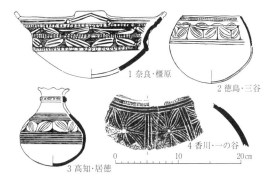

1 奈良・橿原
2 徳島・三谷
3 高知・居徳
4 香川・一の谷

図4　縄文木葉文土器（1〜3）と弥生木葉文土器（4）

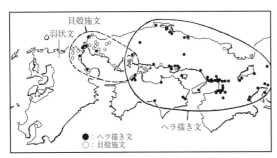

図5　木葉文土器B類の分布（深澤1989に記入）

居徳例が木葉形を1段描いているのに対して，この例は2段重ねている。木葉文帯の2段重ねは橿原式文様にもしばしば見る。木葉形は弧線を3，4条重ねて輪郭を表現する手法をとっている。これが弥生最古の木葉文A1式の標式資料である。

　こうして，最古の木葉文は，橿原式　……→三谷式→居徳式→一の谷式（A1式）の順を追って成立したことになる。この案で縄文晩期末と弥生前期初めはつながった。しかし，橿原式と三谷式の間の晩期後半の数百年間は空白のままである。この空白を埋める資料がこれからも見つかることを期待できないとすれば，縄文晩期前半〜中頃の橿原式文様を三谷式は転写したと考えるほかない。モデルになった古い土器の破片がどこかに落ちており，それを拾った人によって三谷式は生まれたのであろうか。A1式は岡山東部の岡山市津島，同百間川原尾島と，福岡県行橋市辻垣オサマルから出土している。オサマル例は貝殻施文で，備讃地域からの伝播とみてよいので，弥生木葉文の生成地は四国の香川と絞り込むことができる。

3　木葉文土器の動向

　木葉文は，A1式が分布する備讃地域から各地に拡散していった。近畿でもっとも早く弥生時代を迎えた大阪湾岸では，前期古段階のおそらく後半に神戸市北青木，東大阪市山賀や八尾市木の本などにA2式が現われる。そして，中段階に奈良の大和高田市根成柿（ねなりがき）や田原本町唐古鍵，京都の向日市雲宮，岐阜の大垣市荒尾南，愛知の清須市貝殻山などに広まっていった。それは，四国から河内，そして備前・播磨・摂津への人と物資（金山

産のサヌカイトや讃岐産の流紋岩製磨製石庖丁）の移動を示していた[8]。その一方，四国では，A4式から盛行し，近畿よりも普及は遅れる。

　木葉文はA4式にいたって，山口・九州東北部まで分布圏を広げる。しかし，西端に達してまもなくB2式〜B3式になると，ヘラ描き文を貝殻施文に変えている（図5）。弥生中期の菱環鈕式から扁平鈕式の近畿産の銅鐸が配布されたのは，ヘラ描き木葉文の分布域であって，貝殻木葉文の分布域には及ばなかった。後者には北部九州産の銅矛・銅戈もごく少数しかはいっていない。そして，北部九州の中心部に木葉文が侵入することはなかった。弥生中期の代表的な祭器の銅鐸／銅剣・銅矛の分布圏は，弥生前期の木葉文土器のあり方を踏襲しているのである。

註

1)　工楽善通「遠賀川式土器における木葉文の展開」『文化財論叢』同朋舎出版，1983。深澤芳樹「木葉紋と流水紋」『考古学研究』36―3，1989。同「刻目段甕のゆくえ」『突帯文と遠賀川』土器持寄会論文集刊行会，2000

2)　春成秀爾「木葉文土器の意義」『明石の歴史』4，明石市，2021。同「木葉文と農耕祭祀」『弥生文化博物館研究報告』8，2023

3)　中期初めの土器にB2式を施した例は，山口には土井ヶ浜例など多数ある。A4式の十字形軸に，B1式を施した大阪・若江北例，B3式を施した大阪・久宝寺例もある。銅鐸の木葉文はすべてB3式で，外縁付鈕1式から突線鈕1式まで断続的に存在している。銅鐸に木葉文が現われるのは，弥生土器に木葉文が現れたときと似た現象である。

4)　坪井清足「縄文文化論」『岩波講座日本歴史』1，原始・古代1，岩波書店，1962

5)　勝浦康守『三谷遺跡』徳島市埋蔵文化財発掘調査委員会，1997

6)　曽我貴行ほか編『居徳遺跡群Ⅰ』，『同Ⅲ』高知県文化財団埋蔵文化財センター，2001，2002

7)　西岡達哉編『一の谷遺跡群』香川県埋蔵文化財センター，1990

8)　秋山浩三「近畿における弥生時代の始まり」『弥生大形農耕集落の研究』青木書店，2007。仲原知之「弥生前期の石庖丁生産と流通」『紀伊考古学研究』5，紀伊考古学研究会，2002

Ⅲ 弥生時代

弥生大形集落の消長

愛媛大学埋蔵文化財調査室教授
柴田昌児
SHIBATA Shoji

古事記の国生み神話に四国（伊予之二名島）のことを「身一つにして面四つ有り」と表現しているように、四国はそれぞれの平野が異なる海域に面していて、それぞれ異なった文化的側面を持っている。弥生時代の大形集落も同様で、徳島県矢野遺跡、香川県旧練兵場遺跡、愛媛県文京遺跡、高知県田村遺跡など、各地域で大形集落が展開するが、その消長（移動・継続・断絶）や性格（拠点性や交流）、内部構造はどれも一様ではない。

そこで本稿では密集型大規模拠点集落である文京遺跡を取り上げ、その成立過程をはじめ、内部構造や性格を明らかにする。そして四国各地の大形集落と比較することで弥生大形集落の実態を明らかにしたい。

1 道後城北遺跡群と文京遺跡

松山平野は西部瀬戸内に面していて、西方から瀬戸内海に入ると最初に目にする規模の大きい沖積平野である。

道後城北遺跡群は、松山城の北側から道後に至る範囲の標高30m前後を中心とした石手川右岸の扇状地に広がる。遺跡は祝谷と呼ばれる規模の大きな開析谷の奥部まで分布し、東西約2.8km、南北約2.5kmの範囲に広がる遺跡群である（図1）。

まず弥生時代前期前半〜前期末に道後町遺跡や岩崎遺跡、持田町遺跡周辺で居住域が形成される。やがて中期初頭〜中期中葉になると祝谷へと居住域が移っていく。

祝谷では谷部に面した丘陵裾部に山田池・長谷遺跡・祝谷アイリ遺跡・祝谷六丁場遺跡・祝谷丸山遺跡・祝谷大地ヶ田遺跡・祝谷本村遺跡・祝谷畑中遺跡・土居窪遺跡

など、小規模な居住域が形成され、谷部全体に広がる。このような小規模な居住域が結合するかたちで祝谷地区全体が一つの集合体、つまり一つの農耕共同体として成り立っていたと考えられる。祝谷畑中遺跡で検出された幅12m、深さ4mもある巨大な人工溝の存在は、集合体として祝谷に展開した農耕共同体が多数の労働力を確保できたことを物語っている。

中期後葉（凹線文期）になると、祝谷では弥生遺跡が激減し、祝谷前面に広がった扇状地に文京遺跡が出現する。祝谷に展開した農耕共同体が文京遺跡に移り、集住することで大規模な弥生集落を形成したと考えられる[1]。

2 文京遺跡弥生集落の構造

弥生時代中期後葉から後期初頭に、累計で150棟を超える竪穴建物が検出された大規模な弥生集落は、自然流路に挟まれた微高地に東西約500m、

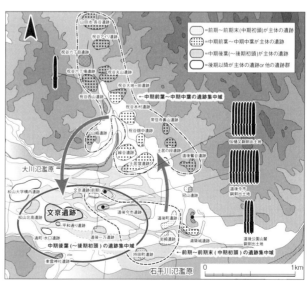

図1 道後城北遺跡群と文京遺跡

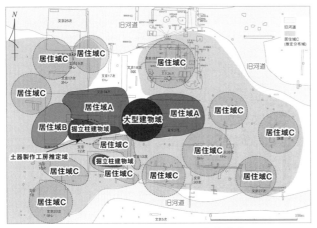

図2 文京遺跡弥生集落の集落構造

掘立柱建物域

床面積が7〜14㎡を測る1間×1間または1間×2間の小型の掘立柱建物が集中する範囲である。収穫物などの貯蔵施設が集まった領域である。

土器製作工房推定域

土器焼成関連遺物が集中して出土する範囲を，土器製作工房域と推定している[2]。

(2) 文京遺跡の集落景観

以上の居住領域から復元できる集落景観は，大型建物域を中心に周りに集落内の有力者層（弥生人コミニティのリーダー層）が居住したと考えられる居住域Aが接する。ここには外来集団の有力者も居住していた。そして居住域Aに接して外来集団が居住する居住域B，集落全体で管理したと考えられる貯蔵施設群としての掘立柱建物域が付随する。土器製作工房域は掘立柱建物域の中にあった。さらにその外側には集落構成員（農耕共同体構成員）の居住域Cが多数配されている。

このように文京遺跡の集落内部は，機能や階層で分節した空間で構成されており，整然とした大規模な弥生集落であったことがわかる。

南北約200mに及ぶ居住領域を形成している。その集落内部は大型建物域を中心にいくつかの居住域が取り囲んでいることがわかる（図2）。

(1) 集落内の領域分類

居住域は，微高地上に残る網の目状の凹地を境にして一定の範囲を占有しており，建物の規模や構造で次のように分類することができる。

大型建物域

床面積が30〜90㎡の大型掘立柱建物4棟が集中する径約40mの範囲である。

方形周溝遺構などの祭祀遺構も同領域内にあり，集落に住む弥生人コミニティの意思を決定する重要な場所であったと考える。

居住域A

直径8〜10mの大型竪穴建物が多く認められる範囲である。有力者層の居住域と考えられ，外来系の建物である日向型間仕切り住居（花弁形住居）も検出されている。

居住域B

居住域Aの建物より一回り小さいものの，直径7〜8mの大型竪穴建物が点在する範囲である。この領域では外来系土器が集中して出土する。

居住域C

直径7m前後の竪穴建物と直径あるいは一辺が6m以内の中小型の竪穴建物が散在する範囲である。図2には13個の居住域の単位（推定域を含む）を示している。

3 外来系土器からみた文京遺跡の交流と交易

居住域Bで多く出土する外来系土器には朝鮮半島南部の土器をはじめ，瀬戸内海沿岸各地，四国西南部や東南部九州，南九州の弥生土器がある。とくに山ノ口式土器をはじめ，中園式土器や下城式土器など，大分県から宮崎県を経て鹿児島県に分布する弥生土器が多量に出土している（図3）。

南九州の山ノ口式土器は松山平野では文京遺跡のみに集中して出土しており，ほかの外来系土器も文京遺跡での出土が圧倒的に多い。文京遺跡に人・モノ・情報が集約するバザールのような交流・交易拠点としての機能を想定できる。一方，南九州の遺跡では松山平野で作られたと思われる凹線文系土器は中規模以上の集落遺跡に分散して出土する傾向がある。松山平野の文京遺跡と南九州の各弥生集落間双方向の交流には，一極集中と分

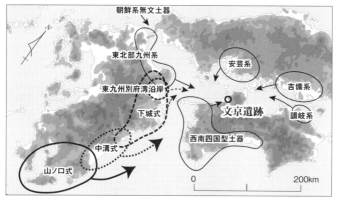

図3 文京遺跡の対外交流

5 文京遺跡弥生集落の解体

文京遺跡では集落の東側で22本もの平形銅剣が出土している（図1）。その埋納の下限年代である後期前葉に，文京遺跡の密集型大規模拠点集落は急速に衰退し，解体していく。それは文京遺跡の自由市場的経済活動の終焉でもあったのだ。そして後期中葉以降，別の遺跡群（樽味 − 天山遺跡群）で特定の首長を有する大形集落が出現する。文京遺跡の大形集落との連続性は認められない。

6 旧練兵場遺跡と田村遺跡

香川県旧練兵場遺跡と高知県田村遺跡の2つの弥生大形集落を概観することで比較したい。

(1) 旧練兵場遺跡

弘田川と中谷川に挟まれた扇状地に立地し，彼ノ宗遺跡と弘田川西岸遺跡も含め，東西約1km，南北約0.5kmの遺跡群を形成している[3]。とくに集住する集落域は東西約600m，南北約350mの範囲であり，旧河道による凹地によって画された4つの居住領域（領域1〜4）で構成されている（図4）。居住領域は中期前半の空白期を経て，中期後葉に集住域として出現する。出現経緯は今のところよくわかっていない。出現した中期後葉で

散流入という異なる経済活動原理が働いている。

4 文京遺跡の階層と自由市場的経済活動

文京遺跡の居住領域には竪穴建物の規模に大小があることや稀少遺物の出土が偏在することから，一定の上下関係（階層）が考えられる。しかし，墓制が確認できないことや大型竪穴建物や出土遺物の構成に突出した優位性を認められないことから，有力者層の中に特定の個人や家族を示すものは確認することができない。ヒエラルキーの最上位階層を明確にすることができないのである。私は文京弥生集落の階層にはヘテラルキー（多頭的階層）的要素があると考えている。つまり生産活動，宗教儀礼，交易など，それぞれ異なった社会的役割で頂点に立つ階層が上位層で並列し，その上位グループが有力者層を形成し，集落の経営を担っていたのだ。だからこそ，文京遺跡ではバザールのような自由市場的経済活動を成し得たのではないだろうか。ここに密集型大規模拠点集落である文京遺跡の性格をみることができる。

図4 旧練兵場遺跡と遺構の広がり

は領域 1 と 2 に遺構が集中し, 竪穴建物が 10 棟程度であるのに対し, 掘立柱建物は 89 棟とかなり多く, 1 間×1 間の建物が空間を取り巻くように配置され, 貯蔵施設集中域を形成している。また周辺では土器焼成関連遺物が集中しており, 文京遺跡と同様, 掘立柱建物群に土器製作工房域が重なっている。後期前半になると掘立柱建物が激減する一方, 竪穴建物が急増, その数は 80 棟を越えている。ただどの居住領域も明確な格差を示す大型竪穴住居は検出されていない。領域 1 には九州系の竪穴建物 1 棟が検出され, 豊前地域の弥生土器が出土している。多くはないが遠隔地の外来者が居住領域の一角に一定期間居住していたようである。また備中西部・備後地域の土器が比較的まとまって出土していることから瀬戸内海対岸との安定的な交流・交易があったと考えられる。中期後葉段階は機能分節に伴なう掘立柱建物域として機能した居住領域も後期以降は多少の差異はあるもののほぼ均質的な竪穴建物群で構成され, 農耕の経営単位で居住する領域へと変化している。古墳時代前期では居住領域内の竪穴建物は計 35 棟以内まで減少, 居住集団が徐々に移動しているようで集落自体が減退し, その後途絶えてしまう。旧練兵場遺跡で展開する集落が前期古墳の造墓主体と考えられるが, 弥生時代後期から古墳時代前期にかけても首長層のなかに明確な特定の個人や家族を示すような遺構・遺物は出土していない。

(2) 田村遺跡

沖積低地の東西約 0.8 km, 南北約 1.5 km に広がる遺跡群である。弥生時代前期初頭, この領域の一角に集落が出現し, 前期中葉には居住域を別の場所に移動, 二重の環濠を伴なう集落へと発達し, 周辺の低地部に水田が整備される。前期後葉を経て前期末〜中期初頭には南北約 1.5 km の範囲に 3 ヶ所の居住域が分散する。中期前半は集落そのものが減退するが中期後半にはふたたび居住域が明確になり, 中期後葉から後期初頭にかけて東西約 400 m, 南北約 450 m の範囲に累計 170 棟に及ぶ竪穴建物が群集する集住域を形成する。集住域は大溝によって画され, 4 つの居住領域を構成

している[4]。そのうち 3 つの居住領域はそれぞれに大型竪穴住居を中心に一般の竪穴建物が付随することから, 有力者を中心とした農耕の経営単位が居住領域を構成していると考えられる。墓域は検出されていない。青銅祭器や中部瀬戸内の搬入土器の出土などから, 瀬戸内海沿岸地域や周辺地域と交流していたことも判明している。後期前半には 4 つの居住領域は建物数が減少し, 後期中葉を最後に途絶えてしまう。田村遺跡の弥生集落の終焉である。田村遺跡に展開した弥生集落は, 農耕の経営単位を保持したまま, 出現から終焉まで断続しながらも約 800 年間は存続していた。

おわりに

以上, 文京遺跡の密集型大型拠点集落の内部構造と性格, その消長を述べ, 旧練兵場遺跡と田村遺跡の 2 つの大形弥生集落と比較した。集住化は中期後葉に出現する点では共通するが, 集落自体の消長, 首長層, 集落内の分節構造, 交流・交易は, その度合いが遺跡ごとに異なる。これはそれぞれの地勢環境が弥生大形集落が持つ調整機構としての機能に反映していることを表している。それに加え, 社会や気候の変動, 洪水や津波などの自然災害も集落の減退や盛行, 居住域の移動, 階層化に深く関わっていたと考えられる。

註

1) 柴田昌児「松山平野における弥生社会の展開」『国立歴史民俗博物館研究報告』149, 国立歴史民俗博物館, 2009
2) 田﨑博之・矢作健二「文京遺跡における土器製作工人と土器生産」『土器生産技術は, いかに共有化され, 維持・伝達されていたのか』科研報告書, 愛媛大学, 2021
3) 信里芳紀「総括」『旧練兵場遺跡Ⅲ』香川県教育委員会, 2013。渡邊 誠「讃岐地域における弥生時代後期の集落構造〜旧練兵場遺跡を事例として〜」『弥生後期社会の実像―集落構造と地域社会―』古代学研究会, 2022
4) 出原恵三『南国土佐から問う弥生時代像 田村遺跡』シリーズ遺跡を学ぶ060, 新泉社, 2009

紫雲出山遺跡と高地性集落

香川県埋蔵文化財センター
信里芳紀
NOBUSATO Yoshiki

当初，森本六爾により農業伝播・拡散の視点から沖積地の「低地性遺跡」に対して山地・丘陵の「高地性遺跡」[1] とされた遺跡は，その後，小野忠凞や佐原真により軍事防御的機能が付加され，緊張状態の社会状況を示す高地性集落となった[2]。この後の議論として，内海交易における仲介機能[3] や通信機能[4] などがあり，特に後者の都出比呂志の議論は，眺望による相互の連絡機能を指摘することで，単体ではなく群として捉える視点を示したことが高く評価される。

このような機能・背景論だけでなく立地など，高地性集落の定義そのものにもずれが生じている。近年では，高所の集落を一旦「山住みの集落」に一括し，その一部に軍事防御的機能が付加され高地性集落化するという折衷論が示されている[5]。一見，集落の網羅的把握からの抽出にみえるが，軍事防御の機能を示す考古資料は再吟味が必要であり[6]，山住みの集落の類型は，研究初期の単純な比高差による区分と変わりがない。

また，上記の高地性集落の機能の所論の内，軸となる軍事・交易いずれの場合も，単体ではなく相互の関係性の中で理解することが求められるが，議論の出発点の高地性集落の認識・抽出にあたっては，多くで発掘調査が進展していない現状から，今もなお特異な立地条件に注目せざるを得ない。

そこで本稿では，研究の端緒となった紫雲出山遺跡（以下，遺跡を省略）に立ち返り，山頂立地を条件として議論を進める。その理由は，比高差による高地性集落の網羅的抽出は，広域での比較を可能とする一方，その前提に軍事防御的機能を想定するようにみえるからである。

四国島および周辺における高地性集落は，弥生時代中期中葉から同後期前葉に，備讃瀬戸沿岸と芸予諸島で盛行する[7]。中でも，顕著な発達を遂げた播磨灘を含む備讃瀬戸沿岸を対象として，立地場所の特性や考古資料にみる相互の連絡関係からその機能を推定する。

1 分布形態と動態

山頂立地の集落として30件を抽出できる（図1・表1上段）。分布域は，燧灘と備讃瀬戸の境界に位置する紫雲出山を西限，播磨灘の男鹿島の大山神社を東限とする範囲の島嶼部および南北岸の讃岐と児島に認められ，吉備南部には確認できない。島嶼部は，高見島山頂，心経山（広島）の西群，壇山（豊島），上庄・星ヶ城山（小豆島），大山神社（男鹿島）の東群，西方（与島），鷲ヶ峰（女木島）の中央群があり，多島海域でも立地は限られる。讃岐では，臨海部と沖積平野奥部の山頂，児島では南岸側の山頂に偏って分布する。

山頂立地は「眺望」の特性を与えるが，無条件に確保できず，地形的制約を伴なう。讃岐では，傑出した標高をもたない南北方向の山塊により各所で眺望が遮られ，多島海域の島嶼部も陸部と同様となる。さらに気象条件を考慮すると，実際の眺望可能な距離は約20kmが限界であろう[8]。この点を踏まえ各高地性集落の立地をみると，地形的制約を避け相互に視認可能な位置を占めている。

また，眺望で察知した情報は，他所へ伝達しなければ効力をもたない[9]。相互に「烽」などによる通信伝達機能を想定しておきたい。

動態は[10]，弥生時代中期中葉（Ⅱ-1期）に出現し，一部を除いて同後期前葉（Ⅰ-1期）に廃絶する。中でも凹線文期の弥生時代中期中葉（Ⅱ-2期）から同後葉（Ⅲ-2期）の資料が多いが，その多くは表採などによる断片的資料によっており，

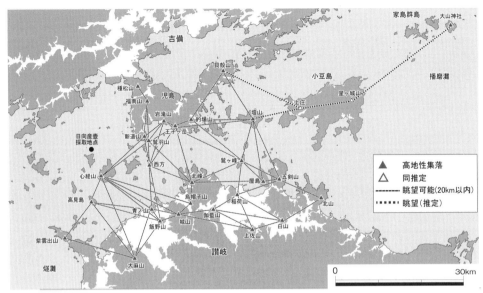

図1 高地性集落分布図

表1 高地性集落一覧および紫雲出山遺跡の土器
出土量の推移

地域区分	遺跡名	中期					後期	
		II-1	II-2	III-1	III-2	III-3	I-1	I-2
讃岐西部	紫雲出山							
	大麻山(野出院)							
	青ノ山							
	飯野山							
	城山							
	烏帽子山							
	北峰(たんべ)							
讃岐東部	伽藍山							
	稲荷山							
	上佐山			?	?	?	?	
	屋島							
	五剣山(だんべら)							
	白山							
	北山							
児島・島嶼部	高見島			?	?	?		
	心経山							
	西方							
	鷲ヶ峰貝塚							
	壇山							
	北庄			?	?	?		
	星ヶ城			?	?	?		
	大山神社							
	貝殻山							
	的場山							
	王子ヶ岳			?	?	?		
	岩滝山			?	?	?		
	鷲羽山			?	?	?		
	神道山							
	福南山			?	?	?		
	種松山							
	時期決定可能資料数	6	13	16	13	11	8	1

時期区分	II-1	II-2	III-1	III-2	III-3	I-1	I-2
紫雲出山土器量	56	458	466	534	259	107	0

紫雲出山遺跡土器量／個数

	II-1	II-2	III-1	III-2	III-3	I-1	I-2
	56	458	466	534	259	107	0

表2 金山産サヌカイトの出土量

地域区分	遺跡名	出土量 (g)	調査面積 (㎡)	10㎡当たり出土量(g)
讃岐西部	旧練兵場19次	7,571	3,800	19.93
	矢ノ塚	7,571	11,800	6.42
	奥白方中蕃	1,020	1,226	8.32
	紫雲出山	2,114	209	101.13
	平岡	337	8,544	0.4
	平均			27.24
讃岐東部	多肥松林	13,208	17,600	7.51
	北山浦	6,109	3,000	7.51
	久米池南	2,013	12,277	1.64
	陶畑	8,615	1,660	51.9
	鹿伏	5,252	15,391	3.42
	池の奥	4,500	8,700	5.18
	平均			12.86
児島	貝殻山	2,392	229	104.46
	菰池	2,408	3,000	8.03
	城	560	2,500	5.36
	池尻	1,093	375	29.14
	平均			36.75
備前	百間川原尾島	4,800	43,454	1.11
	百間川兼基	8,836	18,063	4.9
	赤田東	1,460	1,520	9.61
	平均			5.21
備中	加茂政所	7,031	12,686	5.55
	矢部堀越	4,520	7,000	6.46
	津寺	3,222	37,899	0.22
	南溝手・窪木	4,689	53,486	0.88
	平均			3.28

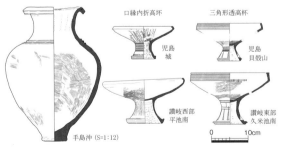

図2 海あがりの日向産壺と高杯にみる児島と
讃岐の交流

これをもって時期を限定することは適切ではない。

そこで，参考資料として一定の資料数が確保できる紫雲出山の時期ごとの土器量[11]（表1下段）と時期比定可能な高地性集落の件数を比較すると，両者は概ね一致することから，各高地性集落出土の土器資料は活動量を示すものと理解できる。

各高地性集落は，眺望を活かして相互に情報通信ネットワークを形成し，その活動のピークが中期後葉にあったと捉えたい。

ところで，先行研究では高地性集落成立の背景に軍事・交易が想定されてきた。いずれもこのようなネットワークの想定は可能だが，立地論のみのこれ以上の検討は困難である。局所的な緊張状態に解消する前に，交流・交易を示す考古資料にみる連絡関係を点検してみよう。

2 交流・交流との関係

当該期の備讃瀬戸沿岸の土器様式は，器台を除き形態や製作技法に共通性を示すが，文様などの部分属性に地域差があり，交流の方向性がうかがえる。一例に高杯の透孔がある，吉備南部，とくに備前側で圧倒的多数の三角形は，児島でやや割合を減じ，讃岐東部の高松平野では少数派となる。一方，讃岐西部に特徴的な口縁内折高杯は，同東部に広がらず，児島で少数の出土をみる。土器にみる交流では，吉備南部の備前から児島を経て讃岐東部，讃岐西部から児島への方向性が指摘でき，いずれも児島が鍵となる（図2）。

ほかの交流を示す考古資料に石鏃の大型化がある。長さが3cm以上を大型とすると，讃岐・児島の大型石鏃は約30％以上を占めるが，吉備南部はこれに及ばない[12]。また，青銅器祭祀においても，讃岐で発達する平形銅剣が児島の由加山にとどまり，吉備南部に達しない点も，児島と讃岐との緊密な交流を示している。

次に交流の具体相を示す交易の代表例として金山産サヌカイトがあげられる（表2）。主要遺跡の10㎡あたりの出土量は，原産地の金山を控える讃岐の平均が西部27.24g，東部12.86gを示すのに対し，海を隔てた児島でも35.75gをみるなど，

讃岐と比べて遜色がない。とくに児島の池尻は，未報告資料を含めると196.56gに達する。吉備南部が備前5.21g，備中3.28gであることと比較すれば，児島は際立っており，金山産サヌカイトの交易における集散地として評価できる[13]。

このように，高地性集落の分布域では緊密な交流・交易関係が想定できるが，ここで改めて分布形態との関係を整理してみよう。

讃岐や児島の高地性集落の分布圏は，恒常的な金山産サヌカイトの交易圏に一致し，西方（与島），鷲ヶ峰（女木島）・壇山（豊島）の中央群は，讃岐から児島への南北経路上に位置する。備讃瀬戸海域の中央を東西に横断する群のうち，紫雲出山，高見島山頂，心経山（広島），の西部群は，讃岐・児島の高地性集落へ連絡可能な位置を占め，広島沖海あがり資料（図2）など西方の搬入土器から推測される内海から内陸の大規模集落へ向かう交易経路との関連を想定できる。上庄，星ヶ城山（小豆島），大山神社（男鹿島）へ至る東部群は，児島のサヌカイトの多量集積を考慮すれば，東方への同交易経路との関連で理解できる。

これらの中でも児島は備讃間の南北経路と内海の東西経路が交差する位置を占め，ターミナルとして機能したと考えられる。

この点は交易品生産を前提とする土器製塩が中期Ⅱ-2期より児島を中心とした備讃瀬戸東部で開始されることとも大いに関係がある[14]。経路上で，交易品生産が行なわれたと考えられる。

3 紫雲出山遺跡の存続基盤と物資供給

備讃瀬戸沿岸の高地性集落は，交流や交易を背景にこれらの経路上に出現し，眺望を活かして情報機能を担ったと考える。情報の中身は，船（団）の到着や交易日などが想定できるが推測の域を出ない。しかし，交易場所は，あくまでも旧練兵場遺跡などの大規模集落と考えられる。

その際，各高地性集落は孤立的ではなく全体の中で特定の機能を担うが，必要物資調達などの存続基盤はどのように確保されたのだろうか。この点を紫雲出山の土器供給から検討してみよう。

紫雲出山は，上部が安山岩で覆われたメサ状の山容をもち，集落のある標高352mの山頂の基盤は同岩風化土から構成される。土器胎土は5類型に分けられるが，共通する石英・カリ長石は，山頂の安山岩風化土に殆ど含まれない。石英・カリ長石は花崗岩の山麓部で採取可能だが，南方約4kmで花崗岩を基盤とする北谷資料とは，粒度や構成比率が異なる。また，胎土類型によっては，堆積岩や変成岩類の岩石片や火山ガラスを含むなど，紫雲出山の地質条件で理解することができない[15]。

混和剤としての砂粒，素地粘土の移動・流通も想定しておくべきであるが，紫雲出山で土器焼成関係遺構・遺物が確認できないことから，ほぼすべての土器が外部供給されたと考える。現状で具体的な製作地の特定は困難だが，5km圏内に候補の集落がみられず，型式学的特徴や地質条件を考慮すると，讃岐西部の丸亀・三豊平野の集落を供給元に想定できる。また，当該期の石器が結晶片岩などの搬入石材を用いた成品流通が一般的ならば，土器に限って自家調達に拘る必要はない。

土器は必要物資の一部ではあるが，集落存続に関して基礎的なものあることを踏まえれば，ほかの物資についても同様に外部供給を読み取りたい。農耕や漁労を行なったとしても，あくまでも補助・補完的なものであったと考えられる。

おわりに

備讃瀬戸沿岸における高地性集落は，本格的な水稲農耕の開始に端を発した生産・交易場所となる大規模集落の出現に至った弥生時代の集落[16]の中にあって，交流・交易に係る情報伝達の任を受け，大規模集落から必要物資の供給を受けて眺望の効いた山頂に展開した集落類型と考える。

註

1) 森本六爾「低地性遺蹟と農業」『日本原始農業』1933

2) 小野忠凞「第Ⅵ章島田川流域の遺跡」『島田川』島田川遺跡学術調査団，1953。佐原真「石製武器の発達」『紫雲出』詫間町文化財保護委員会，1964

3) 間壁忠彦「中国・四国〈山陽・四国〉」『考古学講座4』雄山閣，1969。乗松真也「弥生時代中期における漁業システムの変革と『高地性集落』」『古代文化』58─Ⅱ，古代学協会，2006

4) 都出比呂志「古墳出現前夜の集団関係」『考古学研究』20-4，1974。大久保徹也「〈遠見集落〉紫雲出山遺跡 その機能と効力」『紫雲出山遺跡』三豊市教育委員会，2019

5) 柴田昌児「高地性集落と山住みの集落」『考古資料大観』10，小学館，2004

6) 石鏃の大型化は高地性集落に限られない。柴田が軍事防禦的とする吉野川流域の2例（大谷尻・カネガ谷）は調査成果の再検討が必要である。大谷尻の環濠は出土遺物から内部遺構との同時並存は困難で，カネガ谷の段状遺構は重複する竪穴住居と小円墳の削平状況から後世の所産とみられる。軍事防御性ありきの拙速な評価である。

7) 前掲註6参照

8) 古代の『軍防令』は40里（約21.4km）で烽を規定する。

9) 前掲4（都出1974）に同じ

10) 信里芳紀「備讃瀬戸における高地性集落出土土器の検討」『香川県埋蔵文化財センター研究紀要Ⅹ』2023

11) 『紫雲出山遺跡』三豊市教育委員会，2019

12) 信里芳紀「備讃瀬戸における高地性集落とその背景」『古代文化』74─2，古代学協会，2022

13) 宇垣匡雅「吉備弥生社会の諸問題」『論争吉備』シンポジウム記録1，考古学研究会，1999

14) 大久保徹也「備讃地域における弥生後期土器製塩の特質」『環瀬戸内海の考古学』上巻，古代吉備研究会，2002

15) 矢作健二「紫雲出山遺跡出土弥生土器の胎土分析」（前掲註11文献），信里芳紀「紫雲出山遺跡の土器・鉄器の特性」（同書）

16) 大久保徹也「〈弥生都市〉の特質と形成条件」『文化の多様性と比較考古学』，考古学研究会，2004

瀬戸内海の島嶼部
―芸予諸島―

愛媛大学埋蔵文化財調査室教授
柴田昌児
SHIBATA Katsuij

閉鎖性海域である瀬戸内海では700を超える島々が点在している。その40%にあたる300に近い島々が広島県から愛媛県にかける海域に集中しており，瀬戸内という言葉にふさわしい多島海域を形成，これを芸予諸島と呼んでいる。

本稿では臨海性集落の遺構変遷から人間活動の実態を見たうえで，弥生時代高地性集落と土器製塩を概観し，芸予諸島の特性を明らかにしたい。

1 来島海峡馬島の臨海性集落と人間活動

瀬戸内海沿岸には「浦」と呼ばれる海岸地形が多数存在し，何某かの人間活動が痕跡として残されている。激しい潮流で知られる来島海峡にはいくつかの島が点在している（図1）。その中の一つ，周囲わずか4kmの馬島では「浦」全域を発掘調査した亀ヶ浦遺跡・ハゼヶ浦遺跡がある。まず，その調査成果から臨海性集落の形成と人間活動の関連性について見ていくことにしよう[1]。

亀ヶ浦遺跡は，新旧2つの浜堤が発達している（図2上段）。縄文時代後期の遺構は丘陵裾部の古い浜堤上で確認されている。縄文時代晩期後半以降は谷開口部前面に発達した新しい浜堤に移動し，弥生時代前期→中期前半を経て，後期に入る頃，明確に土壌化した堆積層（クロスナ層）が形成される。その浜堤上では弥生時代後期前半に居住遺構が形成され，後期後半にその遺構数が増え，古墳時代初頭から前期前半にピークを迎える。とくに後期後半以降は製塩土器が共伴し，活発に土器製塩を行なっていた。中期後葉（IV様式・凹線文期）の遺構・遺物は確認されていない。

ハゼヶ浦遺跡は，旧汀線に沿って発達した浜堤には遺構が集中し，縄文時代後期→縄文時代晩期後半→弥生時代前期中頃を経て，古墳時代初頭・

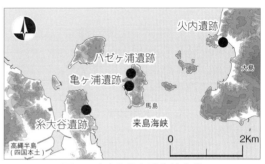

図1 来島海峡と臨海性集落

前期前半の遺構・遺物が製塩土器を伴なって出土する（図2下段）。この遺跡では谷奥部の丘陵裾にある傾斜地（標高8m前後）でIV様式（凹線文期）の遺物が比較的多く出土しており，居住領域が海浜を離れていることがわかる。

馬島における臨海性集落の消長は，海浜部の砂層堆積と密接に関連している。砂層堆積が浜堤の形成に関連し，遺構形成が浜堤の土壌化に関連していることは明らかで，海浜の環境変化が人間活動にも影響しているのである。

臨海性集落の遺構変遷や島嶼部での遺跡動態を見ると海浜部汀線付近では，弥生時代前期と後期に活発な人間活動があるのに対し，前期末以降，徐々に活動が緩慢となり，中期後葉（凹線文期）では減退している傾向を読み取ることができる。

2 島嶼部の弥生時代・高地性集落

前期末以降，海浜部での居住領域を減退させた弥生時代遺跡は徐々に低位丘陵に立地するようになり，中期前半には山地麓から山腹中位に居住領域の場を移す。このように海辺の環境変化に適応するため，居住領域が垂直遷移したのである。

いわゆる「山住みの集落」の生成は，様々な要因が複合した結果であり，集落の選地原理は一元

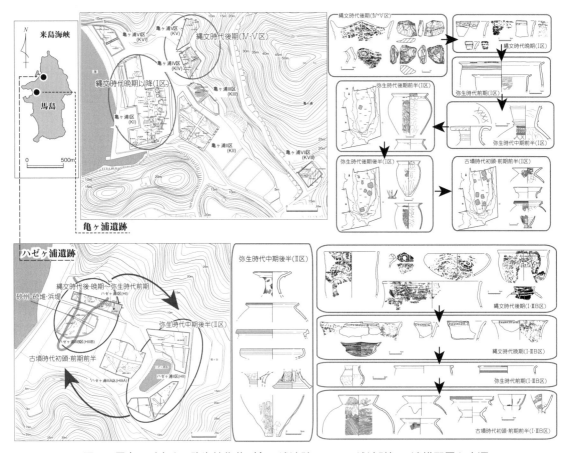

図2　馬島に所在する臨海性集落（亀ヶ浦遺跡・ハゼヶ浦遺跡）の遺構配置と変遷

的要因ではないことは明らかである[2]。

そして中期後葉（凹線文期）には山地最高地点に高地性集落を出現し，偏在的な分布を示す（図3左）。この集落は立地の垂直遷移現象の中にあっても，特異な立地形態と言わざるを得ない。

私は高地性集落の出現を理解するためには海上活動が重要な視点と考えている。移動する海上の船から動的景観を見た場合，多島海域では，島々が重なり，通航できる瀬戸がわからない。これを克服するために地形や物標との関係位置を視覚や交差方位法によって求める「山アテ」と呼ばれる航法が江戸時代以降の航海に用いられていた。

芸予諸島の高地性集落は，そうした多島海域独特の海上活動環境下で凹線文期の社会変動や環境変動が複合化することで生じた漠然とした緊張関係や海上活動の活性化に伴ない，一過性の現象で

はあるがランドマークとしての機能を具有した集落として出現したのである。その眼下には海域を介した日常的な往来（周回行動や搬送行動など）があり，それが常態化することで原初の航路が形成されていたと推察する[3]。これを裏付けるように，芸予諸島の高地性集落分布域には強い共通性を発現する弥生土器の地域色がある[4]。

3　土器製塩の展開

芸予諸島およびその周辺地域は，備讃瀬戸地域を中心とした一大土器製塩地帯の一角を構成しており，多数の製塩土器が出土する遺跡が分布している（図3右）。

芸予諸島では，遅くとも弥生時代後期前半に，今治平野の北，来島海峡付近において製塩土器を用いた土器製塩が導入される。そしてそれ以降は

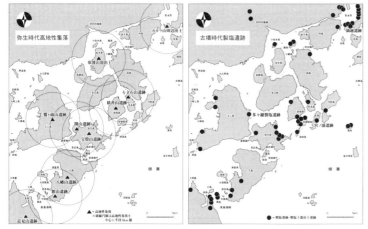

図3 芸予諸島の高地性集落と製塩遺跡

地域性の強い製塩土器（芸予型製塩土器）を成立させた土器製塩集団が出現し，再び遺跡数の増加という塩生産体制の拡大を実現させている。しかも古墳時代前期と異なり，より専業度が高い集団である。この集団は芸予型製塩土器が6世紀第2・第3四半期（TK10〜TK43型式期）に出現した後，7世紀初頭前後（TK209〜TK217型式期）に島嶼部で横穴式石室墳を造営するようになる。被葬者は土器製塩を職能の一つに取り込んだ集団の首長である。私は芸予型製塩土器が芸予諸島に接した平野部と畿内の限られた地域にしか流通しない状況を，地域勢力領域内の分配と外部権力（畿内首長連合・ヤマト政権）への供給という重層的支配構造が具現化したものと捉えている[6]。

備讃瀬戸地域の土器製塩の動態[5]に呼応するように，古墳時代前期に製塩遺跡数の増加という生産拡大のステージを迎える。ただ製塩遺跡における生産活動は一様ではない。大三島の多々羅製塩遺跡や佐島の宮ノ浦遺跡のように専業度の高い製塩遺跡がある一方で，馬島のハゼヶ浦遺跡・亀ヶ浦遺跡のように土錘などの漁労具が出土し，半塩半漁の臨海性集落もある。こうした専業度の異なる製塩集団が混在するのが前期土器製塩の実態である。製塩土器の供給には平地部に展開した農耕集落が深く関わっていた可能性が高く，少なくとも密接な関係があったことは間違いない。

中期の土器製塩衰退を経て，古墳時代後期には

おわりに

以上，本稿では芸予諸島の多島海域の特性が地域圏を形成し，高地性集落や製塩遺跡の分布に反映されていることを示した。東西をつなぐ回廊として定評のある瀬戸内海の海上交易／交通は，日常の往来が連鎖した原初的な航路が島伝い，陸地伝いにつながることで成り立っているのである。

註

1) 柴田昌児「瀬戸内海，芸予諸島の高地性集落」『季刊考古学』157，雄山閣，2021
2) 柴田昌児「高地性集落と山住みの集落」『考古資料大観10 遺構編』小学館，2004
3) 前掲註1に同じ
4) 柴田昌児「弥生土器から見た芸予諸島の地域色」『伊豫史談』363，伊豫史談会，2011
5) 岩本正二・大久保徹也『備讃瀬戸の土器製塩』，吉備人出版，2007
6) 柴田昌児「日本陶器制塩与瀬戸内海芸予型製塩陶器的集団関係」『東方考古』12，山東大学，2015

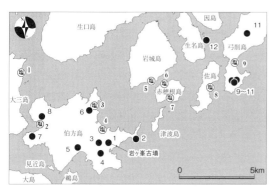

=製塩遺跡 ●=横穴式石室墳 ※製塩土器が出土した古墳は図中に遺跡名を記した。
製塩遺跡 1：多々羅製塩遺跡 2：熊口遺跡 3：大夫殿遺跡 4：裂裟丸遺跡
5：石風呂遺跡 6：竹ノ浦遺跡 7：大手原遺跡 8：宮ノ浦遺跡
9：浜渡遺跡
横穴式石室墳 1：岩ヶ峯古墳 2：金ヶ崎古墳 3：沢津古墳 4：打越古墳
5：荒神山古墳 7：瀬山古墳 8：熊口古墳 9〜11：久司山古墳群

図4 古墳時代後期の芸予諸島中部域

瀬戸内海の島嶼部
―備讃瀬戸―

愛媛県埋蔵文化財センター
乗松真也
NORIMATSU Shinya

1 海にかかわる生産具の推移

瀬戸内海の陸域が接する海峡は瀬戸と呼ばれ，備讃瀬戸は本州と四国の間に島が密集し，いたるところに瀬戸が形成される海域である。本稿ではこの海域を構成する島々に分布する資料，とくに生産に関連する資料から弥生から古墳時代にかけて備讃瀬戸が果たした役割について考えたい。

まず，備讃瀬戸島嶼部における海にかかわる生産具の推移を確認しておく（図1）。本節における時期の段階区分と製塩土器に関する記述は，個別に明記しないが大久保徹也の研究[1]に依拠する。

弥生時代前期，櫃石島の大浦浜遺跡に袋網系の管状土錘が出現する。四国の下川津遺跡にも土錘が確認されるが，こちらは刺網系の細型管状土錘で，大浦浜遺跡とは装着された網の形状が異なる

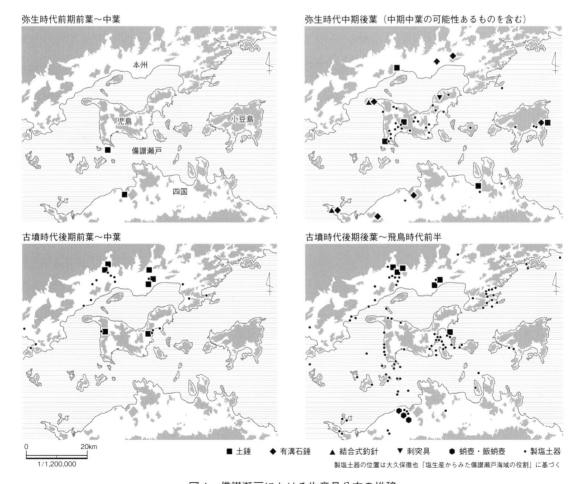

弥生時代前期前葉～中葉

弥生時代中期後葉（中期中葉の可能性あるものを含む）

古墳時代後期前葉～中葉

古墳時代後期後葉～飛鳥時代前半

本州　小豆島　児島　備讃瀬戸　四国

0　20km
1/1,200,000

■ 土錘　　◆ 有溝石錘　　▲ 結合式釣針　　▼ 刺突具　　● 蛸壺・飯蛸壺　　・ 製塩土器
製塩土器の位置は大久保徹也「塩生産からみた備讃瀬戸海域の役割」に基づく

図1　備讃瀬戸における生産具分布の推移

と推測される。この時期の土錘は西方から伝わったもので，遠賀川式土器に代表される弥生時代的な文化を受容した遺跡のうち，海岸線からさほど離れてない一部の遺跡に伴なう。

弥生時代中期前葉の停滞期を挟んで，中期後葉（中期中葉の可能性も含む）に再び漁具が出現する。児島には管状土錘や有溝石錘，結合式釣針，刺突具，小豆島には有溝石錘と土錘が分布し，本州や四国でも有溝石錘を中心に漁具が点在する。備讃瀬戸の瀬戸内海に面した各所で漁労がおこなわれていたのがこの時期の特徴といえよう。中期後葉には児島で製塩土器による塩生産が始まり，その分布は小豆島や豊島などの島嶼部を中心として四国の沿岸部にも広がる。本州や四国を含めた備讃瀬戸各地に認められる漁具と，児島や小豆島が分布の中心である製塩土器では，その分布傾向はやや異なる。とはいえ，児島，小豆島はほかの時期と比べると漁具の出土遺跡，種類は多い。

弥生時代後期には島嶼部から漁具が姿を消し（古墳時代中期までこの状況が継続する），製塩土器が激減する。海にかかわる生産の中心が島嶼部から本州，または四国に移るのである。そもそも中期後葉に比べてこの時期の島嶼部における遺跡も大幅に減少するため，島嶼部を拠点とする活動自体が低調になっている。

古墳時代前期，島嶼部の海浜部に製塩土器が分布するが，これらは小規模な操業と考えられている。

古墳時代中期には，島嶼部も含めて本州や四国でも漁具，製塩土器が分布しない。備讃瀬戸全域において海にかかわる生産が不鮮明になる。

古墳時代後期前葉〜中葉になると細型管状土錘と棒状土錘が出現し，児島では島の東西で製塩土器に伴なって棒状土錘が認められる。棒状土錘は弥生時代後期に岡山平野で使用され始めるが，備讃瀬戸では古墳時代前期〜中期に断絶するため，この時期の棒状土錘は紀伊半島などから持ち込まれたものだろう。製塩土器は児島と本州の沿岸部に散見され，漁具の出土遺跡は製塩土器の分布域におさまる。

古墳時代後期後葉〜飛鳥時代前半，児島南東部

では製塩土器とともに棒状土錘や管状土錘が出土している。土錘は本州にもあり，土錘の分布傾向は前段階を引き継ぐ。四国では蛸壺や飯蛸壺が採用されるが，こうした新式の漁具はこの時点では島嶼部には入ってこない。製塩土器は児島西部，児島南東部〜直島諸島，牛窓湾周辺を中心にかなりの増加をみせる。くわえて喜兵衛島や牛窓湾で使用，廃棄された製塩土器の膨大な量はこの時期の製塩の操業規模拡大を示す。このような製塩のあり方と比較すると，島嶼部における漁労の規模や範囲は前段階からさほど拡大はしていない[2]。

2　島嶼部と船による海上移動

備讃瀬戸海域の海上移動には船が必要で，その移動の目的には生産や人，物資の輸送などがある。備讃瀬戸の弥生〜古墳時代において船そのものが遺存する事例は知られていないものの，生産具から船との関係を推測することはできる。製塩土器は船とのかかわりが希薄だが，これらを除く生産具，すなわち土錘，有溝石錘，結合式釣針，蛸壺，飯蛸壺は船との関連性が考えられる[3]。これを前提とすれば，島嶼部が海上移動を担っていたのは，櫃石島に管状土錘が伝わる弥生時代前期前葉〜中葉，児島と小豆島に有溝石錘や結合式釣針が分布する弥生時代中期後葉，児島に管状土錘が分布する古墳時代後期前葉〜中葉と古墳時代後期後葉〜飛鳥時代前半といえる。もちろん，生産には関与せずに船での海上移動をおこなう集団も存在しただろうが，弥生時代後期や古墳時代中期の島嶼部における遺跡数の僅少さからは，こうした集団の拠点は本州や四国に求めざるをえない。なお，児島東部の沖合に位置する高島や荒神島には，古墳時代中期（荒神島は後続する時期も含む）の遺跡がある。これらの遺跡は祭祀にかかわるとされ，少なくとも生産遺跡とは性格を異にする。島嶼部の一部は，祭祀，またはそれに類する活動のために船による移動の目的地となっているが，やはり船を扱う集団の拠点とは考えにくい。

3　児島の役割の差

　1・2でみてきたように，備讃瀬戸の島嶼部の
なかでも児島は重要な位置を占めている。なかで
も，重要性が増す弥生時代中期後葉と古墳時代後
期後葉〜飛鳥時代前半を取り上げて児島が担った
役割の差について考えたい。

　弥生時代中期後葉の児島と小豆島に分布する
集落遺跡は，沿岸部の山頂付近（いわゆる高地性
集落）や丘陵部，谷部に立地する。同様の集落立
地は本州や四国でも普遍的で，集落規模も島嶼部
と本州・四国沿岸部では大きな差はない。この時
期には島嶼部を含めた備讃瀬戸の沿岸部各所に似
たような立地や規模の集落が広がり，それぞれが
ほかの集落と関係を有していたとみられる。その
一部が漁労や船による海上運送をおこなっていた
のだろう。製塩土器は島嶼部とそれ以外での偏在
性が顕著なため，製塩に限っては島嶼部の集落
がおもに携わっていたといえる。なかでも児島は
製塩土器が出現した場で，漁具の種類も多いうえ
に，弥生時代後期以降に主流となるタイプの土錘
を採用している。弥生時代中期後葉の海にかかわ
る生業の中心は児島にあるといってもいいだろう。
なお，児島や小豆島では遺跡の分布が島の南岸に
偏っている。両島ともに，南岸には小規模だが良
好な湾が連なるため，生産具を伴なっていなくと
も集落は海を意識して形成されたようだ。

　古墳時代後期後葉〜飛鳥時代前半，児島の西部
と南東部では沖合の小規模な島も含めて製塩土器
の分布が集中する。この時期，喜兵衛島などでは
製塩土器に漁具が共伴しないため，製塩集団と漁
労・海運集団が分離したとされる[4]。しかし，漁
具は製塩土器に比べて出土遺跡数が少なく，前段
階から児島に分布する土錘はいずれも製塩土器に
伴なっているうえ，漁具出土遺跡の立地も製塩に
適した海浜部である。製塩に特化していく集団の
うち，児島の集団の一部が前段階に引き続いて漁

労や海上運送も担っていたというのが実態に近い
だろう。なお，喜兵衛島では群集墳などの形成
開始が製塩拡大期以前の前段階にさかのぼるた
め，「身分制的な編成」を表象する古墳造営「を
通じて掌握した島嶼部グループの一部に塩の調達
が課せられ」たとされる[5]。児島の南岸を中心と
した沿岸部や周辺の連島に位置する横穴式石室を
もつ古墳の基盤は近傍または対岸の海浜部の生業
集団であろうが[6]，構築時期が後期中葉の古墳も
少なくないと考えられ，古墳と製塩集団との関係
は喜兵衛島と同様の可能性がある。児島における
漁具は前段階から大きく増加しているわけではな
いため，この時期の児島は周辺の島とともに海に
関連する生業のうち製塩へと傾斜していくことに
なる。漁労などを牽引しつつ製塩も手がけていた
弥生時代中期後葉とは，この点で児島の役割が異
なっている。

註

1)　大久保徹也「備讃地域における弥生後期土器製
　　塩の特質」古代吉備研究会委員会編『環瀬戸内海
　　の考古学』古代吉備研究会，2002。岩本正二・大
　　久保徹也『備讃瀬戸の土器製塩』吉備人出版，
　　2007。大久保徹也「塩生産からみた備讃瀬戸海域
　　の役割」考古学研究会例会委員会編『考古学研究
　　会例会シンポジウム記録6』考古学研究会，2009,
2)　家島や屏風島などの海浜部では須恵器や多量の
　　製塩土器とともに土錘も認められる。土錘が古墳
　　時代後期〜飛鳥時代の場合，島嶼部における土錘
　　の事例は増加するが，それでも製塩土器のおびた
　　だしい数とは比べものにならない。
3)　乗松真也「瀬戸内の海と弥生時代」『考古学ジ
　　ャーナル』ニュー・サイエンス社，2021。ただし，
　　土錘と船との関連性については考えをあらためた
　　ところがある。
4)　前掲註1（岩本・大久保2007）に同じ
5)　前掲註1（岩本・大久保2007）に同じ
6)　間壁忠彦・間壁葭子「後期古墳の展開」倉敷市
　　史研究会編『新修倉敷市史』第1巻考古，倉敷
　　市，1996

土器製塩の展開

徳島文理大学教授
大久保徹也
OHKUBO Tetsuya

　前面海域を含めた四国島では土器製塩の成立から終焉に至る長期的な展開を観察できる。島内諸地域の一律的ではない生産動向と合わせ，土器製塩の性格を考察する上で良好な情報を提供する。

1　四国島域および周辺海域の土器製塩

　弥生時代中期後葉〜奈良時代に四国島域で展開した土器製塩を概観しておこう。備讃瀬戸海域が最大の塩生産エリアであった。北西部（高縄半島北東部とその前面海域）と東岸（鳴門海峡部〜紀伊水道西岸）では塩生産は限定的であったし，自余の広大な諸地域では定着しなかった。

　備讃瀬戸海域の製塩土器編年を図1に示した。これは他エリアにもおおむね通じる。製塩土器型式は大まかに①脚台タイプ（備讃Ⅰ〜Ⅳ式）→②小型椀タイプ（備讃Ⅴ式）→③大形ボウルタイプ（備讃Ⅵ・Ⅶ式）となる[1]。①と②の間には古墳時代中期の大部分に及ぶ空白期間があり，備讃瀬戸海域と北西部エリアでは②・③と続き生産は拡大するが東岸エリアはそうならない。

　製塩（煎熬）作業場を海浜に設けるとは限らない。岡山県百間川原尾島遺跡ではどうみても2km以上は奥まった地点で製塩炉を検出しており，しばしば採鹹／煎熬地点は分離する。古墳時代以降の大阪湾岸では河内湖奥部が有力な生産地であった。また生産物の多くはカマスなどにまとめて効率的に運搬・保管したとみられる。作業場に遺棄された膨大な廃棄製塩土器の存在がこのことを雄弁に物語る。製塩土器の移動例は流通の一端を示唆するが全貌は示さない。

　備讃瀬戸海域では弥生時代中期後葉に土器製塩法が成立する（備讃Ⅰ式期）。列島西部ではもっとも遡る。古墳時代前期までに各地に展開する製塩技術はここに淵源する。弥生時代後期（備讃Ⅱ式期）に塩生産の舞台は両岸の中枢部に移り，島嶼部では遺跡数自体が激減する。

　後期後葉（備讃Ⅲ式期）に生産地は再び海域島嶼部にも拡大し，備讃Ⅳ式古段階期に製塩遺跡数は最大に達する。この時期，土器製塩技術は瀬戸内海一帯，東海．北陸の一部や山陰沿岸，九州島東・北部に波及する。四国島北西部と東岸の二つのエリアの一角で塩生産が定着するのもこの時期だ。南岸エリアにも一時的に波及する。

　備讃Ⅳ式新段階期には一転して製塩遺跡数が急激に減少する。本土部の生産地はほぼ姿を消し，島嶼部に少数の遺跡が残る。さらに古墳時代中期初頭までに完全に廃絶する。一旦，製塩技術が波及した諸地域の大半でも同じ推移を辿る。一方，大阪湾〜紀伊水道東岸では継続し，極小形の小型椀タイプ製塩土器が成立した，古墳時代中期中葉には最大の塩生産エリアとなる。

　空白期間を経て古墳時代後期前葉（備讃Ⅴ式期）に大阪湾系統の製塩技術が移植され，備讃瀬戸海域の塩生産が再開する（備讃Ⅴ式期）。後期後葉には大容量の備讃Ⅵ式製塩土器に転換し，遺跡数は急増し，また個々の操業規模も急激に拡大する。間断のない製塩炉の更新と層厚最大1mに達する膨大な製塩土器廃棄層で知られる喜兵衛島南東浜遺跡は備讃Ⅵ式期の操業実態を示している。

　飛鳥時代後半〜奈良時代（備讃Ⅶ式期）には遺跡数と操業規模は緩やかに縮小するが，平安時代初頭まで備讃瀬戸海域の土器製塩は続く。

　北西部エリアの場合，椋ノ原清水遺跡（備讃Ⅰ式），亀ヶ浦遺跡（備讃Ⅱ式）から早期の製塩技術波及が推測できるが定着はしない。上記した製塩技術の広域的な波及時期（備讃Ⅲ式〜同Ⅳ式古段

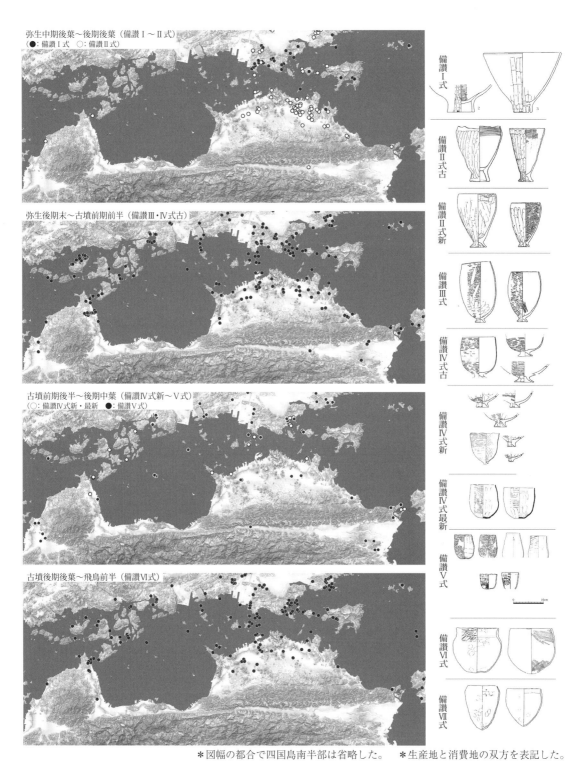

弥生中期後葉〜後期後葉（備讃Ⅰ〜Ⅱ式）
（●：備讃Ⅰ式　○：備讃Ⅱ式）

弥生後期末〜古墳前期前半（備讃Ⅲ・Ⅳ式古）

古墳前期後半〜後期中葉（備讃Ⅳ式新〜Ⅴ式）
（○：備讃Ⅳ式新・最新　●：備讃Ⅴ式）

古墳後期後葉〜飛鳥前半（備讃Ⅵ式）

備讃Ⅰ式
備讃Ⅱ式古
備讃Ⅱ式新
備讃Ⅲ式
備讃Ⅳ式古
備讃Ⅳ式新
備讃Ⅳ式最新
備讃Ⅴ式
備讃Ⅵ式
備讃Ⅶ式

＊図幅の都合で四国島南半部は省略した。　　＊生産地と消費地の双方を表記した。

図1　四国島および周辺の製塩土器出土遺跡分布図

階期）に前面島嶼を含めた高縄半島北東部で塩生産が本格化する。西方の松山平野側でも若干数の同時期の製塩土器がみられるが，散発的な生産にとどまりそうだ。備讃V式期には松山平野側の消費地遺跡（樽味四反地遺跡，持田三丁目遺跡など）の出土事例がある。平野北辺の船ヶ谷遺跡周辺に備讃瀬戸海域と同様に製塩技術が移植された可能性はあるが，順調に定着・発展しなかったようだ。高縄半島半島の北・東部では古墳時代後期後葉（備讃VI式期）に前面海域の島嶼部で大規模な土器製塩が展開する。同時期の備讃瀬戸海域や淡路島域に準じた有力な塩生産域である。

東岸エリアでは，鳴門海峡部の網代遺跡に備讃II式新段階土器がある。讃岐東部（播磨灘南岸）に生産地が点在する時期であり，その延伸部といえる。以後備讃IV式古段階まで鳴門海峡部で生産が続く。対面する紀伊水道東岸では備讃IV式期古段階以前に南方の田辺湾岸まで大阪湾系製塩技術が波及・定着するが，淡路島域を越えて東岸エリアには到達していない。広範な技術波及が進む備讃IV式期にも鳴門海峡部より南方の東岸諸地域では土器製塩の展開は確認できない。備讃V式期には紀淡海峡部系の製塩技術が淡路島域で展開して東岸エリアの鳴門海峡部にもそれが及ぶ。吉野川以南の沿岸部にもいくつかの生産地を見るが，面的な広がりを欠く。古墳時代後期後葉（備讃VI式期）に淡路島域でも塩生産が最高潮に達し，鳴門海峡部では一二の遺跡に及ぶ。総じて東岸エリアは紀淡海峡部〜淡路島域の動向に連動する傾向が強いが，大きく展開はしない。

2 土器製塩段階の塩生産　その特質

弥生時代中期中葉，銅鐸など青銅儀器の本格的流入にもその一端がうかがわれるように遠距離交易が常態化し始める。備讃瀬戸海域の沿岸・島嶼部では眺望の秀でた地点を選んだ「遠見集落」網が形成される。来航する交易船団を早期に察知し，その情報を両岸諸地域に伝達する施設群とみる[2]。初期段階の遠隔地間の交渉で生じかねない不測の衝突を回避する安全装置である。両岸中枢

のいわば「外港」に相当する中間島嶼部が初期の遠距離交易の主たる舞台であっただろう。「遠見集落」網の形成と軌を一にして中間島嶼部では遺跡数の増大が際立つ。中期後葉にまさにこの舞台で始まる土器製塩は，遠距離交易の活性化を前提とした交易品生産であった。後期の生産エリアの本土部移転は外港から中枢に舞台を移すことを可能とした遠距離交易の成熟と連動する。あくまで交易品として外部的需要に依拠する生産がその本質であったと考える。

西方に対するのとは対照的に成立直後から製塩技術の東方波及が始まり，後期中葉までに大阪湾岸南部に新たな生産地が形成されることは土器製塩製造塩の主たる需要の所在を示唆する。備讃III式〜IV式古段階期に急速に多方面へ製塩技術が拡散するが，製塩地の分布と密度はやはり大阪湾岸および後背地域の需要の大きさを想定させる。遠距離交易の充実が生産地の多極化を促したと考える。四国島北西部エリアは主たる塩生産地帯の西端にあたる。その後，需要側で膝下の塩生産を拡充する方向に転じ，古墳時代前期後半以降，河内湖岸と紀淡海峡部〜紀伊水道東岸の拡大強化に連動して各地の塩生産は衰退・廃絶に向かう。四国島域の塩生産もこの趨勢を免れなかった。

古墳時代後期前葉に進む製塩技術の移植は生産拠点＝塩供給基地の設置を意味し，製塩土器の移動から復元される備讃瀬戸産塩の大阪湾岸・奈良盆地の流入はその目的を端的に示す。後期後葉には備讃瀬戸海域と高縄半島前面海域は淡路島域や若狭湾岸と並ぶ主要な塩生産地に成長し，これらが大阪湾岸および後背地域の需要を担う。こうした求心的な塩の流通全体を貢納と捉えるべきではないが，令制期の塩貢納制度の起点は古墳時代後期前葉の技術移植にあり，貢納を契機とした生産拡大と理解することはできよう。

註
1) 大久保徹也「土器製塩の展開」『第21回播磨考古学研究集会の記録』同左実行委員会，2022
2) 大久保徹也「〈遠見集落〉紫雲出山遺跡その機能と効力」『紫雲出山遺跡』三豊市教育委員会，2019

青色片岩製柱状片刃石斧の生産

徳島大学大学院教授
中村　豊
NAKAMURA Yutaka

　三波川帯変成岩製の大陸系磨製石器は紀の川流域産と考えられてきた。西口陽一[1]は，柱状片刃石斧の原産地が四国東部地域にある可能性を指摘した。本稿ではおもに考古学的手法から青色片岩製柱状片刃石斧の生産と流通にせまり，弥生時代における地域交流史の一端を探る。

1　緑色片岩と青色片岩

　三波川帯は，関東山地から九州山地にいたる広域変成帯であり，地域的な特徴を捉えにくい。しかし，青色片岩は，2016（平成28）年に日本地質学会が「徳島県の岩石」と指定した[2]。三波川帯の中でも徳島市眉山と吉野川市高越山でまとまって産出する特徴がある。

　筆者は徳島市南庄遺跡，同庄・蔵本遺跡の資料中に，弥生時代中期後葉の青色片岩製柱状片刃石斧未製品を見出し，他地域へもたらされた可能性に言及した[3]。その後，柱状片刃石斧には緑色片岩製と青色片岩製の２種類がみられ，弥生時代前期に属するものは緑色片岩で，弥生時代中期のものが青色片岩製であることを明らかにした[4]。

2　青色片岩製柱状片刃石斧の生産

　四国東部地域における柱状片刃石斧は，弥生時代前期から後期前葉にいたる間に，下記のような石材と製作技術の変化が認められる。

（1）緑色片岩製

　弥生時代前期から中期初頭にかけての柱状片刃石斧は，緑色片岩製が多い。比重は約2.7〜2.9前半である。断面円形や蒲鉾形のものが多く，棒状の円礫を素材とし，素材の原形を保持しつつ加工を施す。後主面に抉りを持つものが多い。製品は四国西南部地域から大阪湾岸地域にかけて分布す

るが，詳しい生産の実態はわかっていない。四国東部地域でもまとまった未製品をみとめることはできない。さぬき市鴨部・川田遺跡において未製品が出土している。ここは三波川帯から離れているので，研磨する前の段階でも持ち運ばれていることがわかる。

（2）青色片岩製

　弥生時代中期中葉頃から，青色片岩製のものが目立つようになってくる。比重は2.9後半〜3.0を超え，3.2を超えるような，かなり重量感のあるものさえみられる。断面円形のものもみられるが（図1-2・4），むしろ隅丸方形（図1-1・3），D字型（図1-5〜8），方形（図1-9），方形で両側面が内湾するもの（図1-10〜13）が多数を占める。緑色片岩製とは素材の加工技術に変化が認められ，D字型（図1Ⅱa）や方形，側面が内湾するもの（図1Ⅱb）などは，片理面に対して平行かつ線構造に対して垂直に打撃を加えて，一撃で形を整える特徴を持つ。抉りを持つものは少なく，稀に持つものはすでに素材にあった凹みを活用するものが多い。

　弥生時代後期前葉には急速に減少するが，鳴門市カネガ谷遺跡，庄・蔵本遺跡，三好市大谷尻遺跡，高松市上天神遺跡に事例はある。

（3）製作技術の復元

　青色片岩の棒状礫や板状の石材がおもな素材と考えられる。眉山や高越山におけるフィールドワークに拠ると，河原や谷の転石中に，製作に適した石材がかなり豊富に認められる。

　技法Ⅰ（図1-1〜4）は，その棒状礫を素材としている。製品化しやすい素材を選択的に採集する。素材の形を活かして剝離・敲打は形を整えるに止めている（図1-1・2）。

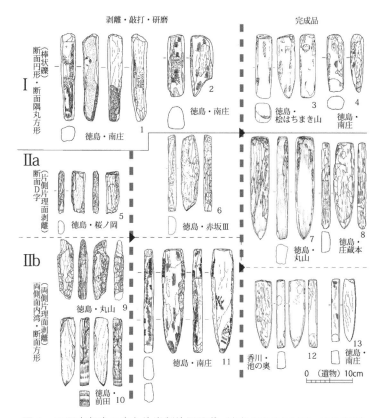

図1　四国東部産の青色片岩製片刃石斧（各報告書より引用，中村実測）

することによって平面を作出する（図1-9～11）。その後，研磨を開始または剥離，敲打をおこなった上で研磨を施す。完成品は全面研磨を施しているためわかりにくいが，表裏いずれかに打撃痕と思われる凹みを見出すことがある。

技法Ⅰは弥生時代前期から継続する工程である。技法Ⅱa・bは弥生時代中期中葉に顕在化する。

弥生時代前期の緑色片岩製柱状片刃石斧は，柔軟で作りやすい一方強度に不安があった。かなり硬質な青色片岩製柱状片刃石斧ではあったが，既存の技法Ⅰにおいても一定の生産は可能であった。しかし，より多量の素材を確保していくには，良質な棒状礫に依存しなければならなかった技法Ⅰには限界があったといえる。この限界を取り去ったのが技法Ⅱa・bで，青色片岩の岩質を巧みに利用した画期的な技術によってより多くの良質な石斧素材を確保することが可能となった。

3　青色片岩製柱状片刃石斧の分布圏

青色片岩製柱状片刃石斧の未製品は，多くが四国東部地域から出土する。弥生時代前期の鴨部・川田遺跡例と同様未製品で動くケースも想定されるが，現時点で原産地として眉山・高越山がもっとも有力であることは動かない。

未製品は南庄遺跡（図1-1・2・11），庄・蔵本遺跡，阿波市前田遺跡（図1-10），同赤坂Ⅲ遺跡（図1-6），同日吉谷遺跡，同桜ノ岡遺跡（図1-5），三好市丸山遺跡（図1-9）において確認できる。このうち，南庄遺跡と庄・蔵本遺跡は吉野川下流の眉山北麓に位置する。一方前田遺跡，赤坂Ⅲ遺跡，日吉谷遺跡，桜ノ岡遺跡は，いずれもクサビ状の徳島平野の起点となる，吉野川下流北岸の河岸段丘上に位置する。丸山遺跡は吉野川の

技法Ⅱa（図1-5～8）は，Ⅰと同じような棒状礫または，側面に対して平行かつ表裏面に対して垂直に片理のみられる板状の石材を利用する。棒状礫はⅠより幅広のものでもよい。形の平面的な一方の側面をそのまま活用し，形が歪またはすでに亀裂の入っている，あるいは片理が明瞭な部位がみられる側を，片理に対して平行かつ線構造に対して垂直に打撃を加える。そうして不要部を除去または素材を複数に分割し，素材剥片化することによって一撃で平面を作出する（図1-5・6）。すぐに研磨を開始することもあるが，剥離，敲打をおこなって形を整え，研磨を施して仕上げる。

技法Ⅱb（図1-9～13）も技法Ⅱaと同じような棒状礫，板状の石材を利用する。両側に形が歪またはすでに亀裂がみられる，あるいは片理が明瞭な部位がみられるため，それぞれ片理に対して平行かつ線構造に対して垂直に打撃を加えて不要部分を除去または素材を複数に分割し，素材剥片化

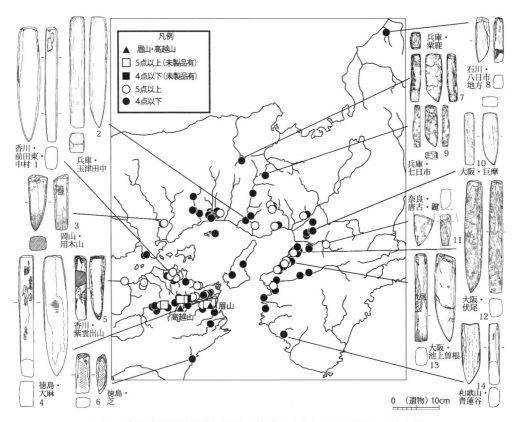

図2　青色片岩製柱状片刃石斧の生産（各報告書より引用，中村実測）

下流と中流を分ける阿波市岩津狭窄部より上手，吉野川中流北岸の河岸段丘上に位置する。すなわち，地域を眉山周辺と高越山周辺の二つに区分できる。以上をふまえて，現時点での知見に基づき分布図を作成した（図2）。

　眉山・高越山の青色片岩原産地と未製品がまとまって出土する上記吉野川流域の諸遺跡を中心に，徳島市矢野遺跡，鳴門市桧はちまき山遺跡（図1-3），大谷尻遺跡など，徳島県吉野川流域の遺跡ではそれぞれ豊富な出土をみる。香川県域の遺跡でも豊富に出土し，東かがわ市池の奥遺跡（図1-12），高松市前田東・中村遺跡（図2-1），善通寺市旧練兵場遺跡などがみられる。海を越えた本州では，神戸市玉津田中遺跡（図2-2）や和泉市・泉大津市池上曽根遺跡（図2-13）など，四国島内に劣らずまとまって出土する遺跡がある。その他おもな出土遺跡を列挙すると，茨木市東奈良遺跡，東大阪市巨摩遺跡（図2-10），堺市伏尾遺跡（図2-12），岸和田市下池田遺跡，阪南市男里遺跡，神戸市伯母野山遺跡，姫路市丁・柳ヶ瀬遺跡，三田市奈カリ与遺跡，同有鼻遺跡，和歌山市太田・黒田遺跡など，当該期を代表的する遺跡はほとんど網羅されるといってよい。現時点でもっとも遠方からの出土は小松市八日市地方遺跡（図2-8）である。北は朝来市粟鹿遺跡（図2-7），丹波市七日市遺跡（図2-9）など日本海側水系に達している。東では奈良県田原本町唐古・鍵遺跡（図2-11）など確実に近畿地域内陸部まで達しており，南では紀伊半島南部の和歌山県みなべ町青蓮谷遺跡（図2-14）や四国東南部の徳島県海陽町芝遺跡（図2-6）など，太平洋側の遺跡でもみられる。西は三豊市紫雲出山遺跡（図2-5）や赤磐市用木山遺跡（図2-3）など，備讃瀬戸地域周辺がおおよその西限となる。西日本一帯の大陸系磨製石器の中でも，かなり広い分布圏を持つ資料といえよう。

4 流通の実態を考える

(1) 流通経路の探究

青色片岩製柱状片刃石斧は，眉山・高越山原産地を起点に吉野川流域の遺跡で製作され，各地へ運搬されていったと考えられる（図2）。淡路島や家島群島（男鹿島）においても出土がみられることから，海上交通を通して広く流通していったものと考えられる。東部瀬戸内海から大阪湾，紀伊水道沿岸にかけて，池の奥遺跡，玉津田中遺跡，池上曽根遺跡など10点を超えるような多量に出土する遺跡がみられる。これらの中には木材加工を集中的におこなった遺跡があったとみられる。また，沿岸部に立地する遺跡が多く，流通の拠点として集積されたものと考えられる。5点程度出土する遺跡には，紫雲出山遺跡，奈カリ与遺跡，東奈良遺跡，下池田遺跡，唐古・鍵遺跡，太田・黒田遺跡など，高地性集落や内陸部の遺跡も含まれる。これらの主要な遺跡を経由して，さらに1〜2点出土する遺跡へと運ばれていったと考えられる。また，日本海側へは氷上回廊などを通じて運搬されていったと推察される。

(2) 出土状況と用途

住居跡，土坑をはじめ集落内の遺構や包含層からの出土が大半を占めるため，基本的には労働用具として交易に供されたものと考えられる。

一方，徳島市安都真遺跡では銅鐸埋納地近接地から単独で出土し，丘陵上などで単独出土した事例もある。また，鳴門市大麻町採集品（図2-4）のように，1kgを超える実用品とは考えにくい資料もある。全長20cm超えの大型品には使用痕のみられないものが多く含まれる。さらに，巨摩遺跡（図2-10）や東奈良遺跡のように，子供の墓に副葬された事例がある。青色片岩製柱状片刃石斧分布圏の墓は副葬品が少ない。そうした中で，副葬事例が2例とも子供の墓という事実は示唆に富み，当該資料の特異性が垣間見える。以上の中には斎斧や婚資など，儀礼用の斧も少なからず存在したとみてよいだろう。

まとめ

弥生時代前期，灌漑水田稲作にともなって，多くの大陸系文物が伝播してきた。そのひとつである柱状片刃石斧は，当初緑色片岩製のものが普及していった。緑色片岩の加工は容易であるが，破損しやすい側面があった。

柱状片刃石斧の素材は弥生時代中期初頭を分水嶺に青色片岩製へ移行する。三波川変成岩地帯の中でも，四国東部地域の眉山・高越山には硬質で重みのある青色片岩のまとまった原産地があった。伝統的な棒状礫の良材に依存した製作技術から，板状石材の石理に対して平行かつ線構造に対して垂直に打撃を加えて，一撃で平坦な側面を作出する技術によって，より多くの素材をえることが可能となった。これをもとに南北は近畿・四国南部の太平洋岸から日本海沿岸にいたるまで，東西は近畿内陸部から中部瀬戸内沿岸地域，遠くは石川県にいたるまで流通することとなった。西日本一帯の大陸系磨製石器でも，その分布圏は相当に広く，多くの地域で労働用具として実用に供するとともに，儀器としての機能も併せ持つことによって，弥生時代の社会に広く受け容れられていったと推察される。

註

1) 西口陽一「緑色（黒色）片岩製柱状片刃石斧」『あまのともしび―原口正三先生古稀記念集―』2000

2) 青矢睦月「徳島県の岩石 青色片岩」http：//www.geosociety.jp/name/content0146.html，2016

3) 中村　豊「徳島の弥生「低地」集落―吉野川下流域を中心に―」『弥生社会の群像―高地性集落の実態―』古代学協会四国支部，2004

4) 中村　豊「四国東部産青色片岩製片刃石斧の展開」『人間社会文化研究』27，徳島大学総合科学部，2019 など

鉄器生産の展開

愛媛大学アジア古代産業
考古学研究センター教授
村上恭通
MURAKAMI Yasuyuki

　弥生時代の鍛冶遺構の数は年々増加しており，かつてはほとんど無かった東日本でも検出例や確認例が増えてきた[1]。その分布域の拡大，高密度化という傾向は今後も続くと思われる。これは鍛冶炉の研究が進み，とくに簡単な構造のⅣ類鍛冶炉が設定されたことに起因している[2]。鍛冶炉といえば，一般的には床を掘り窪めて作られたものがイメージされ，実際にⅠ類：深く，地下構造をもつ炉，Ⅱ類：Ⅰ類より浅く地下構造をもたない炉，Ⅲ類：浅い皿状の炉がある。これらに対し，Ⅳ類鍛冶炉は掘り込みをともなわず，工房の床面に直接木炭を敷いて設けられた火床である。面として認識される炉であり，単なる焼土と誤認される例も過去多い。ただし，煮炊き用の炉とは異なり，木炭を燃料としており，熱量が高いために被熱の深度は深く，被熱部分の色にも平面的な階調があり，とくに送風管の先端が据えられた最高温部分は硬化ないしはガラス化をみせる例もある。炉の周辺では大型の鉄床石やハンマー状の石器が出土し，小型の錐，針状鉄器や不整形鉄板などが検出される例も多い。鉄片類が確認されない場合でも，周辺の床の土は磁石や金属探知機に反応する場合があり，操業時に飛散した微小鉄片や薄い鍛造剝片類が溶脱したことを示している。またⅣ類鍛冶炉をもつ竪穴式鍛冶遺構の多くは平面が円形で，その直径が8mを越える例も少なくない。また通常の住居よりも主柱穴がやや壁に寄り，中央部に広い空間を作って複数の鍛冶炉を配置するのが通例である。さらに建物自体の拡張ないしは切り合いをみせる場合もある。

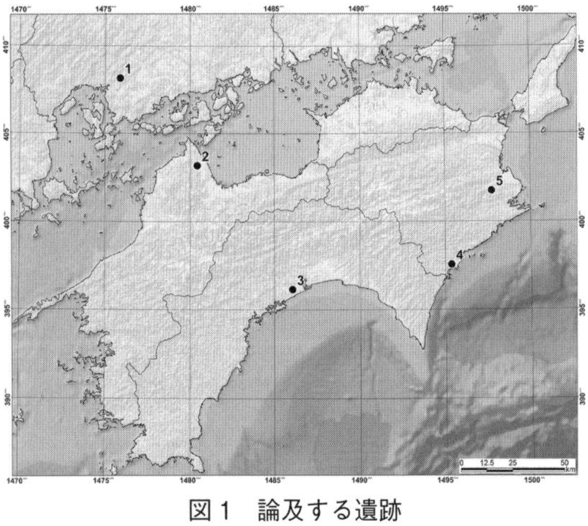

　四国でもⅣ類鍛冶炉が増加しつつあるものの，徳島県域ではⅠ類からⅣ類炉まですべてみられ[3]，香川県域ではⅡ類炉[4]，そして高知県域ではⅡ〜Ⅳ類炉[5]があり，複雑な状況を呈している。本稿では，多数の鍛冶遺構が検出された遺跡，分布論上興味深い遺跡に注目し（図1），四国における鉄器生産の特徴を論じたい。

1　鍛冶遺構を擁する遺跡の諸例

（1）愛媛県新谷遺跡群

　今治市新谷地区にあり，今治平野を北に見下ろす高台に位置しており，新谷森ノ前遺跡，新谷赤田遺跡，新谷古新谷遺跡からなる[6]。この遺跡群の鍛冶遺構はすべて平面が円形を呈し，周壁溝をのこしている。新谷森ノ前遺跡で1軒，新谷赤田遺跡で4軒，新谷古新谷遺跡で2軒，計7軒が鍛冶遺構として数えられる。それらの時期は新谷森ノ前遺跡2区SI16が中期後葉と最古であり，新谷赤田遺跡SI04，SI33が中期後葉〜後期前葉，新谷古新谷遺跡SI13が後期前葉と続き，その他の遺構も後期に収まる。新谷森ノ前SI07，新谷古新谷SI13は直径が約11mであり，小型の新谷

図1　論及する遺跡
1：三谷　2：新谷遺跡群　3：西分増井　4：芝　5：加茂宮ノ前

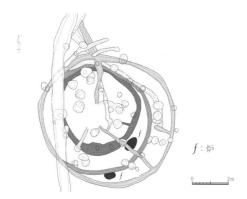

図2　新谷古新谷遺跡 SI12

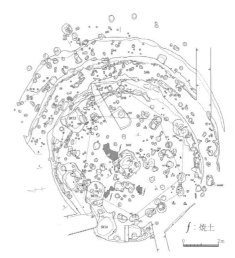

f：焼土

図3　三谷遺跡 SH7・8・9

赤田 SI06 が直径約 6m である。鍛冶炉は新谷赤田 SI04 のⅢ類鍛冶炉以外はすべてⅣ類鍛冶炉である。新谷古新谷 SI12（図2）は周壁溝が3重にめぐっており，2度にわたる建物の拡張があったと考えられている。

　対岸の広島市安芸区三谷遺跡でも，後期中葉から後葉にかけて2度拡張された鍛冶遺構（SH6～8）が発見されており（図3）[7]，両者の関連性を示唆している。なお新谷古新谷 SI12 を除くすべての鍛冶遺構でガラス玉が検出されている。新谷森ノ前 SI07 で 64 点，新谷赤田 SI06 で 1 点，SI33 で 29 点，SI34 で 5 点，新谷古新谷 SI13 で 1 点を数える。

（2）徳島県加茂宮ノ前遺跡

　阿南市加茂町にあり，水銀朱採掘遺跡である国史跡若杉山遺跡から約5kmの距離に位置する。中期末～後期初頭の竪穴住居が 20 軒，後期後半～古墳時代初頭の竪穴住居が 22 軒検出されており，

そのうち中期末～後期初頭の 10 軒の建物に鍛冶の痕跡がのこされていた[8]。この段階の一集落内における鍛冶遺構の数としてはほかに例を見ない。その平面形はすべて円形であり，最大の3号竪穴住居は直径が約 7m を測り，なかにはⅣ類鍛冶炉を含む 19 ヶ所の被熱痕が認められた（図4・5）。また炉の周囲では鉄床として使用されたと考えられる台石，敲石，砥石も検出されている。鍛冶炉を有するその他の竪穴住居のなかには，水銀朱生産に用いられた石杵，石臼やサヌカイトの剥片，そして紡錘車を出土する例もあり，鉄器生産が多様な手工業生産部門と密接に連携しながら行なわれていたことがわかる。

（3）徳島県芝遺跡

　海部郡海陽町にあり，中期から古墳時代初頭に

図4　加茂宮ノ前3号住居
（徳島県立埋蔵文化財総合センター所蔵）

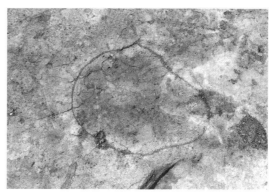

図5　Ⅳ類鍛冶炉（3号住居）
（徳島県立埋蔵文化財総合センター所蔵）

かけての集落で鍛冶遺構1軒が検出されている[9]。竪穴住居33200は直径4.9mの略円形を呈し，1.3m×0.6mの張り出し部を有する（図6）。建物の中央部で直径約1mにも及ぶⅡ類鍛冶炉が検出された。炉の周辺では鉄鏃のほか，板状や棒状の鉄器，そして台石2点が出土し，鍛冶遺構特有の遺物組成をみせるが，朱の付着痕をのこす石杵をともなっており，規模は小さいものの加茂宮ノ前遺跡で認識できた複合的手工業生産のありようを垣間みることができる。

（4）高知県西分増井遺跡

高知市春野町にあり，古墳時代前期初頭までの竪穴式鍛冶遺構が約1000㎡の範囲で8基検出されている[10]。内訳は弥生時代後期中葉のSX1，後期末のST1，ST2，ST5，ST6，ST13，ST14，古墳時代前期初頭のST7，ST8である。ST1は宮里修による土器の再検討の結果，中期後葉に遡ることが判明している[11]。弥生時代の鍛冶炉で注目されるのは多様性である。ST1の鍛冶炉はⅡ類と報告されているが，炉穴が深く，その底部付近には木炭層が複数みられ，Ⅰ類に近い特徴を呈する（図7）。ST5，ST6はⅡ類鍛冶炉を，ST2，ST13，ST14はⅣ類鍛冶炉を備えている。また，竪穴建物の形態についても，ST1が隅丸方形，ST2，ST5，ST6が方形，ST13，ST14が円形と多様である。とくにⅣ類炉をもつ円形鍛冶遺構ST13，14は周壁溝をのこし，しかも重層しており（図8），先述した今治市の新谷古新谷遺跡SI12や広島市三谷遺跡SH6〜8にたいへん類似している。西分増井遺跡では，Ⅱ類鍛冶炉をもつ不整円形・竪穴鍛冶遺構が先行して現れ，Ⅳ類鍛冶炉とそれに伴なう建物の拡張をみせる円形鍛冶遺構が後出することが判明した。

2　鍛冶遺構・鍛冶炉の多様性とその背景

徳島県における鍛冶遺構の発見例から四国における鉄器生産が弥生時代中期後葉・末葉にはじまることはすでに知られていたが，先述の諸例から高知県においてもほぼ同時期に鉄器生産が開始されたことがわかった。高知県における弥生時代の鉄製品が大分県，宮崎県といった九州東部のそれに類似することが指摘されているが，西分増井遺跡のⅡ類鍛冶炉による鉄器生産法も九州東部との関係によってもたらされたものと考えられる。ただし，大分，宮崎両県では中期にさかのぼる鍛冶遺構はいまだ発見されておらず，この点は今後の課題としてのこる。

Ⅳ類鍛冶炉を有する鍛冶遺構も中期後葉・末葉まで遡る例が愛媛，徳島で確認された。徳島県ではこれまで吉野川，とりわけ支流の鮎喰川流域における鍛冶遺構が注目されてきたが，南部の那賀川流域で発見された加茂宮ノ前遺跡はその時期，鍛冶遺構の多さが注目される。若杉山遺跡を取り巻く水銀朱生産と大規模な鉄器生産との関連性については，発掘調査時から認識されていたが，鉄器生産がその他の手工業生産に誘引される現象は，日本海沿岸地域の玉・木器生産と鉄器生産の関係に通ずるところがある。ただ鮎喰川流域における鍛冶遺構がⅠ類やⅡ類の鍛冶炉を備える点からすると，Ⅳ類炉を備えた円形建物のみで構成さ

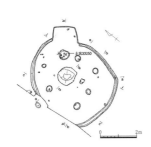

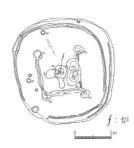

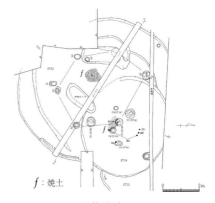

図6　芝遺跡竪穴住居33200　　図7　西分増井遺跡ST1　　図8　西分増井遺跡ST13・ST14

れる鉄器生産形態の導入背景はさらなる検討を要する。徳島県のさらに南部に位置する芝遺跡の鍛冶遺構でも朱の付着した石杵が発見され，この遺跡が若杉山遺跡を核とした水銀朱生産・流通ネットワークの末端に与していたと考えられる。ただし，芝遺跡の鍛冶炉はⅡ類であり，その形態は鮎喰川流域のそれと異なるという指摘もある。そうすると西分増井遺跡で確認されたⅡ類鍛冶炉との関係を想定することも妄誕ではない。

　一方，西部瀬戸内にある新谷遺跡群でもⅣ類炉を主体とする円形鍛冶遺構が中期後葉・末葉以降，継起的に営まれていることがわかった。この遺跡群の場合，ほかの手工業生産との関連性をみいだすことはできないが，現在の海岸線から離れた高台にありながら交易・交流に与していたことは，鍛冶遺構で共伴したガラス玉や遺跡群内で出土したその他の遺物からも知ることができる[12]。交易・交流における拠点性が鉄器生産を誘引するパターンといえよう。

　以上のように，Ⅳ類鍛冶炉を有する鍛冶遺構の様相が次第に明らかになってきたとはいえ，四国における鍛冶炉の多様性という点に立ち返るならば，技術伝播の経路や技術の選択性についてまだ解決は程遠い。西分増井遺跡では，終末期のⅣ類鍛冶炉を備えた鍛冶遺構は方形竪穴遺構と切り合い関係・拡張をみせる円形遺構がある。九州にはⅣ類鍛冶炉そのものがない。この遺跡の円形鍛冶工房が新谷遺跡群や三谷遺跡のような西部瀬戸内側から受容されるのか，あるいは加茂宮ノ前遺跡のような徳島側から到来するのか検討課題は多い。その複雑さをひもとくためには，鍛冶遺構の様相がいまだ不明瞭な愛媛県中部・南部での資料増加が望まれるのと同時に，各時期，各地域の鉄器の特徴から検討する必要性がある[13]。そしてこのⅣ類鍛冶炉とそれに伴う低レベルの鍛冶技術が，四国だけでなく各地を席巻した背景も今後の課題である。

　謝辞　本稿を草するに当たり，田川肇氏，栗林誠治氏（徳島県埋蔵文化財センター），信里芳紀氏（香川県埋蔵文化財センター），松村さを里氏（愛媛県埋蔵文化財センター）の御教示・御配慮を受けた。挿図の作成には馬赤嬰氏（愛媛大学大学院博士課程）の協力を得た。末筆ながら感謝申し上げます。

註

1)　杉山和徳「東日本における弥生時代鍛冶遺構—古墳時代前期までの鉄器製作遺構を含めて—」『季刊考古学』162，雄山閣

2)　村上恭通『古代国家成立過程と鉄器生産』青木書店，2007

3)　栗林誠治「徳島における導入期鉄器の様相」『矢野遺跡（Ⅰ）——一般国道192号徳島南環状道路改築に伴なう埋蔵文化財発掘調査—』徳島県埋蔵文化財センター調査報告書33，財団法人徳島県埋蔵文化財センター，2002

4)　信里芳紀「第3節 弥生時代中期から古墳時代前期の金属器」『旧練兵場遺跡Ⅱ』（第19次調査），香川県教育委員会・独立行政法人国立病院機構善通寺病院，2011

5)　出原恵三編『西分増井遺跡Ⅱ』（財）高知県文化財団埋蔵文化財センター発掘調査報告書83，（財）高知県文化財団埋蔵文化財センター，2004

6)　石貫弘泰「今治市新谷遺跡群における鍛冶遺構の調査成果」『平成29年度瀬戸内海考古学研究会第7回公開大会予稿集』瀬戸内海考古学研究会，2017

7)　椚木敬太編『三谷遺跡』（財）広島市文化財団発掘調査報告書13，（財）広島市文化財団，2006

8)　田川　肇「阿南市加茂宮ノ前遺跡現地説明会資料」『（公財）埋蔵文化財センター現地説明会資料』No.76。発掘担当者の田川氏には遺跡について詳細な御教示を頂いた。

9)　林田真典編『芝遺跡』海部町埋蔵文化財調査報告書2，徳島県海部郡海陽町教育委員会，2006

10)　前掲註5に同じ

11)　宮里　修「弥生時代の四国南部における鉄器化について」『平成29年度瀬戸内海考古学研究会第7回公開大会予稿集』瀬戸内海考古学研究会，2017

12)　新谷森ノ前遺跡では中国鏡の鏡片，「龍」の絵画土器なども出土している。

13)　終末になると，中部瀬戸内系の鉇が高知で見られるようになる。村上恭通「土佐における弥生時代鉄製品の諸問題」『四国とその周辺の考古学』犬飼徹夫先生古稀記念論文集刊行会，2002

辰砂の採掘

(公財)徳島県埋蔵文化財センター
西本和哉
NISHIMOTO Kazuya

徳島県阿南市水井町に所在する若杉山辰砂採掘遺跡は，弥生時代後期前葉から古墳時代初頭に赤色顔料の朱の原料となる辰砂を採掘した遺跡である。この遺跡では徳島県博物館が1984（昭和59）年から4次にわたる発掘調査を実施し[1]，2017～2018（平成29～30）年には徳島県教育委員会と阿南市による合同調査がおこなわれた[2]。

本稿では，これまでの調査で明らかにされている辰砂の採掘方法を提示する。さらに，採掘の集団関係や体制，辰砂の流通にかかわる近年の調査・研究を紹介したい。

1 辰砂の産状と朱の使用動向

阿南市は，北から秩父帯，四万十帯という付加体堆積岩類が広く分布する地帯に位置することから，砂岩，泥岩，石灰岩，チャートといった堆積岩が表層地質に現れている。こうした地質に，約1400万年前に起きた火山活動で，マグマから派生した高温の熱水が様々な元素を溶かしながら岩石の割れ目を上昇し，温度低下と共に結晶化して熱水鉱脈ができ，阿波水銀鉱床を形成している。

阿南市では阿波水銀鉱床と重なるように，若杉山辰砂採掘遺跡と同様の石杵が採集される遺跡が6ヶ所（寒谷遺跡，丹波坑口，中野遺跡，野尻石灰岩採掘跡，奥ノ谷遺跡，津乃峰山北斜面遺跡）確認されており，複数地点で辰砂採掘がおこなわれていた可能性がある。

一方，県内の集落遺跡における朱の使用動向をみると，もっとも古い使用例は徳島市矢野遺跡出土の縄文時代後期前葉の深鉢で，外面に朱を塗っている。弥生時代前期では徳島市南蔵本遺跡で出土した前期前葉の赤彩土器が知られるのみである。中期後葉になると徳島市名東遺跡を皮切りにして，朱付着の石器や土器が多出する状況が古墳時代初頭までつづく。また，墳墓では弥生時代終末期の鳴門市萩原墳丘墓以降に埋葬施設で朱の検出例が確認できる。

以上の状況から，辰砂採掘の発端が縄文時代後期に遡る可能性はあるが，その後に継続した様子はみられない。集落遺跡の朱関連資料が弥生時代中期後葉を画期として増加傾向にあることから，この頃に採掘が再開されたとみられる。

2 辰砂の採掘方法

若杉山辰砂採掘遺跡は，太竜寺山から北へ派生する尾根の斜面の標高140～280mに位置する。遺跡内では次に述べるように熱水鉱脈を下方に掘り進む「露天採掘」と，横穴を穿つ「採掘坑」による二通りの採掘方法が確認されている。また，採掘地点の付近で母岩や不要鉱物を取り除く「選鉱」がおこなわれたことがわかっている。

(1) 露天採掘

露天採掘跡は遺跡上方の標高212m付近で確認されている。ここでは石灰岩露頭に南北方向に貫入した幅2cmほどの熱水鉱脈を採掘するため，貫入面片側となる西側（斜面上方）の岩盤を垂直方向に掘り進んで形成された壁面が検出されている。壁面は長さ8.5m以上，高さ3.7m以上に達し，大規模に採掘がおこなわれたことを示している。採掘地点の斜面下方には廃棄された破砕礫が堆積するズリ場が広がっている。

また，この壁面も弥生時代のうちに破砕礫主体の堆積によって大半が埋没していることから，斜面上方に別の採掘地点が存在すると予想される。弥生時代は熱水鉱脈を追って，次々と採掘地点を移動していたと考えられる。

露天採掘跡の調査成果でもう1つ重要なのが，壁面が埋まってできた平坦部で小型の石杵と石臼が出土していることである。これらは母岩や不要鉱物を取り除く作業に使用する石器とみられ，採掘地点のすぐ側で選鉱がおこなわれていた証とされている。

（2）採掘坑

採掘坑跡は遺跡の最上部となる標高245m付近のチャート露頭で確認されている（図1）。開口部は東側と南側の2ヶ所にあり，出入り口とみられる東側開口部からの奥行きは12.7mを測る。平面形は東側開口部から3.5mの地点に南側開口部に通じる分岐があり，さらに6m進んだ地点で二股に分かれている。坑内でもっとも広い中央付近の大きさは幅1.2m，高さ0.9mを測る。坑内の

発掘調査によって，床面には破損した石杵や辰砂原石を含むチャートの破砕礫がおよそ20cm堆積していることが確かめられ，辰砂の採掘坑であることが明らかとなった。

坑内のレンズ形を呈する断面形状は，垂直方向に延びるチャートの層理に直行するように貫入する熱水鉱脈を掘り進んだことによって形成されたものである。

（3）採掘道具と選鉱作業

徳島県で弥生時代後期から古墳時代初頭に鉄器の生産と加工がおこなわれていたことは集落遺跡の調査成果から疑いないが，採掘遺跡で出土している鉄器はヤリガンナ1点のみである。

一方，石杵と石臼の総点数は400点を超えることから，主要な採掘道具は石器であったと思われる。石杵は重さ100gに満たない小型品から，6kgを超える大型品が偏りなく揃っている。石臼は1.6kgを最小に，45.9kgを最大とする。これらの石器は自然石を未加工で使用しており，器面に敲打痕，剥離痕，擦痕を残す。使用痕から復元される採掘作業は次の4工程である（図2）。

初めは熱水鉱脈を掘り進む「掘削」で，これには強い打撃を生む2kg以上の石杵が使用されたとみられる。熱水鉱脈を含む礫が集まると，やや大型の石杵と石臼を使って余分な母岩を取り除く「敲き」をおこなう。次に，熱水鉱脈を細かく砕く「潰し」をおこない，最後に粉末に加工する「磨り」がおこなわれたと復元できる。このように弥生時代には熱水鉱脈を粉末にすることで，不要鉱物と辰砂の分離を可能にしていたと考えられる。採掘作業のうち「敲き→潰し→磨り」の工程は「選鉱」と位置づけられ，後世の鉱山遺跡と共通する内容をもっている。

3 採掘にかかわった集団

若杉山辰砂採掘遺跡では，石器と土器が採掘に関与した集団を知る手がかりとなっている。

石杵の多くは近くの那賀川で採取できる砂岩の円礫であるが，およそ1割の比率で香川県東部に産出する玢岩が使用されている。火成岩の玢岩は

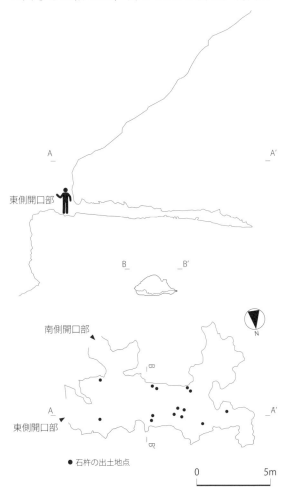

図1　採掘坑跡の断面・平面図

（図中）
A — A'
東側開口部
B — B'
南側開口部
N
● 石杵の出土地点
0　　　　5m

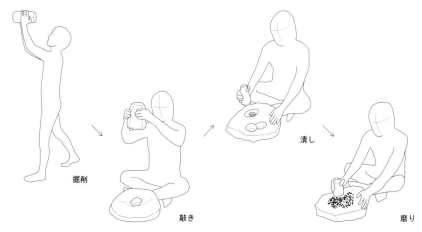

図2　採掘作業のながれ

石基が緻密で衝撃に強いことから，採掘に適した道具としておよそ40km離れた東かがわ市の沿岸部から持ち込まれたと考えられている。

　土器で注目されるのは製作地の傾向である。胎土観察によって，鮎喰川下流域産が59％，地元の那賀川流域産が23％，製作地不明が11％，香川県香東川下流域産が6％，畿内系および山陰系が1％で構成されることが明らかとなっており，半数以上が20km近く離れた鮎喰川下流域から持ち込まれている。

　こうした搬入品の内容から，採掘にもっとも関与したのは鮎喰川下流域に拠点集落を構える集団であり，より遠方の香川県域の集団も関与していたと考えられる。

4　採掘の体制

　採掘場では，生活必需品を外部からの供給に頼っていたとみられる。遺跡で出土する土器の多くが搬入品で占められることはこれを示唆するが，貝殻，魚骨，獣骨といった自然遺物からもうかがうことができる。貝殻には淡水産のほかに汽水産のマガキ，海水産のレイシガイ，ハイガイ，ハマグリ，アカニシ，サザエが含まれ，魚骨は淡水産のナマズ，海水産のブリ，サメ，ガンダイ，テングダイ，クロダイがみられる。食糧は広範囲からもたらされたようである。

　こうした採掘の後押しを中心的に担ったのは，

搬入土器の比率がもっとも多い鮎喰川下流域の集団であろう。そこには拠点とする集落を離れ採掘に従事した人員が存在した可能性も想像される。

　ただ，こうした人々の採掘へのかかわり方は不明な部分が多い。例えば，年間を通して採掘に従事する専業的なものなのか。農閑期などの生業の合間に訪れる定期的なものなのか。これは遺跡の理解を深めるための喫緊の課題である。

　そうしたなか，若杉山辰砂採掘遺跡からおよそ3kmの地点に位置する加茂宮ノ前遺跡は，こうした点に迫ることができる可能性をもつ遺跡である。正式な報告書は未だ刊行されていないが，これまでに公表された情報では，弥生時代中期後半～古墳時代初頭の竪穴建物が100軒以上確認され，膨大な数の朱付着石器や辰砂原石が出土している[3]。遺跡は狭小な河岸段丘上に位置することから農耕に重点を置く集落とは考えがたく，南方の水銀鉱床でおこなわれた辰砂採掘と関係をもつ集落であったとみられる[4]。今後，採掘体制の解明につながる成果が期待される。また，加茂宮ノ前遺跡では採掘場の作業の延長上にある熱水鉱脈の微粉化や辰砂の比重選別が集中的におこなわれていたとする見方もあり[5]，採掘された辰砂がどういった過程を経て消費地にもたらされていたのか明らかになることが望まれる。

5 辰砂の流通

辰砂の流通にかんする研究は，自然科学と考古資料の分析から進められている。

南武志は，硫黄同位体比分析と鉛同位体分析を併用した産地同定をおこなっている。本県では阿南市深瀬遺跡の縄文時代前期から中期の遺物包含層で出土した辰砂原石や，鳴門市萩原2号墓の埋葬施設石材に付着した朱の分析が実施されている[6]。また近年，香川県で弥生時代後期から終末期に位置づけられる朱の付着した土器，石器，青銅器が悉皆的に分析されている[7]。これらの成果によると，国内産辰砂（朱）の産地比定は未だ確定的な段階に至っていないようだが，中国産との識別も含め，今後の研究動向が注目される。

考古資料では，中国産とみられる粒状の辰砂が，福岡県福岡市の比恵・那珂遺跡群，同南八幡遺跡，同元岡・桑原遺跡，春日市の須玖楠町遺跡，糸島市の三雲・井原遺跡，久留米市の水分遺跡といった北部九州で知られていたが，近年，香川県善通寺市の旧練兵場遺跡でも確認されている。こうした中国産辰砂の流入が阿波水銀鉱床で辰砂採掘が再開する契機となった可能性も考えられるだろう。

また，菅原康夫は水銀鉱床を取り囲むように分布する扁平鈕式銅鐸（勢合銅鐸，長者ヶ原銅鐸，曲り銅鐸）と突線鈕式銅鐸（田村谷銅鐸）が瀬戸内東部地域で製作されたと推定し，これらが朱の見返り品として徳島南部にもたらされた可能性を指摘する[8]。こうした朱に関連する考古資料からのアプローチも，辰砂の流通を明らかにするうえで有効な手段となるだろう。

6 結語

小稿では，若杉山辰砂採掘遺跡の調査成果を通じて，弥生時代の辰砂採掘をめぐる近年の調査や研究動向を示した。そこで明らかになってきたのは，当時の採掘方法が辰砂の産状を熟知した効率的な内容であったことや，採掘が地域社会をあげておこなわれる組織的な取り組みであったことである。全国的にも未だ類例をみない辰砂採掘遺跡のさらなる実態解明にかける期待は大きいといえるだろう。

謝辞　執筆にあたり，大久保徹也氏，向井公紀氏から多くのご教示を得た。末筆ながら記して感謝申し上げます。

註

1)　岡山真知子編『辰砂生産遺跡の調査―徳島県阿南市若杉山遺跡―』徳島県立博物館，1997
2)　西本和哉編『赤色顔料生産遺跡および関連遺跡の調査 採掘遺跡石器編』徳島県教育委員会，2016。西本和哉編『赤色顔料生産遺跡および関連遺跡の調査 採掘遺跡土器編』徳島県教育委員会，2017。西本和哉編『赤色顔料生産遺跡および関連遺跡の調査 若杉山遺跡発掘調査編』徳島県教育委員会，2019。向井公紀編『若杉山遺跡発掘調査報告書』阿南市，2019
3)　田川　憲・氏家敏之「加茂宮ノ前遺跡の調査成果」『古代文化』74―2，公益財団法人古代学協会，2022
4)　西本和哉「弥生時代の赤色塗料調合具」『古代文化』73―3，公益財団法人古代学協会，2021
5)　大久保徹也「辰砂の採掘・精製と加工・消費―近年明らかにされた辰砂採掘地帯の関係遺跡と産出地帯外部の消費・加工遺跡―」『旧練兵場遺跡（第26次調査）第3分冊』香川県教育委員会，2022
6)　南　武志・豊　遙秋・高橋和也「深瀬遺跡より出土した赤色顔料を伴なう鉱石の分析」『深瀬遺跡』公益財団法人徳島県埋蔵文化財センター，2016。南　武志「萩原2号墓出土の赤色顔料―朱―のイオウ同位体比分析」『萩原2号墓発掘調査報告書』（財）徳島県埋蔵文化財センター，2010
7)　南　武志・高橋和也「旧練兵場遺跡他出土赤色顔料（朱）の硫黄同位体比分析」『旧練兵場遺跡（第26次調査）第2分冊』香川県教育委員会，2022
8)　菅原康夫「阿波・勢合銅鐸とその周辺」『古墳と国家形成期の諸問題』山川出版社，2019

平形銅剣の生産と播布

愛媛大学ミュージアム教授
吉田　広
YOSHIDA Hiroshi

　平形銅剣は，型式名に端的に示された形状的特徴と，九州を中心とした西の銅矛と近畿を中心とした東の銅鐸のまさに中間に位置するという分布の特性において早くから注目されてきた。故に，日本列島の青銅器文化の東西差を論じる際，いずれに与するか，いずれから排除するかという構図で論及されてきた。ただ，2008（平成20）年に関わる議論を整理したが[1]，以降に資料の増加もほとんどなく，議論はやや出尽くした感がある。

　それでも本稿では，平形銅剣の時期的位置づけと製作技術，そして関連集落遺跡の調査成果から，平形銅剣の生産と播布すなわち分布圏の意図的形成背景について，議論の更新を試みる。

1　平形銅剣の時期

　平形銅剣の時期的位置づけについては，「伴出銅鐸の年代観，文様・絵画の分析，そして鉛同位体比分析が平形銅剣を広形銅矛以前とする説の根拠となり，一方，分布圏の鼎立状況，樋の形成具

合，主成分分析が平形銅剣広形銅矛並行説を主唱」とのまとめに止めていたが[2]，以下では平形銅剣広形銅矛並行説の根拠となる樋の形成具合の分析[3]への対論を明示して，中広形銅矛に並行して中期に遡るとする自説を展開補強する。

　着眼点は樋全体でなく，樋すなわち鋳出し鎬の末端，その収束具合である（図1）。

　銅矛の中広形と広形の区分では，刃部の鋳出し鎬が末端まで貫徹せず刃部鎬が刃端に向かって厚みを失う中広形と，刃部鎬が刃端まで厚さを保ったまま貫徹する広形とした[4]。図面上で，樋底から刃部鎬への立ち上がり稜線（下端ライン）が，広形では刃部鎬にきれいに並行して刃端まで到る（11・12）のに対し，中広形では刃部鎬に並行せず乱れが多い（8〜10）。そのため，中広形では刃部厚増大が関翼端部厚の増へと連続し，広形でそれが解消されている。

　対して平形銅剣では，鋳出し鎬が棘状突起部までで突起の上下に直線的に連続していないⅠ

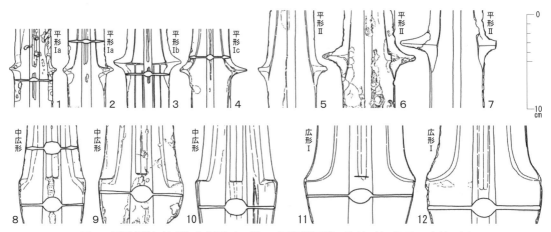

図1　平形銅剣（上段）と銅矛（下段）の刃部鎬下端の比較（実測図註4文献より）
1：清水ヶ迫　　2：瓦谷3号　　3：天神谷1号　　4：天神谷2号　　5：清沢3号　　6：伝道後樋又5号　　7：勝浦
8：三里池長崎　　9：根々崎5号　　10：金生川河床　　11：坊主山4号　　12：西ノ川口4号

式（1～4）から，Ⅱ式において棘状突起に大きく左右されず刃部鎬が上下に直線的に走るようになる。しかし，棘状突起下側では厚みを減じ，明確な鋳出し鎬とならず，樋立ち上がりの下端ラインは刃下端で鎬と一体化してしまう（5～7）。あるいは研磨により鎬が立つ場合もあり，刃部の鋳出し鎬が末端まで貫徹しているとは言えない。

したがって，武器としての形骸化がもっとも端的に表われる刃部鋳出し鎬の下端処理において，平形Ⅱ式銅剣は中広形銅矛と共通し，それを時期的並行関係に置き換え，平形銅剣の成立は弥生時代中期に遡ると，改めて主張する。

2 平形銅剣の製作技術とその系譜

平形銅剣を特徴付け，そして時期的位置づけについても情報を与えるのが製作技術である。すでに詳細まで言及しているが[5]，改めて平形銅剣とくにⅡ式の状況を具体的に提示して（図2），その特徴的な痕跡を説明する。

①脊の不均整　脊両側ラインが乱れて外側に大きく膨らむ場合がある。

②鋳出し鎬の不均整　刃部の鋳出し鎬に屈曲点や歪みなどが少なくない。樋先端部も鋭角的な三角形状でなく，不整形に丸みをもつ。

③陽出突線の不鮮明　関部・棘状突起部に陽出突線を鋳出すことが多いが，陽出突線に鋭さがなく厚みもあまりない。

④鋳掛けの多用　円孔足掛かりをもつ鋳掛けが棘状突起部を中心によく見られる。

⑤樋および元翼の凹凸　ほぼ鋳放しの樋内側に凹凸が著しく，脊平行方向に厚みの変化する不整な稜線が走りシワ状に見える。

⑥茎下端の不整形　鋳放しの場合が多く，ラッパ状に開くものもある。

①～③は鋳型彫り込みにシャープさを欠く，あるいは鋳造時の不具合に拠る。③については，九州型銅戈の綾杉文や近畿型銅戈の複合鋸歯文でもときに認められるが，①・②の脊や刃部鋳出し鎬の不均整は，九州で製作された銅矛や銅戈では中広形・広形にもなく，東の近畿型Ⅱ式銅戈や東部

1．樋先端部

3．元翼部

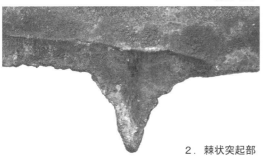

2．棘状突起部

4．関部・茎部

図2　平形銅剣の表面（伝道後樋又出土愛媛大学ミュージアム蔵）

平形銅剣の生産と播布　63

瀬戸内系平形銅剣でも，これほどの乱れはない。④は身の薄さと棘状突起という鋳造方案上不適当かつ特異な形状に起因する。⑤はそのような薄い身において顕著な鋳引けを起こしていることを示し，⑥は湯口が茎側に位置したことを意味する。

このうち①～⑤の特徴は，彫刻造形の困難性あるいは注湯時の熱吸収性の不良といった鋳型素材に起因すると考えられ，土製鋳型でなく，北部九州で盛んに用いられた石英斑岩などとも異なる石材を用いた可能性を強く示唆する[6]。

定量的な成分分析に拠ると，銅約95％・錫約2.0％・鉛約2.5％と銅の比率が高く[7]，1,000℃を超える融点に応じた高温維持と，低い流動性の湯で薄身の銅剣を鋳上げるという技術的困難性を伴い，上記④の特徴の主因ともなっている。

他方，鋳造後の研磨は，かなり粗い研磨痕が多いものの，基本的にほかの銅剣諸型式と共通し，研磨による仕上げが明確に意識されている。とくに棘状突起部は，先に述べたように剣方相当部の意識が残り，研磨による造形意図が明瞭である。

平形銅剣とくにⅡ式での造形性は，北部九州のシャープな武器形とも，近畿で鋳造された銅鐸や土製鋳型による近畿型銅戈とも鋳上がりが異なり，繊細さを持ち得ていない。それでいて要した温度はほかの青銅器鋳造に比べ高く，しかも必ずしも流動性の高くない湯で薄い銅剣を鋳上げると言った技術の高さがある。むしろ，入手できた青

銅原料すなわち錫の不足を補わざるを得なかった結果と考えるべきかもしれない。平形Ⅰ式銅剣はなお個体差が大きく試行的段階としても，新たに特徴的な形すなわち地域型青銅祭器として定型化した平形Ⅱ式銅剣は，従前の青銅器生産から離れた地で，限られた技術と入手可能な鋳型石材・青銅原料によって創出されたとみなければなるまい。そして，武器としての研磨がなお維持されていることから，平形銅剣創出の時期は武器形青銅器の最終末型式まで降ることは考え難い。

3　平形銅剣の広がりと文京遺跡

このような平形銅剣は，福岡の勝浦から滋賀の下之郷までと東西に結構な広がりをもつが，その中央部の中四国地域では，児島を除いた岡山に出土はなく，広島も沼隈半島の3本と広島平野奥部での7本，南四国は徳島の3本のみで，中心が愛媛・香川の両県域にあることが密度分布図に明瞭である（図3右）。そして，愛媛・香川では宇和盆地から津田湾岸までの各地域単位に出土地が東西に並ぶ格好である。

さらに詳細を見てみると，出土数および出土地点がもっとも集中するのは，香川の三豊地域および善通寺平野である。ただし，それと同じくらい，近接した出土地点で多数の平形銅剣出土を見るのが，愛媛の松山平野である。しかも，同平野中でも北に偏った道後城北の東西1km・南北1km

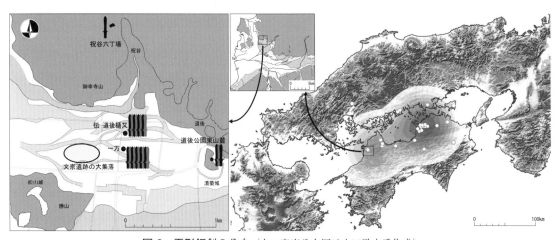

図3　平形銅剣の分布（右の密度分布図は山口欧志氏作成）

強の範囲に，出土地点4ヶ所・出土数22本すべてが集中する（図3左）。加えて，この範囲にほかの青銅祭器の出土はなく，地域内に中広形銅矛や扁平鈕式銅鐸などが混在して共伴例すらある香川の様相に対し，道後城北における平形銅剣の局所的・排他的集中が際立つ。

この道後城北で注目すべきが，文京遺跡である[8]。周辺丘陵部の小集落を糾合しつつ，さらに非在地的な凹線文系土器を用いる集団も内包して突如出現し，中期末葉から後期中葉に累計200棟を超す竪穴建物が営まれた大規模集落である。内部には，大型掘立柱建物や周溝遺構を中心とした中枢域や，高床倉庫と見られる掘立柱建物が集まる地区や土器製作工房の存在を推測させる場所などがあり，集落内部が整然と機能的あるいは階層的に整理配置されていたことをうかがえる。また，銅鏡や鋳造鉄斧などの舶載品をはじめ，近在瀬戸内地域はじめ南九州や東九州そして朝鮮半島にも及ぶ多様な外来系土器が出土し，青銅器生産の可能性を考慮される長さ21mm・幅16mm・厚さ6mmの青銅片（図4）の出土もある。

こうした文京遺跡と平形銅剣の関係について，本稿で改めて主張したように平形銅剣が弥生時代中期に遡り同時性が高いこと，そして一万と道後樋又という埋納地は，いずれも大型掘立柱建物から東に500m程度という近接性から，時空間を共有した一体的存在として捉えるべきであろう。さらに，それまでの青銅器生産から離れ原料入手も限られた条件下という平形銅剣の創出は，中期末葉における唐突な文京遺跡集落の出現に符合する。すなわち，弥生時代中期末葉における地域社会の再編において，多面的な交流の結節点となる大規模集落を成立させ，その地域集団結合の象徴的存在として地域型青銅祭器を創出し，埋納祭祀を主宰した主体を同一と見なすのである。

文京遺跡という大規模集落の経営の中に，平形銅剣の生産から祭祀そして流通が位置づけられ，それらを主導した集団は，松山平野外に及ぶ多面的交流のもと，とりわけ東方の香川地域との関係を平形銅剣の播布を通して構築しようとした。平形銅剣の広がりは，文京遺跡を核とした新たな地域関係構築を目的とした明確な意図の結果である。ただし，先に指摘したように，多数の平形銅剣がもたらされながらもほかの青銅祭器との混在など，道後城北地域ほどの地位を平形銅剣が確立した範囲は，平形銅剣分布域の中で決して広くはなかったとみなければならない。

註

1）吉田　広「平形銅剣をめぐる諸問題」『地域・文化の考古学』下條信行先生退任記念事業会，2008
2）前掲註1に同じ
3）高山　剛「樋の形成具合からみた平形銅剣と銅矛の年代関係」『地域・文化の考古学』下條信行先生退任記念事業会，2008
4）吉田　広編『弥生時代の武器形青銅器』考古学資料集21，2001
5）吉田　広「平形銅剣の製作技術」『アジア鋳造技術史学会研究発表概要集』6，2012
6）ただし，精美で繊細な陽出文様をもつ由加山1号平形銅剣のみは，おそらく例外的な土製鋳型に拠ったと考えている。
7）下條信行「平形銅剣の年代についての一考察—その化学分析の成果から—」『論集 徳島の考古学』徳島考古学論集刊行会，2002
8）文京遺跡の大規模集落居住域の詳細は，以下の報告書を参照されたい。なお，今後評価を含めた総括的な報告書を刊行予定である。
　吉田　広編『文京遺跡Ⅶ-4—文京遺跡16次調査B区—』2013。田崎博之編『文京遺跡Ⅶ-3—文京遺跡16次調査A区—』2014。田崎博之編『文京遺跡Ⅶ-1—文京遺跡12次調査—』2019。吉田広編『文京遺跡Ⅶ-2—文京遺跡14次調査—』2020

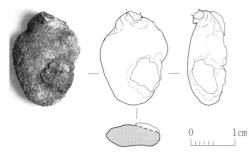

0　　　　　1cm

図4　文京遺跡出土青銅片（註8田崎編2019文献より）

平形銅剣の生産と播布　65

四国の銅鐸と銅矛

高知大学人文社会科学部准教授

宮里　修
MIYAZATO Osamu

広形銅矛と近畿式銅鐸があたかも対峙する祭儀圏のように分布するなか二者が交錯する南四国の状況は，弥生時代から古墳時代への移行を理解するうえでこの上なく重要である。

1　南四国における銅鐸と銅矛

四国の中広形・広形銅矛は，高知県で16ヶ所54点，愛媛県で12ヶ所17点以上，香川県で3ヶ所4点が知られ，徳島県からは出土事例がな

い（図1）。南予地域の資料（図1-30〜32）を九州と南四国をむすぶ線において考えれば，中広形以降の銅矛はほとんどが南四国を目指したといえ，瀬戸内が独自の平形銅剣を生み出して以後は四国山地の南北で青銅器をめぐる状況が大きく異なるものとなった。一方四国の突線鈕式銅鐸は，香川県の不詳例をのぞけば徳島県に5点，高知県に8点がある。徳島県では東寄りの紀伊水道沿岸地域に集中し，高知県では平野部と山間部に出土地が

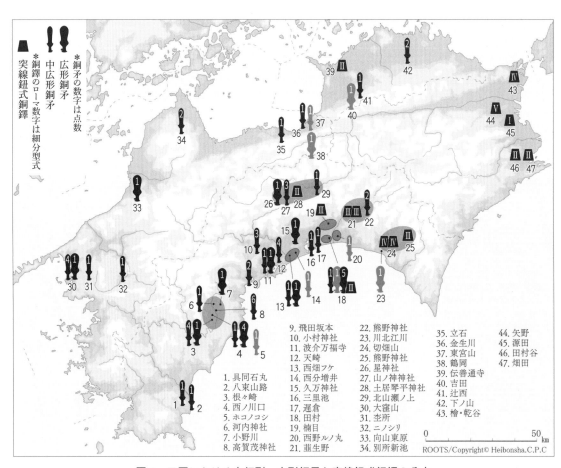

図1　四国における中細形・広形銅矛と突線鈕式銅鐸の分布

分かれる。大きくは近畿で製作された銅鐸が徳島を経由して山を越え，南四国の平野部にいたったものと考えられる。

南四国における銅鐸と銅矛の交錯をやや詳しくみると，九州からもたらされた銅矛は安芸市川北江川（図1-23）の広形銅矛鋒片（図2-12）を最東端とする。完形品ならば物部村熊野神社（図1-22）が最東端となる。近畿からもたらされた銅鐸は西分増井遺跡（図1-14）の破片をのぞけば，平野部では南国市田村正善（図1-18）の突線鈕2式（図2-2），香美市楠目（図1-19）の突線鈕3Ⅰa式，山間部では土佐町土居（図1-28）の突線鈕2式（図2-10）が最西端となる[1]。交錯地域を限定するなら，平野部は香長平野，山間部は吉野川上流域ならびに物部川上流域となる。南四国では銅鐸と銅矛を同一遺構に埋納した事例は知られていない。多くは同一地域における共存であるが，比較的限定された空間内で共存したものとして田村遺跡の事例がある。

2　平野部での共存

田村遺跡は物部川下流右岸の自然堤防上に立地する県下一の大規模弥生集落である。集落の最盛期となる弥生時代中期後葉から後期中葉には自然流路を幹線として複数の溝で居住域を区切り，数多の竪穴住居と掘立柱建物を築造し生活した。第3次調査によって遺跡の範囲がさらに北に広がると判明したことで田村正善銅鐸も遺跡範囲内となり，田村遺跡の銅矛・銅鐸は集落内における埋納事例と認識されるにいたった[2]。

田村遺跡からは中広形銅矛1点，広形銅矛5点，広形銅矛片1点，突線鈕式銅鐸1点が出土した。中広形銅矛（図2-1）は，第2次調査区北端（Ⅰ2区）の壁面で確認された60cm大の埋納坑SK2314において耳を下に刃を立てた状態で出土した。遺構は集落北部を併走する2条の大溝の間に位置し，区画・境界施設付近での埋納行為と理解される。カリヤ出土として知られる5点の広

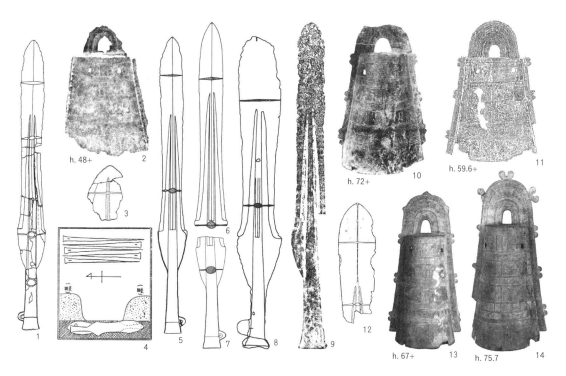

h. 48+　2

3

6

h. 72+　h. 67+　13

h. 59.6+　11

10

h. 75.7　14

1

4

5

7

8

9

12

図2　南四国出土の青銅器（銅矛はS＝1/10，銅鐸は縮尺不同）
1：田村I2SK2314　　2：田村正善　　3：田村E7SR703　　4：田村カリヤ模式図　　5〜7：山の神神社　　8：柚ノ木星神社
9：北山瀬ノ上　　10：土佐町土居琴平神社　　11：馬路村熊野神社　　12：川北江川　　13：韮生野②　　14：韮生野①

形銅矛（図2-4）は1899（明治32）年の出土である。水田耕作中の不時発見資料であるため出土位置を正確に知ることができない。地表下30㎝の音地土を含む黒色土中から出土したとされ、南北方向を長軸として鋒部と袋部を互い違いにし刃を立てた状態で並べられていたという。カリヤは集落における住居密集域であり、住居群廃絶との時期的関係を問題としたいが、発掘調査では埋納の痕跡が確認されなかった。広形銅矛の鋒片（図2-3）は古代の流路（E7区SR703）から出土した。原位置ではないが流路はカリヤの東を区切る位置にある。銅鐸の出土地と伝わる正善は第2次調査区と第3次調査区の中間に位置するホノギである。発掘調査の実績がなく遺跡としての詳細は不明である。1884年、田土を抜替える際に偶然発見されたという。鈕と裾の位置を欠損する突線鈕2式銅鐸である（図2-2）。集落内における正善地区の特徴は不明であるが、銅矛は居住域に近接した境界部での埋納が想定される。中広形銅矛と広形銅矛は受容の時期差が考慮されるが、県下では西ノ川口をはじめ同時に埋納される事例があり、田村遺跡においても埋納行為の場面では両者が共存していた可能性がある。突線鈕2式銅鐸と銅矛型式の併行関係は確実でないが、広形銅矛の出現期に近いと考えられる[3]。田村遺跡は後期中葉・ヒビノキ1式の段階で一度断絶しており、弥生集落の最後の段階で同時に保有していた突線鈕式銅鐸と中広形・広形銅矛を祭祀行為に用いたのであろうか。

3 山間部での共存

　山間部地域では吉野川上流域と物部川上流域において、一定の地理的空間内における銅鐸と銅矛の共存がみられる。

　吉野川上流域の本山町・土佐町にあたる地域には広く河岸段丘が拓けており、弥生時代の遺跡も一定数が確認されている（図1-26～29）。青銅器には中細形銅矛4点、広形銅矛1点、突線鈕2式銅鐸1点がある[4]。吉野川左岸に位置する本山町北山瀬ノ上（図1-29）では1917（大正6）年に山

丘崩壊により中広形銅矛1点（図2-9）が出土した。その他はいずれも神社の神宝であり出土位置・状況の詳細は知られていない。土佐町山の神神社に中広形銅矛3点（図2-5～7）、柚ノ木星神社に広形銅矛1点（図2-8）、土居琴平神社に突線鈕2式銅鐸1点（図2-10）がある。

　物部川上流域の香美市美良布一帯はやはり河岸段丘が広く拓けており、弥生時代の遺跡が一定数確認される。青銅器には中広形銅矛2点と突線鈕3式銅鐸2点がある（図1-21・22）。中谷川熊野神社には神体として中広形銅矛2点があり箱書きに「天保八年正月四日」とある。美良布神社には神宝としておさめられる銅鐸が2点ある。突線鈕3Ⅰa式銅鐸と突線鈕3Ⅰb式銅鐸である。1746（延享3）年以前の発見であり、それぞれ別地点から出土したとも伝わり受容の時期差と関わって重要であるが詳細は不明である。

　銅鐸・銅矛の共存事例ではないが、四万十川上流域に拓けた窪川台地では多数の銅矛出土事例が知られる（図1-3～8）。中広形銅矛が単独で、または中広形銅矛と広形銅矛が5本程度のセットとなって発見される例が目立つ。西ノ川口（図1-4）では水路工事にともない地表下180㎝から5点の銅矛が発見され、鋒を南に向けて耳を上に刃を立てて並べた4点の広形銅矛の中間（3本目と4本目の間）に、鋒を差し入れるように中広形銅矛を加えた埋納状況が確認された。

　東部地域では安田川上流の馬路村熊野神社（図1-25）に突線鈕2式銅鐸（図2-11）が神体としてあり、熊野神社から尾根筋を南西に辿った先の安芸平野への進入部にあたる切畑山（図1-24）では突線鈕4式銅鐸2点が出土した。

　土佐湾沿岸の平野には弥生集落が多様に展開し、とくに物部川扇状地（田村遺跡、図1-18）、野市台地（図1-20）、長岡台地（図1-19）、仁淀川下流域（西分増井遺跡、図1-13・14）には拠点的な集落が位置する。南四国平野部への外部からの進入は、海路の困難さ故に山越えが必要となるが、高地性集落（バーガ森北斜面遺跡、木塚城跡）や洞穴遺跡（龍河洞遺跡、初平ヶ岩屋遺跡）など山

上・山間への進出が顕著となる弥生時代後期には，鉄を媒介とする長距離交易の発達を背景に，四国山地の交通が活発となり交通網の整備も著しく進展したとみられる。山間部における青銅器の出土はその反映であろう。

4　銅鐸にみる南四国への指向性

四国山地の交通が活性化するなかで山間部に拓けた居住適地は交通の拠点として発展したと考えられるが，山間部出土の銅鐸にみられる共通した特徴は，山間部地域が交通の目的地として認識されていた可能性を示唆する。南四国出土の銅鐸について，平野部の2点（田村正善，楠目）と山間部の4点（土居琴平神社，韮生野2点，馬路村熊野神社）を対比させると山間部の銅鐸にのみ見られる特徴的な文様がある。筆者が「縦帯複線分割」と名づけた，袈裟襷文の中央縦帯の中軸線に複数条の平行線を施文したものである[5]。南四国以外の縦帯複線分割をもつ銅鐸はわずか5例（福井県向笠仏浦，和歌山県晩稲常楽・玉谷・荊木向山，大阪府菱木）であり，南四国と同様の2本線分割に限定すれば，向笠仏浦と晩稲常楽の2例にとどまる。馬路村熊野神社銅鐸（図2-11）を手掛かりにすると，縦帯複線分割は横帯分割型銅鐸の作法が銅鐸群再編の後も近畿型銅鐸の工房に継承されたものであり，近畿型銅鐸の製作において銅鐸を差異化するための要素として用いられたと考えられる。差異化された縦帯複線分割の銅鐸は遠隔地へ配布されるものとなり，とりわけ土佐の山間部に集中した。型式変化の順に従ってその都度運ばれたとすれば，馬路村熊野神社（2式），土居琴平神社（2式），韮生野①（3Ia式），韮生野②（3Ib式）にいたる期間継続したものとなる。切畑山の縦側帯複線分割を延長線上においてよければ，さらに突線鈕4式にいたるまで継続した事象となる。この間，平野部にもたらされた突線鈕2式（田村正善），突線鈕3Ia式（楠目）には縦帯複線分割がみられないため，銅鐸には配布先を念頭においたつくり分けがあった可能性がある。

5　銅戈にみる南四国への指向性

青銅器の流通における南四国への指向性を示すまた別の事象に銅戈がある。銅戈は銅矛についで重要視された九州産の武器形青銅器であり，境界守護の役割が考慮される独自の特徴をもった器物である。近畿型をのぞく銅戈は，福岡平野・春日丘陵を中心に生産され九州の外に出ることは稀であるが，中細形以降，南四国は銅戈の集中分布地域となる。中広形以降は九州外で銅戈をもつ地域は南四国に限られ，広形銅戈にまで同様の状況がつづく。破砕行為の共通性から，南四国に銅戈をもたらした直接の発信元は周防灘西岸地域と考えられるが，銅戈の流通には南四国を目指す強い指向性が認められる[6]。

以上の事象は，弥生時代後期と古墳時代前期の地域間関係の差異，弥生青銅器の精神的・社会的意義，前方後円墳築造の要件などを考えるための重要な鍵となろう。

註
1) 銅鐸の分類は難波洋三にしたがう。
　　難波洋三「銅鐸」『弥生文化の研究』6，雄山閣，1986。難波洋三「扁平鈕式以後の銅鐸」『大岩山銅鐸から見えてくるもの』滋賀県立安土城考古博物館，2011
2) 高知県文化財団埋蔵文化財センター編『田村遺跡群Ⅱ 第9分冊 総論』2006。高知県文化財団埋蔵文化財センター編『田村遺跡群Ⅲ 第2分冊』2015
3) 北島大輔「弥生青銅器の発達と終焉」『弥生時代の考古学』4，同成社，2011
4) 銅矛の詳細は以下を参照ねがいたい。
　　岡本健児「高知県発見の銅矛について」『高知の研究第1巻 地質・考古篇』清文堂，1983
5) 宮里　修「土佐出土銅鐸の系譜」『高知考古学研究』2，高知考古学研究会，2018
6) 宮里　修「太平洋沿岸地域の交流」『弥生時代における東西交流の実態』西相模考古学研究会・兵庫考古学談話会合同シンポジウム実行委員会，2019。宮里　修「周縁の銅戈」『弥生時代の東西交流』六一書房，2020

伊予の大型器台と装飾高坏

松山市考古館長
梅木謙一
UMEKI Kenichi

伊予の弥生時代後期には，複合口縁壺・大型器台・装飾高坏・支脚などがあり，地域色の濃い器種・器形で，地域間交流を示す資料になっている。

1 大型器台

伊予の大型器台にもっとも早く注目したのは長井数秋で吉備の特殊器台との比較で「特殊大形器台」と呼称した。次に，谷若倫郎が柱部形状に2種あることや，それらが西部瀬戸内に分布することから「西部瀬戸内系大型器台」を提唱した。その後，松村さな里が愛媛県今治市（旧越智郡大西町）妙見山1号墳の発掘調査を切っ掛けにして研究を重ね，伊予や西部瀬戸内地域における弥生時代器台の形式分類・推移・分布を詳細に検討するとともに，集落および墳墓での土器祭祀の分析へと発展させた。現在では，伊予の大型器台研究は弥生時代の伊予ならびに西部瀬戸内の地域研究において重要な要素になっている。ここでは，おもに松村の研究成果を基にして[1]，出土の多い松山市域の資料を取上げ論述する。

(1) 特徴・推移

特徴 伊予の大型器台の特徴は器高・形状・装飾にある。

法量では，器高はおおむね30cm以上で，70cmにおよぶものもある。口径は30〜50cm程であるが，器高が20〜30cmの中型器と同値を示すことから，小さな破片では見極めが難しい。

形状では，柱部が筒状のものと，エンタシス状のものとがある。松村分類では，前者は器台D，後者は器台Eにあたる。

装飾では，口縁端部・柱部・脚端部を加飾する。口縁端部は上下拡張ないし垂下させ，沈線文や波状文が巡り，刺突系の竹管文（C字状あり）な

どを巡らすものもある。また，浮文（円形・S字状・棒状）を部分的に貼付したものもある。脚端部も拡張することが多く，端面に沈線文を巡らしたものもあるが，口縁端部よりは加飾性が低い。柱部は円孔を施すことを基調にし，円孔（多段）だけのものや，円孔（多段）と沈線文帯との組合せのものがある。稀に，刺突文を巡らしたもの，三角充填文などもある。

変遷 松山市域での器台は，まず中型品が後期前葉（松山大学構内遺跡3次SR1上層など）に出現し，次に大型器台が後期中葉（松山大学構内遺跡2次SB7）に出現する。その後，大型器台は後期後葉に盛行して，終末には減少する。現状では古墳時代初頭の良好な資料はない。

(2) 集落内祭祀と墳墓供献

大型器台は集落と墳墓から出土している。

集落内祭祀 大型器台は，竪穴建物・土坑・溝・流路などから，壺・鉢など多くの器種と共に土器群として出土し，単体での出土はない。竪穴建物からの出土例では束本遺跡9次SB101（後葉）があり，大型器台10点程を含む300点以上の土器が出土している。流路・溝では北井門遺跡2次SR1（後葉）で大型器台10数点が直口壺・長頸壺・複合口縁壺・鉢・甕など440点ともに出土している。

墳墓供献 発掘調査による大型器台の墳墓関係の出土例は，松山市土壇原IV遺跡・土壇原北遺跡（以下「土壇原墳墓群」）に限られる。大型器台は遺跡群の3ヶ所で，各々壺・高坏などの土器と伴に出土している。器種には器台・長頸壺・小型壺・中型壺・高坏・鉢・小型甕があり，土器の中には加飾品・精製品・赤色塗彩品がある。このことに着目して，松村は「集落内の土器祭祀の中からより選定されて器種が供献され，墳墓用に作ら

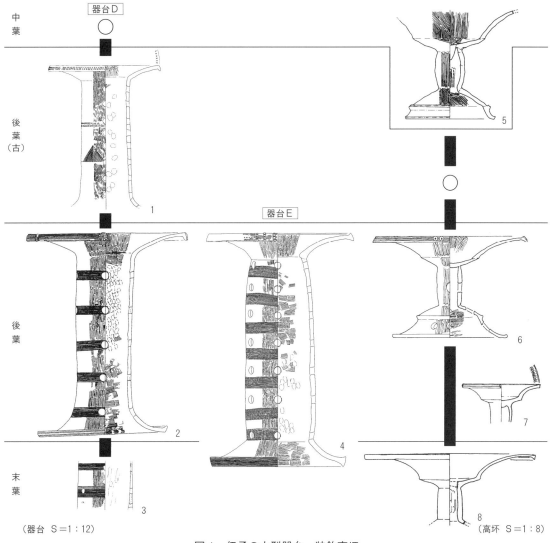

中葉

器台 D

後葉
（古）

1

器台 E

後葉

2

4

5

6

末葉

3

7

8

（器台 S＝1：12）

（高坏 S＝1：8）

図1　伊予の大型器台・装飾高坏

1：福音小学校構内遺跡土器溜り　　2：釜ノ口遺跡4次調査　　　　　　3：松山大学構内遺跡第3次調査SX1下部
4：土壇原北遺跡土坑状遺構　　　　5：松山大学構内遺跡第2次調査SB7　6：桑原田中遺跡SK1
7：土壇原北遺跡土坑状遺構　　　　8：浮穴小学校遺跡3次調査SD2

れた土器」であると指摘している。

（3）分布

　つづいて大型器台の分布をみてみる。愛媛県下では[2]，中予（松山市など県中部）100点以上，東予（今治市以東の県東部）6点以上，南予（大洲市・西予市などの県西部）8点以上で，中予に分布が集中している。また，その出現時期は，中予が後期前半，東予・南予が後期後半であり，中予の出現が早い。

伊予以外の地域では，伊予に類似する大型器台（「西部瀬戸内系大型器台」）は，四国では讃岐・土佐で，中国地域では周防・安芸，九州地域では豊後・日向・豊前・肥前で出土がある[3]。

2　装飾高坏

　松山では，後期に一般的な高坏とは形状が異なり，装飾性に富む高坏があり，大型器台と共に出土することが多くある。この高坏は特徴的な形状

と装飾の違いから，発掘調査報告書では掲載されるが，資料紹介に留まり，分析をするまでには進展していない。そこで，本稿では装飾高坏の特徴（形状・法量・装飾）やその推移などについて整理をするものである。なお，大型器台と同様，取上げる資料は松山市域の出土品である。

(1) 特徴と変遷

特徴 松山市域では 100 点程の資料があるが，そのほとんどが坏部・柱部・裾部の各部位片で，全体形状がほぼわかる資料は 5 点に限られる。

形状では，裾部が 2 段で構成され，柱部は直立し（エンタシス状もある），坏部は坏底部から長く，大きく開く口縁部を呈するものである。

法量では，高さは 20～25cm 程で，口径は 5～20cm と 25～40cm 程の 2 種，底径は 15～30cm 程である。

装飾では，口縁端部は拡張し，そこに文様（沈線文・浮文など）を施すことが多い。柱部は加飾することは少ないが，中位に円孔，柱部の上・下端付近に沈線文を施すものがある。裾部の上段部・下段部には円孔，屈曲部には頂部とその上下に刻目文やC字状の刺突文が見られものがある。装飾の部位と種類は時期差を示すことから，詳細は後述する。

出現・推移 装飾高坏は，後期前葉までに出現している可能性があり，少なくとも中葉にはある。後期初頭の文京遺跡 3 次 SX1（方形周溝状遺構）の高坏柱部は筒状であることから，装飾高坏の柱部形状の要件は満たすものの，器壁・色調が異なり，搬入品の可能性もあることから，要検討資料である。前葉では文京遺跡 16 次 A 区 SC71 上部 III 層と同区 SD62 に裾部片がある。時期決定において共伴関係が判断しがたく，今後の類例を待ちたい。確実な資料は中葉からであり，松山大学構内遺跡 2 次 SB5 などがある。後葉には福音小学校構内遺跡土器だまり・束本遺跡 4 次調査 SB502 など，終末には浮穴小学校構内遺跡 SD1 などがある。

現在までの出土量とその比率では，後期前半（～中葉迄）12 点（10％），後葉 63 点（53％），終末 30 点（25％），時期不明 14 点（12％）で，後葉に盛行することが認められる。

形状の推移では，裾部下段が長く大きく開き，

底部径は後葉までは 15～28cm，終末は 20～32cm であり，裾部底径の拡大傾向がある。また，今後の検証が必要であるが，坏口縁部の形状では，口縁部の先端に近い部分が水平に開き，口縁端部の拡張（端面）が垂直に近くなるものが終末に見られるものがある。

施文の推移では，口縁端部の加飾性は一貫して高く，数条の沈線文を施すことが基調であり，終末には沈線がなく，浮文だけのものがある。浮文は，円形浮文であることが多いが，中央部がくぼむ小さなドーナッツ状のものが後葉から見られる。裾部には，中葉に円孔をもつものがあり，後葉からは上段・下段ともに円孔を施すものが多くなる。くわえて屈折部（頂部やその上下に）への刻目文も後葉以降は 5 割を超える。

(2) 集落祭祀と墳墓供献

装飾高坏は集落や墳墓で出土している。

集落内祭祀 装飾高坏は竪穴建物・土坑（井戸）・溝などから，通常の高坏や器台・壺・鉢など多くの器種と共に土器群として出土し，単体での出土はない。竪穴建物からの出土例では松山大学構内遺跡 SB7（中葉）・束本遺跡 4 次 SB302（後葉）があり，土器のほかにガラス玉や，束本遺跡では銅鏡片が出土するなど，祭祀性の強い道具と伴出している。土坑（井戸）からの出土例では桑原田中遺跡 SK1（後葉）があり，直径 90cm 前後で深さ 80cm 程の穴からは通常の高坏・壺・甕・支脚など 30 個体以上の土器が折り重なるように出土した。装飾高坏は全体像のわかる個体 2 点で，形状・法量は似るが，柱部の円孔の有無と裾・屈曲部の竹管文の有無で違いがある。この状況からは，細部にわたりまったく同じ土器を作成・使用しないことが推察される。

墳墓供献 装飾高坏の墳墓関係の出土例は，器台と同様に土壇原墳墓群（後葉～末古）に限られている。土壇原墳墓群のうち 4 ヶ所で出土し，うち 2 ヶ所で大型器台と共伴している。なお，土壇原北遺跡土坑状遺構からは，口径に 20cm 未満と 30cm 大の 2 種があり，法量の違うものが同時に使用される例である。

3 大型器台と装飾高坏の関係

ここでは，大型器台と装飾高坏との関係について検討する。

出土状況　大型器台と装飾高坏は，単体で出土することはなく，多くの場合，それに加えて壺・甕・脚付き鉢などと伴に土器群として出土する。これは，松村が大型器台の考察ですでに指摘しているところである。

その反面，少数ではあるが，両者が伴なわない事例もみられる。①大型器台が出土し，装飾高坏の出土がない事例は1例で，北井門遺跡2次調査SR1（後葉）に限られる。発掘調査時に記録化した土器450点のうち，報告書には210点余りの土器が掲載されているが，装飾高坏は1点もなく，通常の高坏も坏部1点に限られている。②装飾高坏は出土しているが，大型器台の出土がない事例は桑原田中遺跡SK1（井戸か・後葉）であるが，この事例も数は少ない。

一方で，溝・包含層出土など共伴関係がつかめない場合や，大型器台片ないし装飾高坏片が出土した遺跡では，他方の土器が出土している事例は数多くあり，集落内での両者の使用は認められるのである。

これらのことからは，両者は同時に集落内で使用・廃棄されることは多くあるが，祭祀によっては使用や廃棄に違い（例えば，祭祀土器群の組合せ，廃棄場所，廃棄の有無など）があることを示したものと考えられる。

文様の共通性　大型器台と装飾高坏は，施文部位や文様種に共通する事象がある。施文部位では拡張した口縁部への加飾と，柱部〜裾部への透かしが共通し，文様種では口縁部への複数沈線文・浮文，柱部や裾部への円孔透かしが共通している。なかでも，浮文と竹管文（C字状刺突文）は多用される。

装飾性の共通性は，共に土器作り段階から祭祀道具として同様に取り扱われていたことを示すものであろう。

形状の特殊化　大型器台と装飾高坏に共通する形状のひとつに，柱部のエンタシス化がある。大型器台では松村分類・器台Eがそれにあたり，後期後半（後葉）で出現する。装飾高坏では，遅くとも後期前半（中葉）で柱部のエンタシス化が認められる。両資料ともに全体像のわかる資料が少なく，出現期の特定は難しいが，現状では柱部のエンタシス化は装飾高坏から始まることになる。

そこで，装飾高坏の出現経緯についてみてみる。特徴的な裾部の有段化や柱部のエンタシス化ないし筒状化は，その出土例から後期前葉までに文京遺跡で定着した可能性がある。装飾高坏の周辺地域の出土事例では，後期初頭〜前葉に東瀬戸内地域以東の地域で散見される（岡山・香川・大阪など）。松山の装飾高坏は，それらの地域との関係で出現するものと考えられる。

その後，装飾高坏は後期中葉に松山で定着し，後葉には盛行する。この時期（後葉）に祭祀土器群の共通性から，大型器台の柱部にエンタシス形状が採用されたものと考えておく。

展望と課題　大型器台の研究は，型式学的研究を終え，祭祀土器群の研究へと進展し，西部瀬戸内地域との関係が明らかになってきている。装飾高坏は，伊予と東部瀬戸内沿岸地域との関係を示す一方，宮崎県東平下遺跡で装飾高坏が出土しており，瀬戸内の東西交流を示す重要な資料になり得る。祭祀土器群の構成と，その展開が研究課題である。

註

1)　長井和秋「愛媛県土壇原遺跡出土の弥生土器」『ふたな』創刊号，伊予考古学会，1972。谷若倫郎「瀬戸内における器台の東西」『弥生後期の瀬戸内海』古代学協会四国支部第10回大会資料，1996。松村さを里「西部瀬戸内における弥生時代器台の展開について」『愛媛県今治市大西町 妙見山1号墳』愛媛県今治市教育委員会，2008。松村さを里「伊予の弥生墓に供えられた土器」『紀要愛媛』18，愛媛県埋蔵文化財センター，2022。松村さを里「四国の土器祭祀」『瀬戸内海考古学研究会第8回公開大会 予稿集』瀬戸内海考古学研究会

2)　松村論文（註1）と松村氏のご教示による。

3)　前掲註1松村論文に同じ

四国の弥生絵画

国立歴史民俗博物館名誉教授
春成秀爾
HARUNARI Hideji

弥生時代の絵画は，弥生前期末にまず北部九州の甕棺用土器に現われる。画題は鹿と鉤である。その後，中期後半になると，近畿を中心にして壺形土器に，鹿，鳥，建物，船，司祭者などの絵画が描かれる[1]。奈良県唐古鍵，清水風遺跡ではそれぞれ350点，140点と例外的に多数見つかっているけれども，通常1遺跡からの発見は1，2点であったり皆無であったりするほど絵画土器の例は少ない。青銅器では銅鐸・銅剣・銅戈に絵画がみられるが，やはり少数である。

四国では弥生中期後半に土器絵画が発達する。鹿，建物，船，魚がおもな対象である。そして，後期になると，それらは抽象化が進む一方，新たに龍の図像が現われる。しかし，ほかと同様，抽象化して，古墳前期には消滅する。

1 四国の絵画青銅器

平形銅剣と銅鐸に絵画がある。

平形銅剣 瀬戸内沿岸部を代表する青銅器は平形銅剣である。愛媛県今治市朝倉下保田3号銅剣の関部に描いてある絵画は鹿と鉤である。鹿と鉤の組み合わせは，佐賀県天神ノ元遺跡20号甕棺の中期前半の甕棺や福岡市赤穂ノ浦遺跡出土の中期後半の銅鐸鋳型に見られる一方，鉤は近畿には見ない図像であるから，平形銅剣の絵画は北部九州から伝来したと考えてよい。本来，人を刺突するための武器であった銅剣が平形になり，武器の機能を捨て去ったときに，鹿の図像を描いたのである。

近畿では土器と銅鐸の絵画の主役は鹿であった。『記・紀』・『風土記』によると，鹿には土地の精霊の意味があり，農耕とのかかわりが深い。平形銅剣は武器形の祭器であるが，武器本来の意味を考えるならば，農耕の敵と武力をもって戦い，地霊を味方につける役割を期待したのであろう。鉤は引っかける，あるいは引き留める機能をもっている。農耕民は，地霊を怖れ敬い，稲魂を引き留めることによって豊穣を確かなものにしたいと願う。平形銅剣は，神への奉献品として最後は土中に埋納された。

銅鐸 「讃岐某山中」出土の銅鐸の絵画は有名であるが，製作地は瀬戸内東部と推定されている。銅鐸絵画が四国の人たちにどこまで受け入れ

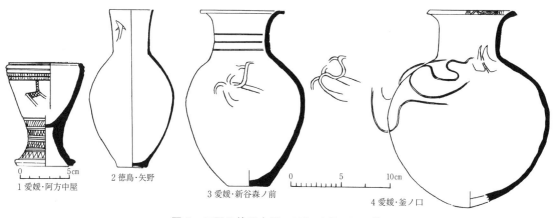

1 愛媛・阿方中屋　2 徳島・矢野　3 愛媛・新谷森ノ前　4 愛媛・釜ノ口

図1 四国の絵画土器 1鹿，2魚，3・4龍

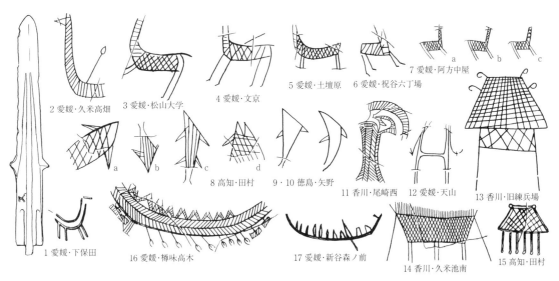

2 愛媛・久米高畑　3 愛媛・松山大学　4 愛媛・文京　5 愛媛・土壇原　6 愛媛・祝谷六丁場　7 愛媛・阿方中屋　8 高知・田村　9・10 徳島・矢野　11 香川・尾崎西　12 愛媛・天山　13 香川・旧練兵場　1 愛媛・下保田　16 愛媛・樽味高木　17 愛媛・新谷森ノ前　14 香川・久米池南　15 高知・田村

図2　四国の弥生絵画　1〜7 鹿，8〜10 魚，11・12 人物，13〜15 建物，16・17 船

られたのか。土器絵画の鹿や建物の画法は共通するとはいえないので，銅鐸絵画が土器絵画に影響を与えたという点については否定的である。

2　四国の絵画土器

弥生中期は壺と高坏に，鹿，建物，船，後期は壺に魚，船，龍と記号を描いてある[2]。

鹿の絵画　愛媛：祝谷六丁場，文京，久米高畑，松山大学構内，東雲（しののめ）神社，土壇原，阿方（あがたなか）中屋，香川：高松空港跡地。

鹿の生態の目に見える大きな変化は，1年のうちに春に角が生え，秋に落ちることである。それは稲の芽生えと稔り・収穫にたとえられる。近畿の鹿の絵画は，土器では角を表現するのが普通であるが，銅鐸では表現しないのが普通である。角のない鹿を描いた銅鐸は春の祭りで鳴らし，立派な角を生やした鹿を描いた土器は秋の祭りで用いたのだろうか。

注目すべきは，松山市久米高畑例や同市文京例が背中に矢が刺さった状態を表していることで，これは奈良県清水風遺跡や大阪府瓜生堂遺跡に見られる物語的表現であろう。

魚の絵画　高知：田村，徳島：矢野。

南国市田村遺跡と徳島市矢野遺跡出土の壺には魚を主役にして描いているが，大きな立派な背鰭・腹鰭を二つずつあらわしており，サメ（フカはとくに大きなサメの俗称）とみてよいだろう。例数は少ないが，魚の絵をしっかり描いていることが注目される。ここまではっきり魚を主役にしているのは，島根・鳥取県の土器・木器である。鳥取県付近出土と推定される中細形銅剣のサメの線刻もそれに加えることができる。鳥（サギ，コウノトリ）を穀霊，鹿を地霊の象徴的表現とすれば，人をも襲う凶暴なサメは荒れる海の精霊とみていたのであろう。日本海に面する山陰地方，太平洋に面する四国沿岸という外海をもつ地域で生まれる思想である。魚の絵画にこのような意味を認めるならば，大阪府恩智垣内山（おんじかいちやま）出土の銅鐸に描いてある魚列も，コイやフナのような淡水棲の小魚ではなく，サメの表現とみたほうがよいのかもしれない。兵庫県淡路島の松帆海岸における中細形銅剣や銅鐸の多数埋納は，荒ぶる海神を鎮めるためのものであったことを示唆する絵画でもある。

人物の絵画　香川：尾崎西，愛媛：天山。

高松市尾崎西例は，綾杉文を多用した図像であって，愛知県廻間遺跡の入墨顔（はさま）を連想させる。

松山市天山例は，岡山市新庄尾上例と比較してみると，鳥装の人物をあらわしているようである。

建物の絵画　香川：久米池南，旧練兵場，高知：田村。

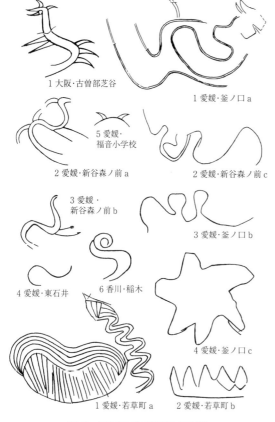

1 大阪・古曽部芝谷

1 愛媛・釜ノ口a

5 愛媛・福音小学校

2 愛媛・新谷森ノ前a

2 愛媛・新谷森ノ前c

3 愛媛・新谷森ノ前b

3 愛媛・釜ノ口b

4 愛媛・東石井

6 香川・稲木

4 愛媛・釜ノ口c

1 愛媛・若草町a

2 愛媛・若草町b

図3 四国の龍の絵画の変遷

高松市久米池南例は，切妻造りで独立棟持柱をもち，床は屋根で隠れている。大阪府池上例のような大型建物であろう。

南国市田村例は，寄棟造りで，たくさんの柱と壁をもつ低い床の建物であろう。棟先に円形の刺突文を施しているのは棟飾りの表現である。

善通寺市旧練兵場例は，寄棟造り4本柱の高床建物である。棟の両端と屋根の途中に下巻きの蕨手文を描いている。奈良県唐古鍵出土の土器絵画のような大小二層の建物を重ねた丈の高い建物を下から見上げた結果生じる錯覚をそのまま表現したのであろう。旧練兵場遺跡では，4本からなる掘立て柱建物遺構が東西で検出されている（東：4.7m×5.9m，西：4.2m×6.3m）。四国でも中心的な集落には，このような二層三階建ての高層建物が建っており，日常的にはシンボル・タワーとしてそそり立ち，祭儀ともなるとその舞台の一部を構成していたのであろう。

船の絵画 愛媛：樽味高木，新谷森ノ前，高知：田村。

松山市樽味高木例は，船の上に複数の人物，下に複数の櫂を表現しており，小舟ではない。外海を航行することが可能な大型の船をあらわしているのであろう。今治市新谷森ノ前例は簡略化が進んでいるが，大勢の人を乗せて長い櫓で漕いでおり，やはり大型船である。

弥生絵画の船は，鳥取県稲吉角田遺跡の大型壺の絵画や福井県井向1号銅鐸の絵画から推定すると，一種の神話・物語の一部分だけを取りだして描いたものである。確かな筆致で描かれた樽味高木例も，日常見る情景の単なる描写ではなく，大きな船が登場する神話が存在したことを示唆している。

龍の絵画 愛媛：新谷森ノ前，天山，福音小学校，香川：上石井，稲木，前田東中村，高知：竹ノ後，ほか。

四国の龍の表現は，多様である。詳しくは次に述べる。

3 四国の龍の絵画

龍はその姿形を誰も見たことがない空想上の動物である。発祥の地である中国では，造形品や絵画が豊富にあった。そこで見たり聞いたりしたか，または渡来人が伝えたか，そうでなければ銅鏡のような器物の図像を見て認識するのであるから，抽象化を伴なったイメージ画にならざるを得ない。弥生後期の近畿・中国地方では，龍に対する一つのイメージがあったが，四国には複数の地から伝わったらしく，さまざまに受け止められた結果，多様な龍の図像が生まれることになった。祭祀用の壺や高坏に絵画を描いた目的は，それらに入れた内容物を神霊に供えるために，その「宛先」を明示することにあった。したがって，絵画は供える相手が自分宛のことだと認識することができれば，それでよく，その相手は常にわかってくれると信じていたから，弥生中期の具象画は後期になると抽象化していった。

後期になって現われた龍の絵画も，ほかの絵画の抽象化が進んでいく趨勢に流されてすぐに記号

的な表現に変わっていく。四国では，今治市新谷森ノ前例は，頭・胴・前肢の表現が明瞭であるが，後期中頃以降になると，蛇行する曲線状になり，古墳時代初めまでつづく。

新谷森ノ前a例[3]は，後期前葉に属する長頸壺の上胴部に，右向きの姿勢で2本線によってS字形に身体をくねらせた胴は短く，長い尾をもつ四肢動物のイメージの龍をあらわしている。前肢をそれぞれ1本線で，腹部からやや斜め下に向けて突き出し，後肢をそれぞれ2本線で左右に開くようにつけている。この壺の反対面にも同様の図像を描いてある。この例を，後期初めの大阪府高槻市古曽部芝谷例の後裔とみてよければ，四国の龍の絵画は最初に近畿から伝来したことになろう。新谷森ノ前b例は，頭部の上・下顎そして後肢を省略し，東石井例になると，1本線でS字形を描いただけで龍をあらわしている。善通寺市稲木例は，渦文で頭部をあらわす一方では前肢を失っており，抽象化が進んでいる。

松山市福音小学校例は，頭頂部に両角をもっている形だけで龍を表現したもので，この遺跡だけで79点見つかっているにもかかわらず，ほかの遺跡では知られていない特異なものである。

松山市釜ノ口遺跡からは，別系統の龍の絵画土器がいくつも見つかっている[4]。

釜ノ口a例は，右向きで，2本の角をもち，上・下顎の間から舌を出しているように見える。S字形の胴部を上下から包みこむような曲線は雲気をあらわしているのであろうか。新谷森ノ前c例は，S字形3つを一部重複させながら横に並べている。釜ノ口b例は，新谷森ノ前c例を一筆で描いているが，まだ前例の形状をのこしている。そして，釜ノ口c例になると完全な波状に変化して壺の上肩部を一周している。これらは，ていねいに描いたものから簡略化が著しく進んだものまであり，この遺跡を中心にして普及していた図像と考えてよいだろう。

松山市若草町a例は，龍を二様に描いている。左はくねらせた胴部から縦線多数を描いて降雨をあらわし，右は三角形の頭と稲妻状の胴部をもつ龍が上昇していくように見える。降龍と昇龍をあ

らわした多時点画であろうか。同じような龍と降雨の表現とみられる図像は，高松市前田東・中村遺跡からも見つかっている。そして，若草町b例になると，龍は1本線による鋸歯文風に変化する。

四国で発達している一筆描き風の大きな龍の抽象画は近畿地方には見ない。釜ノ口a例に通じる例は，高知県南国市竹ノ後遺跡や宮崎市陣ノ内遺跡から出土している。四国西部と南九州との間に交流があった証拠であろう。

弥生後期は天候不順の時期であって，大雨洪水が頻発した。釜ノ口遺跡の絵画土器は水流のあった溝（幅2.4～3.4m）の中に投入されていた。古代中国の乾燥地帯では龍の使命は降雨の一事に尽きる[5]というが，日本のばあいは龍に請雨ではなく止雨すなわち昇龍を願ったのであった。

4　四国の特性

四国の弥生絵画は，平形銅剣，壺・高坏形土器に描いてある。銅剣の絵画は北部九州の銅戈の影響，土器の絵画は近畿地方の影響とみてよい。

四国の具象画から抽象画への移行の動きは，基本的に近畿と同調している。しかし，①鳥の絵画は1例も見つかっていない。②外海のサメや大型船を描いている。③龍の抽象画は近畿よりも発達している。これらは，四国の地理的位置がもたらした地域色である。矢負い鹿，3階建ての高層建物，司祭者を描いた図像の存在は，四国の弥生絵画を育んだ神話物語の世界を演じる農耕儀礼が存在したことを示唆している。

註
1)　春成秀爾『祭りと呪術の考古学』塙書房，2011
2)　梅木謙一「伊予の絵画土器」『考古論集』川越哲志先生退官記念事業会，2005。信里芳紀「香川の絵画・記号土器」『香川県埋蔵文化財センター研究紀要』Ⅵ，2010
3)　沖野　実・多田　仁「愛媛県今治市新谷森ノ前遺跡の2次調査速報」『紀要愛媛』10，愛媛県埋蔵文化財センター，2014
4)　水本完児ほか『釜ノ口遺跡Ⅲ』松山市教育委員会・松山市埋蔵文化財センター，2014
5)　森三樹三郎『支那古代神話』大雅堂，1944

四国の弧帯文

元（公財）徳島県
埋蔵文化財センター
菅原康夫
SUGAHARA Yasuo

四国の土器・土製品に描かれた弧帯文について概要を述べる。時期区分は『弥生土器の様式と編年』四国編の阿波後期編年によるが，土器片に描かれた文様で時期確定が困難なものについては，共伴土器および文様自体の相対的な位置により年代決定した。形状が不明瞭な資料は割愛している。なお紙幅の関係上，個々の文様解析は行なわない。資料の出典は割愛したので，ご了承いただきたい。

1 文様の出現と展開

僻邪の文様である弧帯文は文様形状から，ループ文，バチ形文，交差文に区分し，これに鍵手文を加える（図1）。四国における弧帯文は，V-1・2期併行の上天神遺跡の器台に描かれたバチ形文様（2）を初現とする。V・VI期に吉備を中心に展開する東部瀬戸内弧帯文の中ではもっとも古い資料である。下底線がない未定型のバチ形文であるが，右バチ形の中心線が屈曲して左バチ形の右側線を形成し，右バチ形の下側線（図では天地が逆のため上側線）が左バチ形の付根に接合している。これはV-5期の郡頭バチ形文（8）をはじめ，庄内式以降，近畿・東海地域の関連文様にも継承される正統バチ形文の描法である。本期には未成熟ながらループ文様（1）も出現する。

V-4期にはこれも吉備に先駆けて，郡頭遺跡に立坂a・b文様に先行する，凸レンズ形空間のある2・3線帯交差文（4・5）とループ文に接するバチ形文構図（3）が現われる。

V-5期には四国の東西に吉備・楯築弥生墳丘墓弧帯石との対比が可能な構図が見られる。新谷古新谷文様（15）は複合口縁壺外縁に描かれたループ文様の横連接構図，郡頭文様（8・下段の復

元案）は広口壺口縁部内面に描かれた推定4単位周回構図である。いずれも弧帯石の2・3分割されたループ表現はないが，新谷古新谷文様は連接する多線帯ループとそれに接する斜位多線帯から構成される。斜位多線帯には切断線により文様を違える部分や，直角に折れる多線帯基部に直線帯が接する鍵手文風の表現が見られる。とりわけループ内への多線充填，複線分割線とそれに直交する多線表現，人物画の配置などは伝世弧帯石文様の転写とみなしうるものである。

一方，ループ間にバチ形文を充填する郡頭文様は，出土弧帯石の構図と親和性を示している。半円ループの重畳を示す矢野文様（6）も，ループ連接の部分図形であり，吉備・百間川今谷遺跡に類同構図がある。交差文（7）はループ文と融合しつつ本期まで存続する。

VI-1期には大和・纒向石塚弧文円板に先立って原単位図形[1]が出現する。加茂野宮文様（17）は弧文円板の丁・甲にあたる構図で，甲の外反する棘状突起には中心線が描かれている。（42）のような回転連接によりバチ形文が交差する先端部のみを重ね書きしたものと見られ，原単位図形がバチ形文の連接構図から生まれることを如実に物語っている[2]。バチ形文の連接はV-5期段階の吉備・上東，中山文様などにもみられ，原単位図形の形成原理が東部瀬戸内弧帯文に醸成されていたことをうかがわせる。

鍵手文もこの時期には確立している。加茂野宮文様には原単位図形上部を横断する区画線の上面にlb直線帯とL型鍵手文が描かれている。矢野文様（16）は帯の屈折に基づいて分類可能な7種の鍵手文で構成される複合鍵手文であるが，この時期には寺田文様（18），前田東・中村文様（19），

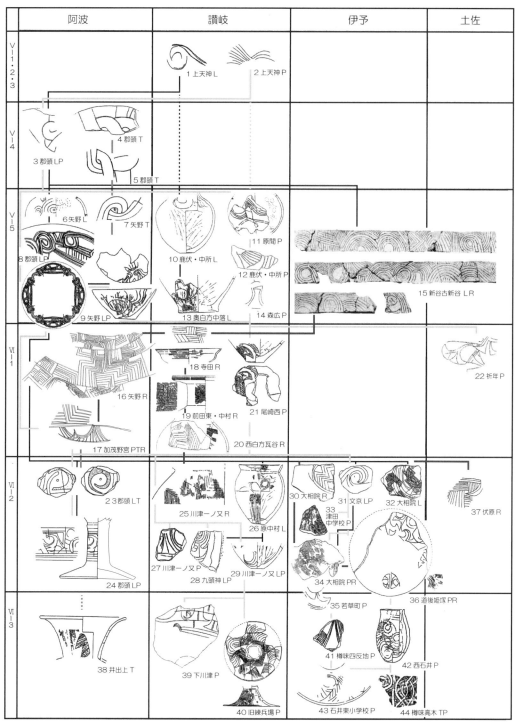

文様の ━ はループ文系（L）━━ はバチ形文系（P）━━ は交差文系（T）━━ は鍵手文系（R）を表す（縮尺不同）
（出展は註文献及び各報告書による　15は公財愛媛県埋蔵文化財センター提供）

図1　弧帯文の系列と変遷

西白方瓦谷文様（20）のような図形配列も見られる。後続期には川津一ノ又文様（25），大相院文様（30）をはじめ（34・36・37）のように四国全土に拡散する。

Ⅵ-2期には鍵手文に由来するT字形分割線の付加による構造化が進んだ原単位系文様（23・24）が認められる。祖型直弧文（直弧文の起源）の成立である[3]。また本期以降はバチ形文が主流となる。道後姫塚文様（36）はバチ形文の重畳と周回構図による構造化が進み，Ⅵ-3期の西石井文様（42）に続く。石井東文様（43）には弧文円板の原単位図形丁・甲・乙配列が見られる。甲には棘状突起が描かれているようであるが，（17）と同様に甲の先端が丁を覆っており，弧文円板とは逆の構図になる。樽味高木文様（44）は交差文とも見られる文様の下端幅が拡張しており，左に直線と環状帯が接する。組編み表現こそないが，纒向弧帯石に見られるような原単位系構図の可能性がある。

2　地域の様相

弧帯文は土器・土製品に線刻され，集落域で使用・廃棄される。郡頭遺跡桃核形土製品文様（23）のように，炭化物・焼土が充填した土坑出土の事例は集落内祭祀の文様であることを示しており，葬送の場に用いられることはない。文様の分布は狭域・集中（阿波・吉野川下流域，伊予・松山平野），広域・点在（讃岐）と捉えうるが，讃岐は東讃地域に拡がる傾向があり，文様・構図から阿波との関連がうかがえる。全般に弧帯文を使う遺跡は，生産・物流拠点や海津・川津など特定機能を有する傾向があるとみてよいだろう。

文様の有り様は次のようである。阿波ではループ文・交差文・バチ形文とその融合が見られる。さらに構造化した鍵手文や原単位図形の出現，原単位図形に分割線を加えた祖型直弧文の流れが確認できる。讃岐はいち早く文様が出現し，交差文以外の文様が拡散するものの文様の成熟度や連続的展開は弱い。伊予はループ文・バチ形文・鍵手文が拡がるが，新谷古新谷文様からの継続性は見

られない。文様の出現が遅れる松山平野ではバチ形文の連接や構造化が顕著であり，単独バチ形文は古墳時代前期の宮前川文様に続く。原単位系文様も現われるが，（43・44）は構図が定型化しているため，大和地域からの影響を考慮すべきかもしれない。土佐は単発的かつ文様が略化しており，弧帯文の受容は皆無に等しい。

四国の弧帯文の中で，とりわけ阿波の文様群は吉備の弧帯文と親和性を示している。原単位図形の創出と文様の構造化による祖型直弧文への歩みが吉備の文様群にも追えるか否かは課題であるが，直弧文の源流が東部瀬戸内弧帯文に求められることは明らかである。

阿波・吉備弧帯文の親和性を生み出す背景の一つとしては，Ⅴ-4期からⅥ-1期の旭川下流域および足守川下流域集落・墳丘墓への阿波産（矢野型）蛇紋岩製勾玉の集中にみられる交易の存在が指摘できるであろう[4]

付記　脱稿後，高知県南国市若宮ノ東遺跡の鉢形土器内外面に描かれたバチ形文に接した。外面に1単位，内面に下底線を向き合わせた3単位のバチ形文様が配列されており，Ⅵ-2期の所産とみられる。遺跡の北には類似文様が出土した祈年遺跡がある。南東には田村遺跡群が拡がっており，狭域に類例が増加する可能性はある。

註

1)　宇佐晋一・斎藤和夫「纒向石塚古墳周濠から出土した弧文円板の文様について」奈良県立橿原考古学研究所編『纒向』奈良県桜井市教育委員会，1976

2)　菅原康夫「原単位図形の出現」『徳島県埋蔵文化財センター研究紀要 真朱』10，2012

3)　菅原康夫「鍵手文のデフォルメ―非原単位構造論」『徳島県埋蔵文化財センター研究紀要 真朱』11，2015

4)　菅原康夫「蛇紋岩製弥生勾玉の拡散」『森浩一先生に学ぶ　森浩一先生追悼論集』同志社大学考古学シリーズⅪ，2015

弥生銅鏡の流入

京都橘大学文学部准教授

南　健太郎
MINAMI Kentaro

弥生時代に拡散，保有された銅鏡には，漢代の大陸で生産された漢鏡，漢鏡の破片を利用した破鏡，漢鏡をモデルとした小形仿製鏡，原三国時代の朝鮮半島南部で製作されたいわゆる韓鏡がある。日本列島では北部九州を一つの大きな核として弥生時代中期後葉から拡散が始まり，以後，琉球列島から関東地方までの広い範囲に波及していく。それぞれ個別の社会的意義を有していたと考えられており，その拡散状況から地域間関係の動態が論じられてきた。四国地域は北部九州と近畿地方の中間に位置するという地理的条件から，日本列島における弥生時代の対外交渉や地域間関係を考える上で重要な地域といえる。本論では四国地域における銅鏡の拡散・受容の様相から，その特質について考えていく。

1　完形漢鏡の拡散・受容

愛媛県松山市若草町遺跡では前漢後半の異体字銘帯鏡（異体字銘帯鏡 A 類）[1] が出土している。出土時期は後期中葉以前に遡らないとされているが[2]，北部九州では後期初頭までに副葬が終了するため少なくともそのころまでには拡散していた可能性がある。また後漢代に製作が下ることが指摘されている正方形に近いゴチック体の銘文で幅広の縁の異体字銘帯鏡（異体字銘帯鏡 B 類）が愛媛県今治市唐子台 14 丘墓で出土している（図 1）。出土遺構の時期は古墳時代前期に下る資料であるが，きわめて不鮮明な鏡背面文様上には鋳肌がほとんど残存していない。このことから長期間の保有が考えられ，受容は弥生時代後期前半に遡ると考えられる[3]。これらの鏡は四国島西部で確認されていることが特徴といえる。また弥生時代後期後半以降では徳島県鳴門市萩原 1 号墓で画文帯同行式

神獣鏡が出土しており，本鏡式の日本列島最初期段階の受容として注目される。

2　破鏡の拡散・受容

異体字銘帯鏡の破鏡が出土しているが，これらは異体字銘帯鏡 A 類の愛媛県松山市文京遺跡，同大相院遺跡といった四国島北西部，異体字銘帯鏡 B 類の愛媛県西予市坪栗遺跡，徳島県徳島市庄・蔵本遺跡といった四国島のなかでも西側から太平洋側に分けられる。四国地域への拡散は前者が弥生時代中期後葉以降，後者が後期初頭以降と

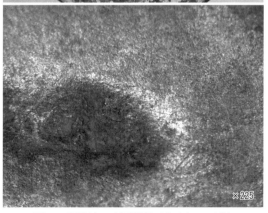

×225

図 1　磨滅鏡の表面状態（唐子台 14 丘墓）
（今治市教育委員会所蔵）

考えられ，時期的な変化とみることができる。これらの破鏡には破断面の位置によって磨滅の程度が一定ではない資料が含まれている。各破断面で磨滅の進行が異なっていることの要因は分割→保有・磨滅→分割という行為が数回おこなわれた結果と捉えられる（図2）。銅鏡を分割しての拡散形態は北部九州中枢地域が創出した漢鏡の分有方法であり，四国でもこの方法を導入して再分配がなされていたものと考えられる。一方，弥生時代後期前葉以降の拡散と考えられる雲雷文帯内行花文鏡や方格規矩鏡は分布域が大きく変容する。とくに異体字銘帯鏡の完形鏡，破鏡が出土している愛媛県松山市周辺での出土よりも，香川県善通寺市旧練兵場遺跡，高知県高知市西分増井遺跡，同南国市田村遺跡といったそれまで銅鏡の拡散・受容エリアに含まれていなかった地域での出土が顕著になる。北部九州と距離的に近い地域を越えて分布の核が形成される点は注意を要する。これらの地域より東側への破鏡の拡散は極めて低調であり，これらの地域が一定量の破鏡が拡散する最外縁部となる。このような地域への破鏡の集中現象は九州の熊本県地域，大分県地域とも共通しており，北部九州の戦略的な破鏡拡散形態の結果と考えられる。旧練兵場遺跡では破断面の磨滅が数段

階にわたるものと磨滅していないもの，鏡背面に線状の加工痕を有する破鏡の再分割未製品とも考えられる資料が出土しており，破鏡の再生産，そして地域内再拡散の拠点というセンター的機能を担っていたものと思われる（図3）。これによって北部九州中枢地域と直接的に接触しないような周辺地域の小集団にも銅鏡が保有されるようになり，ひいてはそのような集団も北部九州を核とした社会構造に組み込まれたものと考えられる。このような状況は後漢後半〜三国時代初期の斜縁鏡群の破鏡の拡散・受容段階にさらに変化する。注目すべきは前段階の破鏡が出土していなかった四国北西部や南東部で散発的に出土していることであり，それまで分布の核となっていた旧練兵場遺跡などからは出土していない点である。さらに興味深いのは斜縁鏡群の破鏡が異体字銘帯鏡の破鏡出土遺跡と重複している点である（文京遺跡，大相院遺跡，庄・蔵本遺跡）。斜縁鏡群については卑弥呼が公孫氏との交渉で得た鏡という考えが提起されており[4]，その拡散には畿内の邪馬台国政権の政治的意図が存在したことも指摘されている[5]。破鏡としての拡散にもこのような状況が想定される。そのように考えると，四国島では弥生時代中期後葉〜後期前葉の北部九州から東方への拡散

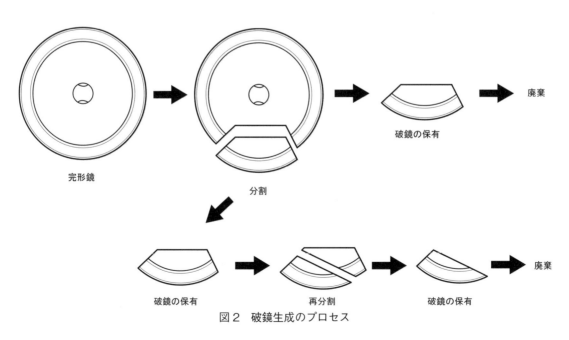

完形鏡　　分割　　破鏡の保有　　廃棄

破鏡の保有　　再分割　　破鏡の保有　　廃棄

図2　破鏡生成のプロセス

1　旧練兵場遺跡 25 次Ⅱ－4 区 SH4003　　　　　2　旧練兵場遺跡 23 次 S 区 SH1058

図 3　旧練兵場遺跡の破鏡（香川県埋蔵文化財センター所蔵）

と，弥生時代終末前後の畿内から西方への拡散に
おいては，同じような地域が重要視されていた可
能性が考えられる。

3　小形仿製鏡の拡散・受容

　異体字銘帯鏡を原鏡として創出されたものであ
るが，最古段階の製品は出土していない。近畿地
方では破鏡の形ではあるが出土が確認されている
ため[6]，今後の出土動向が注目される。四国出土
小形仿製鏡には北部九州製と近畿製がある[7]が，
西分増井遺跡の北部九州製品 1 点を除き，瀬戸内
海側の香川県地域，愛媛県地域で出土している点
が注目される。北部九州製品でもっとも古く位置
付けられるのは幅の狭い縁＋浮彫の内行花文の
文様構成をとる内行花文系第Ⅲ型 A 類段階（弥
生時代後期前葉）[8]で，愛媛県今治市高橋山崎遺
跡，香川県善通寺市彼ノ宗遺跡などで出土してい
る。後者は破片で穿孔が施されており，さらに破
断面には磨滅がみられることから，破鏡として利
用されたものであると考えられる。この段階の北部
九州製品の破鏡利用は九州を中心にみられる[9]が，
いずれも破断面はほとんど磨滅がみられなかった
点で彼ノ宗鏡とは様相が異なっている。彼ノ宗鏡
のように穿孔を施す例も九州ではみられないの
で，四国北東部特有の小形仿製鏡の破鏡の使用方
法といえる。出土時期は庄内期まで下ることか
ら，長期間保有がなされたものと考えられる。次
の段階の幅の広い縁＋浮彫内行花文を配する内
行花文系第Ⅲ型 b 類段階（弥生時代後期中葉）は
愛媛県松山市居相遺跡，同西条市小池遺跡，香川
県善通寺市キッチョ塚などで出土しているが，最
終段階の幅の広い縁＋二重弧線内行花文の内行

図 4　小形仿製鏡の破鏡（彼ノ宗遺跡）
（善通寺市教育委員会所蔵）

花文系第Ⅳ型段階（弥生時代後期後葉）は完形が
愛媛県四国中央市瓢箪山遺跡の 1 点，旧練兵場遺
跡と西分増井遺跡で破片が各 1 点出土するのみで
ある。最終段階において保有が少なくなる状況に
あり，さらに破片を保有するという点は特徴的
であると言える。旧練兵場遺跡のものは破断面に
磨滅は認められないが，大きくねじれが生じてい
る。このような状態の小形仿製鏡の破片は四国や
熊本県地域，大分県地域にもみられるもので[10]，
破鏡の分布と軌を一にした分割行為の広がりとし
ても留意する必要がある。

　近畿製は香川県坂出市下川津遺跡，同さぬき市
寺田産宮遺跡で出土している。寺田産宮遺跡出土
鏡は特殊文様を配するいわゆる「巫の鏡」であ
り，銅鐸祭祀との関わりが指摘されている[11]。こ
れらは北部九州製小形仿製鏡とは分布域を異にし
ており，香川県地域の中でも受容における小地域
ごとの特性が垣間見られる。

4 朝鮮半島南部製放射状文鏡の拡散・受容

　四国のみならず，列島全体でも唯一の放射状文鏡が徳島県鳴門市カネガ谷遺跡で出土している。6.1cmの小型の鏡であり，朝鮮半島では漁隠洞遺跡（14.9cm），坪里洞遺跡（15.0cm）で共通する内区文様の鏡が出土している[12]。両者は前漢後半の漢鏡，同笵鏡を多数有する最古段階の小形仿製鏡が共伴しており，原三国時代前期中段階（弥生時代中期末〜後期前葉並行期）の所産と考えられる。受容の背景には先進文物をいち早く受容した高地性集落としての性格[13]，さらにこの時期の破鏡が庄・蔵本遺跡で出土している点から，北部九州地域の仲立ちや，東西交流の結節点としての性格が関係していたものと考えられる。

まとめ

　本論では弥生時代に四国で保有された銅鏡の動態について述べ，北部九州から東へ，また近畿地方から西への拡散・受容における位置づけについて論じてきた。とくに破鏡，小形仿製鏡の受容については本地域独特の特徴がみられた。今後は古墳時代の銅鏡保有への展開過程や出土状況から見た地域間関係なども検討し，弥生時代の四国地域の社会的位置づけを検討していきたい。

註

1) 異体字銘帯鏡の分類は以下の文献参照。南健太郎『東アジアの銅鏡と弥生社会』同成社，2019
2) 吉田　広「四国地域の弥生時代青銅鏡の動向」『弥生時代後期青銅鏡を巡る諸問題』九州考古学会，2013
3) 前掲註1に同じ。同様な磨滅状態の異体字銘帯鏡として高知県宿毛市高岡山2号墳出土鏡があげられる。本鏡は鈕欠損後の残存部に穿孔がなされており，不鮮明な文様上には鋳肌がほとんど残存していない。
4) 實盛良彦「斜縁鏡群と三角縁神獣鏡」『銅鏡から読み解く2〜4世紀の東アジア』アジア遊学237，勉誠出版，2019
5) 福永伸哉『三角縁神獣鏡の研究』大阪大学出版会，2005
6) 前掲註1に同じ
7) 田尻義了『弥生時代の青銅器生産体制』九州大学出版会，2012。森岡秀人「弥生小形仿製鏡はなぜ生まれたか」『季刊考古学』127，雄山閣，2014，前掲註1参照
8) 小形仿製鏡の分類・編年は前掲註1参照。
9) 前掲註1に同じ
10) 松本佳子「瀬戸内における弥生時代小形仿製鏡の研究」『地域・文化の考古学―下條信行先生退任記念論文集―』下條信行先生退任記念事業会，2008。なお松本は「右傾」櫛歯文の小形仿製鏡を西部瀬戸内地域で製作されたものであることを提起している。
11) 森岡秀人「「✛」状図文を有する近畿系弥生時代小形仿製鏡の変遷」『横田健一先生古稀記念文化史論叢』上，創元社，1987。寺沢　薫『青銅器のマツリと政治社会』吉川弘文館，2010
12) 内区に放射状文を有する銅鏡は韓国慶尚北道慶州塔洞でも出土している。村松洋介「三韓地域における青銅鏡の動向」『弥生時代後期青銅鏡を巡る諸問題』九州考古学会，2013
13) 森岡秀人「銅鏡の早期入手と高地性集落」『季刊考古学』157，雄山閣，2021

阿波・讃岐出土の漢鏡7期鏡

大手前大学国際日本学部教授
森下章司
MORISHITA Shoji

この小文では阿波・讃岐（阿讃）地域出土鏡の中で，漢鏡7期鏡（後漢時代後期後半）を中心に論ずる。古墳出現期における各地域の銅鏡入手状況を検討する上で，近年とくに注目を集めている鏡群である。阿讃地域はそれらが数多く出土していることに加え，この鏡群の履歴と歴史的背景を解明する上でカギとなる地域でもある。

1 漢鏡7期鏡と列島

漢鏡7期鏡と弥生〜古墳時代　漢鏡7期鏡群は弥生時代後期後半の墳墓に副葬された例もあり，製作時期と副葬時期が接近している。製作，列島流入から副葬に至るまでの履歴に関して，伝世鏡ほどややこしい事情を推測する必要がない。楽浪での出土例も多く，中国－楽浪－倭の流通を直に語ることができる鏡群でもある。

この鏡群が注目されたのは，岡村秀典による画期的な研究による[1]。岡村は後漢後期後半の鏡として漢鏡7期（2世紀後半〜3世紀はじめ）を設定した。さらに列島に流入した鏡式を第1段階－上方作系獣帯鏡・飛禽文鏡・画像鏡，第2段階－画文帯神獣鏡，第3段階－斜縁神獣鏡に細分し，それらの列島内での分布の変化を明らかにした。

三角縁神獣鏡配布以前の段階として，画文帯神獣鏡の分布が「畿内中心」を示すという指摘は瞠目すべき成果である。また楽浪での出土状況も勘案して，その大量流入を公孫氏政権の成立と関連付け，卑弥呼の朝貢に対して特別に贈与されたものと解釈した。鏡の流入のダイナミックな変化と東アジアの政治情勢を重ねた刺激的な論であった。三角縁神獣鏡と伝世鏡に加えて，漢鏡7期鏡群を組み込んだ古墳出現期研究が活況を呈することになる。

福永伸哉は岡村説をさらに拡大し，邪馬台国政権は倭国乱後の地域間連合の進展の中で，従来の青銅祭器にかわり，首長層の政治的連携を高める器物として画文帯神獣鏡が利用されたと解釈する。小型青銅器などと共に保有青銅器の序列が形成されたとみる[2]。一方岡村とは異なり，神獣鏡も上方作系獣帯鏡も同時期に流入したものであり，分布のちがいは政権の戦略による配布対象のちがいとみた。

漢鏡7期鏡の研究課題　列島内での漢鏡7期鏡群の広がり方に関しては，政治的背景をどの種類の鏡まで適応するかという点に見解の差がある。それは各鏡式の年代論と関わる。詳述する余裕はないが後漢鏡の年代論には，さまざまな資料的制約があり，細かい位置づけはむずかしい。型式学的な検討はもちろん重要であるが，紀年鏡などから敷衍された年代観を，中国での出土状況によって「検証」することが困難である。

漢鏡7期の銅鏡自体を細かく分析した成果が，實盛良彦，村瀬陸，馬渕一輝などによって発表されている[3]。いずれも単位文様や形態など諸要素の組み合わせを重視する。上記の検証には困難があるものの，系統差を考慮した着実な基礎研究が蓄積されている。

そうした状況の中で小文と関係する一つの課題について触れておきたい。列島出土の画文帯神獣鏡に関して，「強いまとまり」を見出せるかという点である。岡村が示した図式があまりに鮮やかであったため，その履歴に対して政治的解釈をみる評価が強くなった。しかし一括流入や配布を想定できるほど強い均質性が列島出土鏡にあるかどうか，検討が必要である。

村瀬が列島出土の各要素の組み合わせで検討し

た結果をみると，江南での出土例も多い「グルー
プ4」に香川県丸井古墳出土鏡が当てられる。
「グループ5」の中で魏晋鏡をのぞいても，特徴
を異にする例が列島出土鏡にはふくまれる[4]。列
島出土の画文帯神獣鏡の多くが華北－東部系
（グループ2・3）であることはまちがいない。し
かし，画文帯神獣鏡全体の履歴を同一とみること
はできない。

2　阿讃地域と漢鏡7期鏡

阿　波　阿波地域は，漢鏡7期鏡群の出土数が
実に多い（表1）。とりわけ鳴門・板野古墳群と総
称される墳墓・古墳群に集中し，この鏡群の履歴
を考える上で興味深い状況を示す。墳墓・古墳の
内容や出土鏡について菅原康夫，橋本達也の研究
を参考に検討する[5]。

漢鏡7期の各鏡式・各段階の鏡が出土してい
るだけでなく，希少な画文帯神獣鏡を3面もふく
むという畿内以外の地では例の少ない特色を示
す。弥生時代後期後半の墓（萩原1号）から，前
期古墳の各段階（西山谷2号，天河別神社4・5号）
に至るまで，一定期間にわたる継続的な副葬がみ
られる点も重要である。吉野川上流域の丹田古墳
や眉山北西麓の節句山2号墳など，周辺から上方
作系獣帯鏡が出土している点も見逃せない。

板野古墳群には，三角縁神獣鏡出土古墳もあっ
た可能性が高い。橋本が紹介した推定板野町吹田
出土の新作徐州銘四神四獣鏡片は，三角縁神獣鏡
の古段階に属する。近年にも新資料が紹介され
た[6]。徳島県立博物館所蔵の「古鏡帳」に地元の
守住詮之介が描いた三角縁神獣鏡の絵図がある。
1872（明治元）年に鳴門市大麻町大谷八幡宮の裏
山から掘り起こされた，古鏡5面のうちの1面で
あるとの注記がともなう。植地岳彦が詳細な分析
を加えているように，その絵図は京大目録番号
109の天・王・日・月・獣文帯三神三獣鏡とみら
れ，中段階の三角縁神獣鏡である。出土したとさ
れる場所は萩原墳墓群・天河別神社古墳群と西山
谷古墳群との中間の地に当たる。地域集団におけ
る実に幅広い鏡式の継続的な入手を示す。

菅原康夫は，これらの墳墓・古墳群がもつ強い
地域性とその継承過程を整理する。萩原2・1号
墓を源流として特徴的な墳墓形態や埋葬施設の構
造が「自律的展開」として継承されてゆくことを
強調する。漢鏡の保有についても「鳴門・板野群
は，継続的に漢鏡を確保した阿波地域唯一かつ最
古の首長系譜」と評価する。

讃　岐　津田湾周辺から高松平野西部までの讃
岐東部地域は，四国の中でもとくに前期古墳が集
中する地域である。この地域出土の中国鏡も漢
鏡7期鏡が多い（表1）。各鏡式がそろうこと，副
葬古墳に時期幅があることも共通する。画文帯神
獣鏡が相対的に古い古墳に副葬され，上方作系獣
帯鏡や斜縁神獣鏡の出土が新しい時期の古墳に多
い。一方，石清尾山猫塚古墳のような大型古墳へ
の副葬例がある点は阿波と異なる。

絵図に残る岩崎山4号墳出土斜縁同向式神獣鏡
が，列島出土鏡では珍しい鏡式であることも注目
しておきたい。整った図像の例は愛知県東之宮古
墳に限られる。

阿讃地域と漢鏡7期鏡　両地域における漢鏡7
期鏡の出土数の多さ，鏡式の多様性は特異な状況
といってよい。出土した漢鏡の多くを漢鏡7期鏡
が占め，内行花文鏡など他地域では多い鏡式の例
が少ないことも特徴である。華北－東部系の各
鏡式がそろっており，希少な斜縁同向式神獣鏡の
出土例もある。比較的小規模な古墳からの出土例
がめだつことも注目される。

細かくみると，岡村の細別段階と出土墳墓の築
造順とが合っていないことが注意される。萩原1
号（7-2）→西山谷2号（7-1）→天河別神社4・
5号（7-1・3）となり，段階的な流入→副葬とい
う単純な順序では説明がむずかしい。一方，福永
説のように，いずれの鏡式も畿内の政権から授与
されたとすると，副葬期間の長いこと，同一集団
の同規模墳墓からランクの異なる鏡式が出土して
いることが問題となる。

筆者はすくなくとも上方作系獣帯鏡は畿内から
の配布ではないものとみる。瀬戸内海沿岸を中心
とした西日本に出土例が多く，東国では弥生時代

表1 阿波・讃岐出土漢鏡7期鏡

地域	墳墓名	時期	墳形・規模・埋葬施設	鏡式	時期	径(cm)	備考
吉野川下流北岸	萩原1号墓	弥生末	突出部付円（円丘部径18m 積石塚）・積石木槨（石囲木槨 石槨）	画文帯同向式神獣鏡	7期-2	16.1	破砕 楽浪出土品と同型
	阿王塚	弥生末?	積石塚	画文帯神獣鏡	7期-2	15.5	内区欠失
				画文帯神獣鏡	7期-2	14.0	内区欠失
	西山谷2号墳	古墳前期前葉	円（20m）・竪穴式石槨	上方作系獣帯鏡	7期-1	12.5	
	天河別神社4号墳	古墳前期前葉	円（20〜25m）/前方後円	斜縁神獣鏡	7期-3	16.7	
	天河別神社5号墳	古墳前期前葉?	円（20m）?	斜縁神獣鏡	7期-3	16.5	
				上方作系獣帯鏡	7期-1	15.2	
吉野川上流	丹田古墳	古墳前期前葉	前方後円（35m 積石塚）・竪穴式石槨	上方作系獣帯鏡	7期-1	11.4	内区欠失
吉野川下流南岸	節句山2号墳		箱式石棺	上方作系獣帯鏡	7期-1	10.7	熊本古墳鏡と同型
津田湾〜長尾平野	岩崎山4号墳	古墳前期後葉	前方後円（61.8m）・竪穴式石槨・石棺	斜縁神獣鏡	7期-3	17.6	津堂城山古墳に同型
				斜縁同向式神獣鏡	7期		讃岐国名勝図会
	奥14号墳	古墳前期前葉	前方後円（32m）?・竪穴式石槨2	画文帯環状乳神獣鏡	7期-2	14.0	2つの石室から出土
				画文帯環状乳神獣鏡	7期-2	12.9	
	古枝古墳	古墳前期前葉	前方後円（34m）・竪穴式石槨/粘土床	斜縁神獣鏡	7期-3	14.3	粘土床出土
	丸井古墳	古墳前期前葉	前方後円（29.8m）・竪穴式石槨	画文帯環状乳神獣鏡	7期-2	14.0	
高松平野	高松茶臼山古墳	古墳前期中葉	前方後円（75m）・竪穴式石槨	画文帯同向式神獣鏡	7期-2	17.2	
	石清尾山猫塚古墳	古墳前期中葉	双方中円（96m 積石塚）・竪穴式石槨ほか	上方作系獣帯鏡	7期-1	12.8	複数の埋葬施設
				上方作系獣帯鏡	7期-3	14.0	
	今岡古墳	古墳中期前葉	前方後円（65.9m）	上方作系獣帯鏡	7期-1	13.2	前方部陶棺出土

＊ほかに香川・是行谷古墳群の双頭龍文鏡、香川・弘法寺山林古墳の神獣鏡

後期後葉に出現した個人墓に副葬されるという分布状況は，岡村がいうように西から東への流入状況を示すとみるのが自然である。弥生時代末期に各地で個人墓を発達させていた地域集団同士のネットワークを通じ，東日本にも及ぶ地域に広がったと想定する。

板野古墳群にみるように，時期の接近した漢鏡7期鏡式が集中する状況からは，「中央からの配布」ではない経路で両地域にもたらされた鏡式もふくまれると想定する。

画文帯神獣鏡の入手経路　画文帯神獣鏡の中にも，地域が独自に入手したものがあった可能性を考える。

ホケノ山，西求女塚古墳出土鏡に代表される畿内出土の中・大型画文帯神獣鏡（16〜21cm中心）と阿讃地域の比較的小型の画文帯神獣鏡（13〜15cm中心，高松茶臼山古墳鏡を除く）を同一契機に配布されたとみる必要はない。萩原1号，阿王塚の2面，香川・奥14号の2面は華北−東部系に位置づけられるが，村瀬のいうように丸井古墳出土画文帯環状乳神獣鏡は別系統の可能性をもつ。

板野古墳群の状況は，地域集団が各鏡式を取り揃えて入手・保有したことを示す。東方への漢鏡の流入が本格的になった時期，その流れの東縁に位置し，また西方と近畿地方との接点となる位置

を占めた本地域は，漢鏡7期鏡群の各鏡式を数多く入手できたのではないだろうか。

弥生時代後期〜古墳時代において，鏡の入手・保有は集団を単位としたものと考える。集団が保有し，集団の成員の死に際して選択して副葬したとするなら，降る時期まで漢鏡7期鏡の副葬が続いた状況も無理なく説明できる。

蔵本晋司が述べるように，阿讃地域では，上方作系獣帯鏡と画文帯神獣鏡とでは副葬墳墓・古墳の規模にちがいがあり，前者には副次的埋葬施設の出土例もある[7]。集団内での被葬者の地位などに応じて副葬鏡が選択された可能性を考える。

阿讃の地域社会と鏡　弥生時代末〜古墳時代前期の両地域の墳墓は密接な関わりをもつ。積石塚というめだった墓制のほかにも，北條芳隆が「讃岐型前方後円墳」という名称でまとめた特徴は両地域に共通する[8]。こうした墓制を先導したのが阿波と讃岐のどちらであるか，地域の独自性と畿内の前方後円墳の墓制の影響のどの部分を重視するか，論者によって差がある[9]。しかし両地域が弥生時代末から個人墓を発達させたことは，九州以東の地域としては早くに新たな漢鏡を入手し，墳墓への副葬を始めたこととは関連付けて理解することができる。同じ四国でも「前方後円墳様式の波及が墳丘墓の成立」である「西部エリア」に

は漢鏡5期の副葬例が散見されるのに対し，墳丘墓の伝統の上に「前方後円墳化」が進行した阿讃の「北東部エリア」に漢鏡7期鏡の集中がみられることにもちがいを見いだせるかもしれない[10]。

3　阿讃出土中国鏡の諸問題

取り上げた点以外にも，阿讃地域の出土鏡にはさまざまな興味深い事例がある。その意義について明確な説明が用意できているわけではないが，以下にいくつか触れておく。

鶴尾神社4号墳の方格規矩鏡は伝世鏡論の出発となった資料として著名である。文様面が著しく模糊とした状態となり，穿孔までされているのが大きな特徴である。その成因について「手ずれ」「踏み返し」など議論が紛糾している。

成因はともかくとして，本鏡は山口県国森古墳，広島県中出勝負峠8号墳，福井県花野谷1号墳などから出土した銘帯鏡と関係が深いものと考える。前漢末期に位置づけられ，表面が極度に模糊とした状態が共通する。穿孔もふくめて同じ取り扱いを受けた鏡であり，同じ場所で保有されていた可能性が高い。古墳出現期における漢鏡の履歴の一端を示す。

阿讃地域の漢鏡7期鏡に同型鏡が多い点も履歴と関連して注意したい。漢鏡7期鏡に同型品があること自体に問題はない。しかし数は限られており，その中で出土例が阿讃地域にめだつ。

漢鏡ではないが，徳島・巽山古墳では魏晋鏡が3面もまとまって出土するという，ほかに例のない組み合わせを示す[11]。うち1面の同型鏡が大阪・待兼山古墳にもある点が問題だが，この時期にも地域が独自に舶載鏡を入手する経路があった可能性を考えさせる。

註

1)　岡村秀典「卑弥呼の鏡」『邪馬台国の時代』木耳社，1990。同『三角縁神獣鏡の時代』歴史文化ライブラリー，吉川弘文館，1999。

2)　福永伸哉「画文帯神獣鏡と邪馬台国政権」『三角縁神獣鏡の研究』大阪大学出版会

3)　實盛良彦「斜縁神獣鏡・斜縁四獣鏡の製作」『考古学研究』59─3，考古学研究会，2012。同「漢末三国期の斜縁鏡群生産と画像鏡」『ヒストリア』259，大阪歴史学会，2016。村瀬　陸「漢末三国期における画文帯神獣鏡生産の再編成」『ヒストリア』259，大阪歴史学会，2016。馬渕一輝「斜縁同向式神獣鏡の系譜」『森浩一先生に学ぶ─森浩一先生追悼論集─』同志社大学考古学シリーズⅪ，同志社大学考古学シリーズ刊行会，2015

4)　村瀬　陸「漢末三国期における画文帯神獣鏡生産の再編成」（前掲）。村瀬氏の使用した「規格型」「規格外」「特殊」という用語は，多様な展開をとげた画文帯神獣鏡の系統に「中心となる型」があったと誤解されやすいので検討を望む。

5)　菅原康夫「鳴門・板野古墳群の特質と阿波古墳時代前期首長系譜の動態」『真朱』9，徳島県埋蔵文化財センター，2011。橋本達也「徳島における三角縁神獣鏡の新例と中国鏡」『徳島県立博物館研究報告』11，徳島県立博物館，2001

6)　植地岳彦「「古鏡帳」の三角縁神獣鏡図について」『徳島県立博物館研究報告』32，徳島県立博物館，2022

7)　蔵本晋司「四国」『古墳時代の考古学』2，同成社

8)　北條芳隆「讃岐型前方後円墳の提唱」『国家形成期の考古学─大阪大学考古学研究室10周年記念論集─』，大阪大学考古学研究室，1999

9)　菅原康夫「鳴門・板野古墳群の特質と阿波古墳時代前期首長系譜の動態」（前掲）。大久保徹也「四国」『講座日本の考古学』7古墳時代上，青木書店，2011。同「四国北東部地域における地域的首長埋葬儀礼様式の成立時期をめぐって」『論集徳島の考古学』，徳島考古学論集刊行会，2002。石野博信編『邪馬台国時代の阿波・讃岐・播磨と大和』，学生社，2011

10)　前掲註9（大久保2011）に同じ

11)　森下章司「古墳時代前期の年代試論」『古代』105，早稲田大学考古学会，1998

Ⅳ 古墳時代

墳丘墓から古墳へ

徳島文理大学教授
大久保徹也
OHKUBO Tetsuya

筆者の基本的な考え方をまず示しておこう。
①墳丘墓の定義　あえて集団墓地への収容を避けた単体ないし若干数の選別された特別な遺骸を埋置し，その事実に基づいて“記念物化”した施設を墳丘墓とする。付加的な埋葬の有無や件数は問わない。多くで高所選地や立体的造形という属性を具えるが，外表装飾と相俟って，特別な遺骸を核心に据えた記念物という基本的性格に基づく。

②四国島域の墳丘墓　弥生時代後期中葉末〜後葉に四国島域の一部に波及する墳丘墓は備讃瀬戸北岸地域で後期中葉末（高橋編年[1] Ⅷd期）に成立した楯築墓，黒宮大塚墓から派生した。備讃瀬戸〜播磨灘南岸地域では島域のほかに先駆け，奥10号墓などの墳丘墓出現は楯築墓の直後に遡る。なお後期後葉に成立する纒向墳丘墓群はなお様式的な一体性の有無と具備属性の全体像が定かではなく，島域諸地域に対する影響の有無と度合いを議論ができる状況にない。また突出部付円丘形態は楯築墓からほとんど間をおかず兵庫県西条52号墓や香川県尾崎西ST24墓で確認でき，明らかに纒向墳墓群の形成に先立つ。

③一部で「集石墓」と表現される集石遺構…意図的に形成された遺構か否かも疑わしい…は，今日まで埋葬施設の確証は示されず，弥生墓の一類型と認め難い。

④前方後円墳様式とその派生諸形態は，大局的にみて墳丘墓の一類型であり，前方後円墳様式成立を承ける形で属性を刷新した墳丘墓を，便宜上「古墳」，それ以前を「弥生墳丘墓」と表現する。

⑤四国島域における墳丘墓の様式的刷新＝古墳化は香川県鶴尾神社4号墳，徳島県西山谷2号墳などから始まる。筆者は鶴尾神社4号墳出土土器を兵庫県川島遺跡20溝資料の並行関係を前提に考

察してきたが，鶴尾神社4号墳資料の後出と捉え直す。同系統広口壺の以後の変容−香川県稲荷山姫塚古墳・猫塚古墳資料−を踏まえた場合，口縁部の拡張と端部仕上げの簡略化など川島遺跡資料に比べ後出的傾向が強く，見解を改める。細頸壺の形態変化，高坏の消滅も重要だ。なお西山谷2号墳出土の口縁部が間延びする甕形態は鶴尾神社4号墳に並行ないしやや後出とみる。

1　弥生墳丘墓の波及と展開

様式的刷新＝古墳化に先行する弥生墳丘墓は，備讃瀬戸〜播磨灘南岸（讃岐中・東部）と紀伊水道西岸（阿波東部）の一部に限られる。唐子台墳墓群など四国島北西部（伊予）では古墳化の時期に墳丘墓そのものが波及するだろう。つまり四国島域ではごく限定的なエリアで少数の弥生墳丘墓の築造が試みられたにすぎない。もっとも日本海側に比べれば瀬戸内海沿岸諸地域では弥生墳丘墓の波及はあまり広くはない。前二者に島域北西部を加えた3エリアでは古墳（化した墳丘墓）の段階では揃って継起的な築造が始まる。

香川県奥10号墓・同11号墓，樋端（といばな）墓，尾崎西ST01墓，石塚山2号墓は伴出土器から弥生墳丘墓に含めうる。諏訪神社墓，石塚山3号墓は古墳時代に下る可能性がある。尾崎西ST01墓は周溝しか残らないが，立地と形状，外表配石の可能性に留意して加えておく。数は少ないが，播磨灘沿岸とその後背地域から高松平野域と丸亀平野域までの広がりがみられることになる。高松平野の石清尾山塊に弥生時代に遡る積石墓（稲荷山西方鞍部）が所在した可能性が高い。墳丘は早く失われているが，略図が残された出土土器の型式は明らかに鶴尾神社4号墳のそれよりも古い。

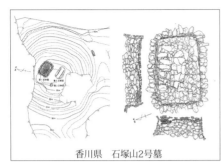

香川県　石塚山2号墓

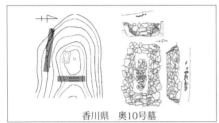

香川県　奥10号墓

徳島県　萩原1号墓

香川県　鶴尾神社4号墳

墳丘1/1000　埋葬施設1/200

石塚山2号墓：國木健司1993『石塚山古墳群』綾歌町教委 掲載図から作成
奥10号墓：古瀬清秀1985「原始・古代の寒川町」『香川県大川郡寒川町史』掲載図から作成
萩原1号墓：菅原康夫1983『萩原墳墓群』徳島県教委 掲載図を基に作成
鶴尾神社4号墳：高上拓2003「石清尾山古墳群の新知見」『史集高松3号』高松市教委
　　　　　所収1972年測量図及び他掲載図を基に作成

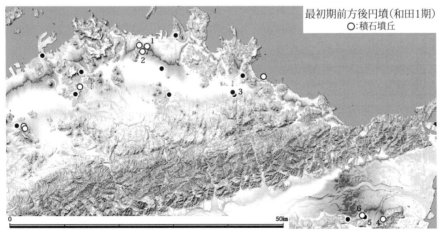

弥生墳丘墓
〇：積石墳丘

1　石塚山2号墓
2　稲荷山西方鞍部墓
3　尾崎西ST01墓
4　奥10・11号墓
5　大井A地区墓
6　樋端墓
7　萩原1・2号墓

最初期前方後円墳（和田1期）
〇：積石墳丘

0　　　　　　　　　50km

1　稲荷山北端古墳
2　鶴尾神社4号墳
3　丸井古墳
4　八人塚古墳
5　宮谷古墳
6　奥谷2号墳

図1　弥生墳丘墓と最初期の前方後円墳

紀伊水道西岸では萩原1号墓・同2号墓が挙げられる。ともに積石墓だ。吉野川中流域の足代東原墓と鮎喰川流域の延命遺跡の不明遺構は、これまでの開示情報から積極的な評価は難しい。つまり吉野川下流域北岸のごく一角に弥生墳丘墓が到達したと見ざるを得ない。阿讃山地を介した備讃瀬戸・播磨灘沿岸域との関係で捉えられようか。

代表的な弥生墳丘墓の具体像を示してみよう。

奥10号墓は津田湾岸背後の雨滝山塊に位置する。10号墓は形態不詳だが、径（辺）14m、高さ2〜2.5mほどになる。外表に簡易的な配石構造を伴なうらしい。中心的埋葬は内法長3.4m幅2.1m、高さ1.1mの木蓋石槨で上面に礫・土器・小形鉄器を積み上げ、遺骸着装物はない。出土土器には吉備南部産の小形装飾壺・小形器台と香東川様式の細頸壺・高坏があり、その型式は楯築墓の築造時期と隔たらない。隣接する奥11号墓と東方の樋端墓の墳丘規模と埋葬施設構造は奥10号墓と同巧的だ。前者は奥10号墓と同時期の所産、後者は伴出土器から一時期下るとみられる。尾崎西ST01墓は強い削平を蒙り、墳丘裾に廻らした周溝の半ばのみ残る。段丘縁辺に位置し、高所側に幅3.2mの狭い開口部を設けた径12.5mの円形周溝だ。開口部の左右で屈折した溝は短く外方に延びる。周溝に転落した多くの小児頭大礫の存在から、墳丘面の配石構造が想定される。伴出する垂下口縁中形壺から奥10号墓に近い時期に比定できる。石塚山2号墓は他から隔たった丸亀平野の南東奥部に位置する。径25mの略円形を呈し島域の他例より一回り大きい。高さも3〜3.7mと腰高だ。墳丘外表に配石構造の形跡はない。中心的埋葬（第1主体）は石積みを多用した複雑な構造をもつ。木槨構造とみる意見もあるが、以下に示す状況からは首肯し難い。墳丘築造と並行して塊石を積み、内法長3.5m幅2.3mで高さ1mの箱形区画を設ける。床面に壁体と同様の塊石を並べ中央の長さ2m幅0.8mに板石を敷き、箱形木棺を据えて四周に板石を積み上面を板石で覆う。長短二本の鉄剣を遺骸に添え置く。木棺周囲の板石積み構造は脆弱で棺材の腐

朽で崩壊している。塊石積み周壁と板石積み木棺被覆部の間にやや乱雑に塊石を詰め、内部に空間はなく、少なくとも木蓋は想定しがたい。出土した香東川様式高坏、細頸壺、小形台付直口壺などから奥10号墓に近い時期に比定できる。

吉野川下流域北岸に位置する萩原1号墓は円形基調の低平な積石墓である。径16mで浅い周溝を廻らす。斜面上方側に幅4m弱の狭い開口部がある。開口部とその外方にやや散漫ながら礫群の広がりが観察できるので狭く平板な突出部が取り付く可能性が高い。もっとも畑地開墾時の損傷によって突出部の形態とサイズの推測は難しい。調査時に観察された円丘部の石積み高は0.8m程で、損傷を考慮しても本来的に立体的造形は志向していないのだろう。円丘中央部に設けた埋葬施設の構造は興味深い。報告を参照して構造を推測する。塊石積みの墳丘を築きながら、円丘の中央に東西4m以上、南北3mを超える方形区画を設ける。その内部の周縁に幅0.8〜1m幅で小礫を敷き、さらに内側に長3.6m幅1.8m前後の板石積みの区画があるらしい。ここに棺を据える。石塚山2号墓を彷彿させる。ただし板石積みの囲繞範囲は広くそのまま棺形態やサイズを反映するとは考えにくい。報告者は後に棺・槨二重構造を想定している[2]。興味深い推測だが、損傷が著しく積極的な復元材料を欠くことは残念だ。棺（ないし棺・槨）の据置と封鎖の後に上部に積み上げた円礫は、床面直上まで落ち込み、直下に破砕した銅鏡、管玉、小形鉄器片が、円礫と混在して破片化した香東川様式の細頸壺・小形台付直口壺・小形広口壺などが出土した。兵庫県西条52号墓を想起させる状況だ。細頸壺は口頸部が強く内彎する形態で奥10号墓より後出することは明らかだが、鶴尾神社4号墳の同器種より古い様相を示す。1号墓の尾根上方に位置する萩原2号墓も円形基調の平板な積石墓である。楕円形ないし紡錘形に近い平面形を呈し、径21m高さ2m未満だ。突出部の付設が想定されるが当否の判断は難しい。1号墓の所見に留意し石積み木槨構造の埋葬施設を想定するが、この点も将来の追加調査に期

待したい。ここから小形の加工鏡片が出土している。少量の墳丘出土土器からは1号墓に先行する可能性が強い。

島域最初期の弥生墳丘墓は備讃瀬戸～播磨灘南岸地域に限られ、一時期遅れて紀伊水道西岸地域の一角にそれが及ぶ。突出部付円丘形態は後期中葉末（高橋編年Ⅷd期）の兵庫県西条52号墓で登場し、上記のとおり尾崎西ST01墓も同時期の所産とみられる。石塚山2号墓と萩原2号墓が一回り大きいが、ほかは主丘径（辺）10m台で、備讃瀬戸北岸地帯（吉備南部）初期の楯築墓などの大形墳丘墓に相当するものはない。棺槨二重構造の採用や装飾土器の一部器種、埋葬施設上面に礫・破砕土器などを積む儀礼などは吉備南部地域などに通じる。その一方で相違点もある。たとえば特殊器台だ。備讃瀬戸南岸地域の3遺跡で出土している。香川県藤尾城跡遺跡は立地からに墓地遺跡の可能性があるが、ほか2例は集落遺跡だ。また特殊器台・壺が墳丘墓に伴なう例もない。成立地域で見られた埋葬儀礼との親密な関係は、四国島域、あるいは播磨地域を含め顧慮されていないようだ。

今のところ積石墓は四国島域で確立した可能性が高い。筆者は、これが構築過程で芯部に礫を多用する岡山県立坂墓や雲山鳥打墓の構造に由来する可能性を考慮している。それらでは礫積み部を盛土で覆い墳丘を完成させるが、その最終工程を省くことで積石墓が成立したと考える。積石墳墓出自は19世紀以来の議論だが、無理に列島外に求めなくても説明はできる、とみる。

2 墳丘墓の様式的刷新＝古墳化

鶴尾神社4号墳にみられる刷新内容は次のとおり。①主丘部の顕著な立体的造形、②主丘部サイズに匹敵する扁平だが長大化した突出部の付設（前方部）、③精緻な配石構造（積石段）による墳丘外表装飾の充実、④使用棺の長大化、⑤不必要に高く積んだ石槨壁体、⑥仮器化した同形広口壺の多量配列。同古墳では不確かだが丸井古墳などを参照すれば、鏡・鉄製利器・装身具のセットを遺骸に添え置く副葬方式も加わるだろう。以上は前方後円墳様式に通じるが、同時に次のとおり先行時期の属性も引きつぐ部分がある。①棺の東西軸設置、②木蓋石槨、③小形器種類の破砕積み上げ儀礼。この様式的刷新は「ハイブリッド」的だ。

興味深いことに様式的刷新の内実は地域によってかなり相違する。吉野川下流域北岸では西山谷2号墳などでは突出部付円丘形態を排して、古墳化を遂げる。積石墳丘も引き継がない。また長大化した棺を南北方向に据える。また北西部エリアでは、前方後円形は採用するが外表の配石構造を略し、前方部も自然地形に依存する度合いが大きく、埋葬施設の槨構造は配石を欠くなど簡略的だ。

こうした相違は、刷新の具体相が地域ごとの主体的な選択の産物であったことを物語る。さらにいえば墳丘墓築造域の拡大－島域北西部エリアや紀伊水道西岸の鮎喰川流域－も、なおそれに踏み切らない広いエリアと共に、各々の選択であった側面を積極的に評価すべきだと考える。

奈良盆地における前方後円墳様式の成立は、先行する纒向墳墓群（の一部）＝新式弥生墳丘墓の様式的刷新であった。先行墳墓群の具体相は詳らかではないが、この場合も刷新は「ハイブリッド」的であったと想像する。意外なほどに属性の広域波及の程度が小さい先行墳墓群に比べ、刷新様式＝前方後円墳で確立した諸属性の影響は大きいが、それでも、受け手側の諸地域はそれを選択的に採用していることは上に見たとおりである。墳丘墓の広域波及を含めた各々の主体的選択を正当に評価すれば、そこには古墳時代中期とはおよそ異質な列島社会像が立ち現われると考える。四国島域の様相はこうした観点を強く提起するものである。

註

1) 高橋 護「上東式土器の細分編年基準」『研究報告』7、岡山県立博物館、1986。高橋 護「弥生終末期の土器編年」『研究報告』9、岡山県立博物館、1998

2) 菅原康夫「阿波の集落と初期古墳」『邪馬台国時代の阿波・讃岐・播磨と大和』学生社、2011

3) 大久保徹也「四国」『講座日本の考古学』7、古墳時代（上）、青木書店、2011

鶴尾4号墳と箸墓古墳

国立歴史民俗博物館名誉教授

春成秀爾
HARUNARI Hideji

奈良県箸墓古墳（全長280m）は日本列島最古の定式化した前方後円墳とされる。では、讃岐最古の前方後円墳とされる香川県鶴尾神社4号墳（全長40m、以下、鶴尾4号墳と略記）は、箸墓古墳の影響をうけて成立したのだろうか。それとも、逆に鶴尾4号墳が箸墓古墳の成立に影響を与えたことはなかったのだろうか。

ここでは、両古墳に兵庫県養久山1号墳、京都府五塚原古墳を加え、墳丘の形態と出土の土器を比較して、前方後円墳成立の問題について考えてみたい（なお、箸墓古墳を最古の前方後円墳とみなして、それ以前は墳丘墓と呼ぶのが慣例であるが、本稿では通称を用いることにする）。

1　最初期の前方後円墳

鶴尾4号墳　高松市石清尾山の一端に所在する前方後円形の積石塚である[1]。全長40m、後円部径18m、高さ2.2m、前方部長21.3m、前端幅10.6m、高さ1.6m、低平である。前方部のもっとも狭い個所は幅4.5mで、後円部から5.5m前方部に寄った位置にあり、撥形の前方部というよりも墳丘全体がしゃもじ形をしている。墳丘は30〜50cm大の安山岩の割石を雑然と積み上げて築いており、円丘部1段、前方部1段で、前方部の西側の一部は墳端に厚さ5cm前後の板石を積み、その内側に塊石を積んでいる。前方部前端だけはやや大きな塊石を並べている。埋葬施設は竪穴式石槨で、長さ4.7m、幅1.0〜1.2m、高さ1.6m（+約20cm）、板石を高さ1mほど垂直に積み上げたあと、その上部は持ち送り式にしている。天井石はないので、木蓋をかぶせていたのであろう。粘土床をもち長軸の中央部は6cmほど凹んでいる。副葬品の王莽の方格規矩四神鏡は、よく磨滅し破

損後に孔をあけて綴じつけて使用しつづけた「伝世鏡」である。ほかには管玉1点が知られているにすぎない。

墳丘の各所から土器の小破片が多数出土している。壺はいわゆる単口縁で、頸部は上細のしっかりした筒形で、平底の癖をのこした丸底の底部には製作時に径1.4cmの小さな孔を穿っている。在地色のつよい「下川津V式」の後半で、「布留様式の完成期を明らかに遡る」という[2]。

箸墓古墳　奈良県桜井市に所在する前方後円墳である[3]。全長280m、後円部径160m、高さ26m、前方部長130m、前端幅160m、高さ17m、くびれ部幅73m、前方部は中ほどから撥形に大きく広がり、頂部に向かって急傾斜で高まっていく。前方部から後円部に向かう明瞭な斜道を設けている。後円部4段、前方部4段である。後円部頂にはさらに円壇がのっているがそれは積石塚を思わせるといい、積石には塊石のほか板石を混じているという。墳頂平坦面に木棺を置いた後、積石で覆う葬法であったと推定される。

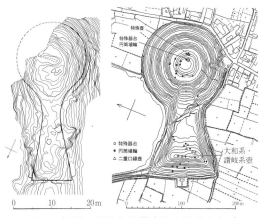

図1　鶴尾4号墳と箸墓古墳の墳丘および供献土器の出土地点

これまで出土した土器の構成は複雑である。墳丘外の周壕出土の甕は「布留0式古相」，前方部出土の二重口縁をもつ丸底の壺は「布留0式」ないし「布留1式」である。製作時に底部に穿った孔は径4〜9.6cmで，大きい。同じく前方部出土の二重口縁の大型壺は讃岐系である。後円部出土の特殊器台は，備中中部の宮山系の弁天塚式である。胴部に3本の貼り付け突帯をめぐらせた特殊壺と都月系円筒埴輪は備中東部で生成した矢部式の後を継いだ箸墓式である[4]。これらの系譜を異にする土器が同時期に存在したのかどうかについて，明快な説明はこれまで無い。

養久山1号墳　兵庫県たつの市に所在し，1967年の発掘調査で，初期の前方後円墳の前方部が撥形を呈していることを初めて明らかにした古墳である[5]。後円部2段，前方部1段で，後円部上段を完成した後，前方部を付設するさいに後円部に下段を追加している。墳丘長31.6m，後円部径17.7m，高さ2.8m，前方部長15m，前端幅9.6m，高さ1mで，前方部のもっともせまい個所は幅3.7mで付け根から約5m離れた位置である。後円部の葺石は，基底石を縦長にして垂直に立て，その上に小さな石を5段以上急傾斜で積み上げている。埋葬施設は竪穴式石槨で，周囲に箱式石棺墓5基があり，弥生後期の墳丘墓を思わせる。石槨は長さ4.07m，幅1.12〜1.02m，高さ1.05〜0.9m，床面は地山をわずかに凹めるていどで，側壁は中位から持ち送り状になっている。

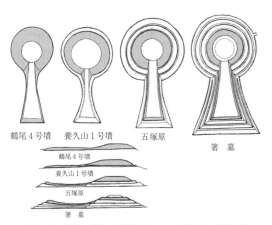

図2　最初期「前方後円墳」の平面形と側面形

副葬品は上方作系浮彫式獣帯鏡（径9.1cm），鉄剣，鉄鏃，鉄ヤリガンナで，出土土器は「庄内式（新）〜布留（古）の範囲」という。

五塚原古墳　京都府向日市に所在する前方後円墳である[6]。墳丘長91m，後円部径55m，高さ8m，前方部長40m，幅33m，高さ4m，前方部はくびれ部幅15mで異常なほどせまく，前端に向かって撥形に大きく開いている。後円部3段，前方部2段の造りで，墳丘斜面は塊石による葺石，テラスには礫石による敷石があって，積石塚を意識しているように思える。埋葬施設は川原石による竪穴式石槨で，天井石をもっている。長さ3.5m以上，幅1.2m，高さ1.2m，完掘していないために副葬品は不明である。出土した二重口縁壺は「庄内式新相〜布留式初め，あるいは布留0式新相」であって，山城の地域色をのこしている。平底で，製作時の穿孔はない。

2　前方後円墳の原型

4古墳の墳丘形態を比較してみよう。

鶴尾4号墳は後円部・前方部とも1段，養久山1号墳は後円部2段・前方部1段，五塚原古墳は後円部3段・前方部2段，箸墓古墳は後円部4段・前方部4段である。

前方部の形態もこれらの古墳間で変化が認められる。前方部が後円部に取り付く位置の形状は，鶴尾4号墳ではゆるやかな曲線でつながっており，前方部の最狭部は前方部長の約1/4の位置にある。養久山1号墳では，やや丸みをもつ凹角をもち約140度の大きな角度をもってつながっており，前方部の最狭部は鶴尾4号墳とほぼ同じ位置にある。五塚原古墳では，約105度のはっきりした凹角になり，前方部の最狭部は後円部に取り付く位置にある。箸墓古墳も凹角は明瞭で，前方部前端の幅が広くなっているために約115度になっている。

以上の4古墳を，先後関係は別にして，墳丘の立体形が洗練していく過程を示すモデルとみれば，前方後円墳の形態は，鶴尾4号墳のような後円部1段・前方部1段，すなわち埋葬のための円丘部に，葬送儀礼の祭場である前方部を付設したシン

プルな形を原型にしており，墳丘を大型化する際に，後円部は下に1段または2段の基壇を加えて2段または3段にして，それに伴ない前方部も2段または3段にして嵩上げしたと考えることができる。起源と機能を考慮したうえで形を見るならば，前方後円墳の形態は墳丘上部の平坦な空間の形が重要であって，墳丘基底部の形ではない。

　そう考えると，箸墓古墳は後円部2段・前方部1段の前方後円墳を原型にして，後円部4段・前方部4段に仕上げて巨大化・壮大化をはかったものである。前方部を4段にしたのは前方部頂を1段高くして，墳丘全体の大きさを強調する効果を狙ったのであろう。前方部頂に平坦面を設けているのは，そこが祭壇であることをよく示しており，箸墓古墳の前方部に大和系，備中系，讃岐系の壺をおいてあったことは，各地から共献用の土器を携えた参列者がいたことを推定させる。

　鶴尾4号墳，養久山1号墳，五塚原古墳は墳丘の表面を葺石でおおっている。弥生後期末の四国や播磨・備中の墳丘墓では，塊石を積み上げたり墳端に列石をおいたりすることは珍しくない。しかし，大和では，箸墓古墳に先行するとされる纒向古墳群の纒向石塚（墳丘長96m，「庄内3式」），勝山（115m，「布留0式古相」），東田大塚（120m，「布留0式古相」），矢塚（96m，「布留0式古相」）などの墳丘墓では，石を使って土盛りの墳丘の表面をおおうことはない。箸墓古墳のすぐ近くに築いているホケノ山古墳（80m，「庄内式」）は葺石をもつ唯一の例である。埋葬施設は，木板を組み合わせて作った木槨の周囲に川原石を積み上げて固定したあと，その内部に長さ5.3mの木棺を置いているが，後の竪穴式石槨につながる構造ではない。箸墓古墳の葺石は他地方からの影響を想定するほうがよいだろう。このように，箸墓古墳がほかに対して与えた影響とされる「撥形」の前方部も型式学的検討からは積極的に主張できない。

　高松市稲荷山北端古墳も石清尾山古墳群に含まれる双方中円形の積石塚である[7]。全長65m，中円部径28m，高さ約4m，二方向の突出部の長さはそれぞれ21mと20m，突出部の幅は狭く，や

はり中ほどがくびれており，高さ0.3〜0.5mと低く，全体の形状は特異である。円丘部3段，突出部2段で，墳端は板石積み段で，突出部前端だけはやや大きな塊石を並べている。突出部前端を大石で区切るのは，備中の弥生後期後半の楯築墳丘墓と共通する。墳丘の形態と構築方法から，石清尾山古墳群の猫塚古墳に先行し，鶴尾4号墳と並ぶ最古の古墳と位置づけられている。しかし，この古墳も，この地域で独自に生成した，あるいは二方向の突出部をもつ楯築墳丘墓の影響をうけて生成したと考えるならば，鶴尾4号墳もまた箸墓古墳の影響とみる理由はなくなるだろう。

　なお，炭素14年代のIntcal20による較正値は，五塚原古墳が210-230calAD，東田大塚（築造前〜壕埋没後）が215-280calAD，箸墓古墳（築造前〜直後）が230-280calADである[8]。すなわち，五塚原古墳が3世紀第1-2四半期，箸墓古墳が3世紀第2-3四半期の差があり，箸墓古墳のほうが新しいという結果がでている。

3　集大成としての箸墓古墳

　箸墓古墳からは特殊器台と都月系円筒埴輪の両者が出土している。前者は，備中中部の総社地域で生成した宮山系の弁天塚式であって，箸墓古墳の西3kmに位置する橿原市葛本弁天塚古墳（墳丘長68m）[9]の墳丘裾に11個体以上をめぐらせていた特殊器台と同じ型式である。後者は備中東部の足守川地域で矢藤治山式特殊器台を祖型にして成立したものである。

　弁天塚では特殊器台に伴なう特殊壺が8個体以上，布留式土器に含まれる二重口縁の壺が5個体出土しており，ほかに都月系埴輪の微細片4点がある。特殊器台・壺と布留式壺の伴出状況から両者は同時期と認めるならば，弁天塚式特殊器台の

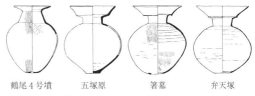

鶴尾4号墳　　五塚原　　　箸墓　　　弁天塚

図3　最初期「前方後円墳」出土の壺形土器（縮尺不同）

時期は布留式までくだることになる。故地の備中では宮山系特殊器台と都月系円筒埴輪の共伴例がないことは長年の疑問であったが，両者は生成地域が違うからそれは当然のことであって，備中の中部と東部の供献土器を箸墓に持ち寄れば，特殊器台と円筒埴輪が共存するのもありうることであった。こうして，箸墓古墳出土の系譜を異にする土器類はすべて布留式の時期と判断してよければ，箸墓古墳での埋葬時期が決定することになる。

　埋葬儀礼時さらに埋葬終了後に後円部におかれた真紅の特殊器台と円筒埴輪は，備中で生成したのであるから，当然，備中地域の2勢力を象徴する器物であったろう。そのような特別な器物を供えた古墳の被葬者が備中出自であったと考えることは，むしろ自然である。にもかかわらず，多くの研究者がこの考えをとろうとしないのは，証明が困難，または問題があまりにも重大であるからだろう。

　向日市元稲荷古墳，たつの市権現山51号墳，岡山市浦間茶臼山古墳，同市平井西山古墳は都月系埴輪をもっていることによって，箸墓古墳との深い関係を認めることができる。さらに，権現山51号墳や平井西山古墳には三角縁神獣鏡を副葬してあった。

　以上のように根拠をあげていくならば，箸墓古墳の年代は，鶴尾4号墳や五塚原古墳よりも新しい布留式土器（古相）の時期に位置づけるほかはなく，箸墓古墳の影響をうけた古墳といえるのは，やはり京都府椿井大塚山古墳などの「定型化した前方後円墳」からである。

　空前の規模と内容をもつ箸墓古墳の構築には，企画設計から完成そして埋葬にいたるまでに，10年あるいはそれ以上の歳月を費やしたであろう。巨大古墳は被葬者が生前に墳丘を築きあげた寿墓であったから，箸墓古墳の立案と実行にあたっては，存命中の被葬者が絶大な権力を駆使し，各地の有力首長や技術者が多数参集したはずである。箸墓古墳は，それ以前の「前方後円墳」の知識と経験を集大成して築き上げた最古の巨大前方後円墳であった。その造営は，日本列島各地の諸政治

勢力の統合と序列化を推進し，その巨大な威容を「倭国」内外の人びとの視覚に訴える，まさに「倭国」のモニュメントになったのである。

註

1)　渡部明夫・藤井雄三編『鶴尾神社4号墳調査報告書』高松市歴史民俗協会，1983。後円部西側に4重に葺石が不完全にめぐっていることを報告しているが，大久保徹也によると，上から2番目と4番目の線は不確実ということである。3番目の線も前方部まで及んでいないので，この古墳の形を理解するさいは除いておく。

2)　大久保徹也「讃岐および周辺地域の前方後円墳成立時期の土器様相」『古式土師器の年代学』大阪府文化財センター。大久保は，鶴尾4号墳に箸墓古墳の「強い影響を想定」している。

3)　中村一郎・笠野　毅「大市墓の出土品」『書陵部紀要』27，1976。白石太一郎・春成秀爾・杉山晋作・奥田尚「箸墓古墳の再検討」『国立歴史民俗博物館研究報告』3，1984。徳田誠志・清喜裕二「倭迹迹日百襲姫命大市墓被害木処理事業（復旧）ヶ所の調査」『書陵部紀要』51，2000。西藤清秀「箸墓古墳・西殿塚古墳の墳丘の段構築」『橿原考古学研究所研究論集』16，八木書店，2013

4)　春成秀爾「宮山系特殊器台の研究」『岡山県立博物館研究報告』37，2017。同「向木見系特殊器台の研究」『国立歴史民俗博物館研究報告』212，2018。同「箸墓古墳の特殊器台と埴輪」『季刊考古学』142，2018

5)　近藤義郎編『養久山墳墓群』揖保川町教育委員会，1985

6)　梅本康広・原田昌浩編『五塚原古墳の研究』向日丘陵古墳群調査研究報告3，向日市埋蔵文化財センター，2021。原田は，五塚原古墳を「箸墓古墳が築造されている時期に，その影響を受けて築造された可能性が高い」と考えている。

7)　高上　拓・波多野篤編『石清尾山古墳群（稲荷山地区）調査報告書』高松市埋蔵文化財調査報告190，2018

8)　前掲註6（梅本・原田編2021）に同じ。坂本稔「較正曲線IntCal 20と日本産樹木年輪」『纒向学の最前線』桜井市立纒向学研究センター，2022

9)　奈良県立橿原考古学研究所編（弁天塚古墳の部は中井一夫・豊岡卓之編）『中山大塚古墳　附篇　葛本弁天塚古墳　上の山古墳』奈良県立橿原考古学研究所調査報告82，2003

前方後円墳の築造動向

徳島文理大学教授
大久保徹也
OHKUBO Tetsuya

四国島域の前方後円墳を大きくは2段階に分けて捉えておく。前期初頭～中期前葉（和田編年[1] 1期～6期）を第一段階とする。さらにこの間は前期前半期（前和田1・2期）とそれ以降（和田3～6期）に区分するとよい。後半期内部の変化は大きいが，大局的には一つの傾向が起動し結末に至る過程と理解できる。続く中期中葉～後期前葉（和田7期～9期）は四国島域から前方後円墳が完全に姿を消す空白期間である。ほぼ後期中葉（和田10期）に短期間だが前方後円墳が再度登場する。これを第二段階とする。

前方後円墳という構築物の型式的な連続性とはうらはらに，そこに込められた意義の多様性を四国島域の前方後円墳は雄弁に物語る。

1 第一段階前半期の築造動向

四国島域で第一段階に前方後円墳様式（その変容形態を含む）を採用するエリアは限られる。一定程度の継起的な築造が確認できるのは北東部エリア－備讃瀬戸～播磨灘南岸（讃岐中・東部），と東岸エリア（阿波東部），北西部エリア（伊予中部）の各々一角にすぎない。このうち北東部エリアでは数多くの小形前方後円墳が築かれる。和田1期では墳長30m台を中心に45m未満級の小形前方後円墳が大半を占め，計16基前後に達する。同2期では計24基を数える。

高松平野を例にこの段階の築造状況を概観しておこう。東西約11km，最大で南北約10kmとさほど広くないこのエリアでは石清尾山塊に平野中央の3～4グループの墳墓が結集する。このほか，南部2～3群，東縁部1～2群と合計7～9ほどのグループが割拠的におおむね小形の前方後円墳を築く。

こうした状況は丸亀平野から播磨灘に面した津田湾岸および後背内陸部に至るおよそ東西50kmの間で若干の空隙を挟みつつ展開し，この結果，北東部エリアでは小形前方後円墳の簇生状況が生じている。本書p.94以下で述べたように，墳丘墓様式の刷新と築造域の面的拡張と理解すべき現象である。これを単純に前方後円墳様式の波及，そして一元的な身分秩序への参入を読み取るべきではない。墳墓様式の属性を多面的に採用しつつも，創出地で前方後円墳様式に込められた意義からはおよそ逸脱した形で，前方後円墳を借用している。故地において地域的結集の最上部の権威を象徴したものが，四国東北東部では築造数と墳丘規模からみて，むしろ地域的な連携のそれとして多用されている。そうした逸脱の一端は積石墳丘などにみられるように属性の改変や置換を伴なう。また前方後円形を採用した墳丘墓は多いが，必ずしもすべてではなく，かしが谷2号墳や石塚山1号墳のように円（方）形墳丘も残る。しかしそれらの墳丘サイズや埋葬施設構造などは小形の前方後円墳に遜色はなく，前方後円／円の違いは必ずしも格差表現とは捉えにくい。

ほかの2つのエリアでも本質は同じだが，築造グループの数とその広がりはひどく限られる。島域東岸エリアでは鮎喰川流域の東西4km弱で2～3グループの築造にとどまる。眉山・八人塚古墳，気延山・宮谷古墳，奥谷2号墳などの計5基だ。北西部エリアでは高縄半島北東面の今治平野の南北に各1～2グループがある。前者には別名一本松古墳，高橋仏師4号墳が，南部では唐子台墳墓群中の雉之尾古墳，唐子台15丘古墳がある。このほか，単発的な小形前方後円（方）墳が松山平野域（朝日谷2号墳 北井門古墳）や半島東側基部（大久保1号墳）まで広がるが継続的ではない。

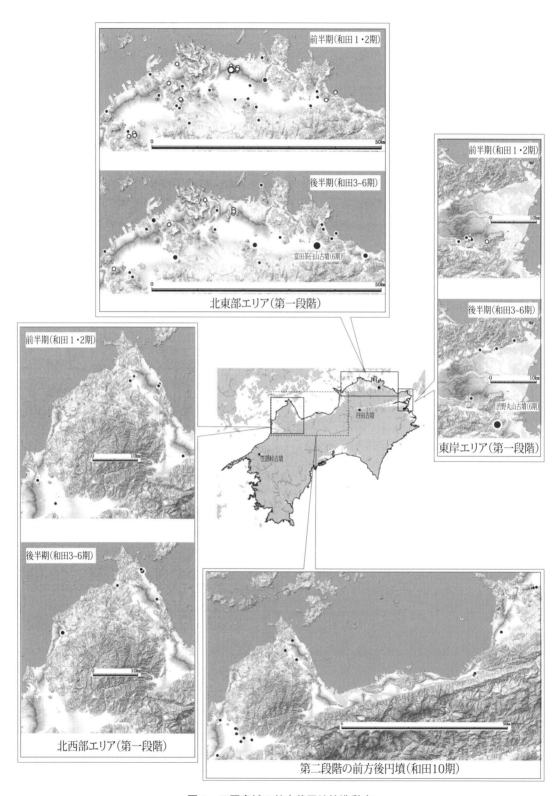

前半期(和田1・2期)

後半期(和田3~6期)

富田茶臼山古墳(6期)

北東部エリア(第一段階)

前半期(和田1・2期)

後半期(和田3~6期)

渋野丸山古墳(6期)

東岸エリア(第一段階)

丹田古墳

笠置峠古墳

前半期(和田1・2期)

後半期(和田3~6期)

北西部エリア(第一段階)

第二段階の前方後円墳(和田10期)

図1　四国島域の前方後円墳築造動向

北西部エリアで雉之尾古墳や唐子台15丘（号）墳と共存する同墳墓群の小形墳群－それらはほとんど整形・加工を略して地形の隆起に依存する－を比べると、前者は主丘サイズこそひと回り大きいが埋葬施設のサイズや埋葬施設構造に大した違いはなく、副葬品組成も明確な一線を引きにくい。東岸エリアでは同時期に吉野川下流域北岸の一角で弥生時代後期後葉の萩原墓群を継ぐ形で天河別神社古墳群などを継起的に築く。狭小な突出部を付す円丘墓（萩原1号墓）を一旦は採用した地域だが、この時期には円墳形態に転じる。その主丘サイズは鮎喰川流域のそれに劣るものではないし、埋葬施設構造や副葬品目についても同様だ。つまり北西部と東岸、2つのエリアにおいてもこの段階では前方後円形／円形の差は規模や埋葬施設構造などの違いと必ずしも連動せず、格差の鮮明な表示手段というわけではない。

2　第一段階後半期の大形前方後円墳

第一段階前半期では総じて墳長40m級以下の小形前方後円墳が圧倒的大多数を占めた。とくに東部、北西部エリアでこの段階に50m超級の前方後円墳は築かれない。対して北東部エリアではそうした小形前方後円墳の上位に円丘の二方に前方部様の突出部を付けた特異な形態が最初期から設けられた。石清尾山古墳群で継起的に築かれた積石墳墓の稲荷山北端古墳（墳長69m 主丘径28m 和田1期）、猫塚古墳（墳長105m 主丘径45×37m 和田2期）、鏡塚古墳（墳長69m 主丘径30m 和田2期）だ。和田2期には墳長72mの高松茶臼山古墳があるが双方中円形墳が上回る。北東部エリアでは他エリアに比べ、前方後円墳などの築造域と築造数がはるかに大きく、かつ属性の共有度も高い。北西部と東岸エリアでこのクラスの大形墳が登場していないことも踏まえれば地域的連携の強度と広がりが早期に大形古墳を生み出した基盤と考えるべきだろう。墳長100m級以上の大形墳を擁する吉備南部や播磨地域でも小形前方後円墳の築造数と広がりの点では近似する。ただしこれらでは盟主的墳墓が前方後円形を採用するが北東部エ

リアでは特異な双方中円形となる。なお彼我の1世紀近い時期差を考えれば、これを単純に楯築墓と結びつけるべきではない。

続いて和田5期までの間に北東部エリアでは3基の大形前方後円墳、三谷石舟古墳（墳長105m）－快天山古墳（墳長99m）－岡前地神山古墳（墳長推定90m前後）が順次築かれる。この動きと並行して30m前後級の小形前方後円墳は急激に減少し、少数の50〜60m級前方後円墳に置き換わる。また一部では50m級前方後円墳の主丘サイズに相当する中形円墳も登場する。特異な双方中円形墳を戴きつつも、多数の小形前方後円墳という水平的連携の様相が濃厚であった関係が分解していわば淘汰と集中の進展を読み取ることができる。

北西部エリアでは、この時期に埴輪列と葺石で外表を飾り、竪穴式石槨を採用したおおむね60〜80m級前方後円墳が登場する。妙見山1号墳－相ノ谷1号墳－櫛玉比売命神社古墳と、高縄半島の北部で地点を移しつつ連続する。東岸エリアでは吉野川下流域北岸で前方後円墳の継起的な築造が始まるが40〜60m級とさほど大形化していない。代わって鮎喰川流域では前方後方墳の奥谷1号墳（4期）を除き、一転して円墳化する。ただし八倉比売神社1号墳、マンジョ塚1号墳は60m級前方後円墳の主丘サイズと同等の径35m前後の規模だ。

和田6期には北東部エリアで富田茶臼山古墳（墳長141m 後円部径88m）、東岸エリアで渋野丸山古墳（墳長105m 後円部径69m）が築かれる。ともに三段築成で葺石と埴輪配列が充実し盾形周濠を具える。前者では外周に少なくとも2基の方墳も配置する。両エリアともにこの時期唯一の前方後円墳となる。第一段階後半期を通じた"淘汰と集中"の到達点といえる。兵庫県壇場山古墳（墳長140m）、池田古墳（墳長140m）などと同時期の産物で総じて規模と装備は大鳥塚古墳など古市古墳群の次位クラス前方後円墳に相当し第一段階前半期の個性的な風貌はそこに微塵も残らない。四国島域における前方後円墳の変質を示す。

一方、北西部エリアでは和田5期以前に前方後

円墳が姿を消す。周防灘沿岸の各地を巡るように和田4期から順次築かれた柳井茶臼山古墳（周防・墳長90m），白鳥古墳（周防・墳長120m），御所山古墳（豊前110m）に留意すれば，この範域で"淘汰と集中"が展開し北西部エリアではいち早く消滅したと理解する。北東部と東部エリアでも次期に大形前方後円墳は続かない。その背景として前者では備中・造山古墳，後者では紀淡海峡部の淡輪ニサンザイ古墳に結実するやはり広域的に展開した"淘汰と集中"の産物だ。

以後7〜9期の間，四国島全域で前方後円墳は姿を消す。代わって主丘径20〜40m級の円墳ないし帆立貝形古墳が散発的に築かれる。一度は成立した地域的な統合が破壊され，その各々においてこうした従属的な墳丘型式を以て自らを表現する複数のグループに分解された姿とみる。これらの本質はいわば分置された陪冢，である。

3　第二段階の前方後円墳

長い空白を経て，古市古墳群・百舌鳥古墳群などで200m超級巨大前方後円墳の築造が停止した後，和田編年10期に前方後円墳の築造を再開する。松山平野から丸亀平野と，おおむね島域北岸の西寄り部分に15〜17基が分布する。伊予灘に面した松山平野7〜8基，燧灘南西岸の今治平野3基，同東岸の伊予東部〜讃岐西部3基，丸亀平野西端部2〜3基となる。丸亀平野例は燧灘沿岸に至る峠路を扼する位置にあり大筋では伊予灘〜燧灘沿岸に広がるといってよい。

香川県菊塚古墳，愛媛県波賀部神社古墳が墳長60m前後に達する他は大概30〜40m台に収まる。また墳丘外表の装飾的要素の簡略化が進み，埴輪の使用は続くがほとんど葺石を省略する。

この時期，前方後円墳の築造を再開する地域は少なくない。播磨では後期前方後円墳が20基を超え，うち16基はこの期に属する。周防灘に面した北東部九州でも計16基と前後に比べて格段に多い。また出雲地域の特異な前方後方墳も9〜11期の所産だ。その一方，山陽西部では低調であるし，この期に限れば備前・備中・美作地域も各2〜3基と意外に少ない。

この時期の前方後円墳の大半が古墳時代中期には見なかった中小形サイズで再登場し，かつ著しい偏在的な分布や出雲地域における特異な前方後方墳の採用をも踏まえれば，中期段階の前方後円墳とはその性格を大いに異にする存在と見なさるを得ない。かつて都出比呂志が提起した前方後円墳体制[2]，すなわち墳丘形態と墳丘規模の序列体系を以て表現される一元的な身分秩序は古墳時代中期には有効だと考えるが，この段階にはあてはまらない。ローカルな連携・結集のシンボルとして各個的に採用されたものと捉えられる。その結果が前時代のいわば古典的なシンボルに依拠した点に時代的な限界をみるべきかもしれない。

なお四国島域の前方後円墳では外観上は近似した様相－外表装飾の省略傾向－を示すが，埋葬施設－横穴式石室型式は一様ではない。松山平野では古式の片袖タイプ石室（三島神社古墳）と無袖の玄門有段タイプ石室（播磨塚天神山古墳）が共存し，伊予東部の東宮山古墳・経ヶ岡古墳では羽子板形の玄室の前面左右に立柱石を具える。丸亀平野の王墓山古墳・菊塚古墳では両袖タイプ石室に石屋形を収める。前方後円墳の採用という一定の広がり・協調と埋葬施設にみる割拠的性格，この二面性が特色である。この緩やかな連携は短命に終わり，次期には後者の側面が強化される方向に進む。在地的に変容した石室型式の創出と共有，そして巨石墳化によりローカルな地域的な結集とその強化に向けた努力を読み取ることができる。再登場した前方後円墳は，長期的には令制地方秩序の基盤形成の端緒を意味する。またそれは飛鳥時代中期以降に馴致される以前の，巨石墳の時代として記憶される旺盛な地域的結集運動に続くその序章的位置を占める。

註

1)　和田晴吾「古墳時代の時期区分をめぐって」『考古学研究』34—2，考古学研究会，1987

2)　都出比呂志「前近代国家論の再生のために」『日本史研究』338，日本史研究会，1990

西四国・西部瀬戸内の前期古墳

松山市役所
山内英樹
YAMAUCHI Hideki

　今回対象とする西四国，とくに伊予地域は周囲を四国山地および海域（瀬戸内海ほか）に囲まれ，北には備後・安芸・周防，西には豊後水道を挟んで豊後と接する。古来より瀬戸内海を媒介に近畿～北部九州を結ぶ重要拠点で，韓半島や中国大陸との各種交流も垣間見える地域である。古墳時代前期においても周辺地域との密接な交流が墳墓（墳形・副葬品ほか）や集落から明らかであるが，具体的様相は伊予全体で必ずしも一様ではない。

　今回は西四国（伊予地域），とくに前期古墳の展開する高縄半島，風早・松山平野，宇和盆地の動態を詳説し前期首長墳の築造状況を整理し，近接地域の古墳築造動向を比較しながら西部瀬戸内の中の「西四国」を再確認する作業を進めたい。

1　伊予の前期古墳—その築造状況—

(1) 高縄半島

　燧灘と斎灘を分ける高縄半島は海域に芸予諸島が広がり，瀬戸内海交通の要衝として知られる。今治平野では古墳時代初頭より松木遺跡群をはじめ拠点集落の展開が認められる。

　高縄半島に東接する道前平野では「纏向型前方後円墳」の大久保1号墳，北丘陵部には円丘に陸橋部を付設する成福寺4号墳が出現するが，古墳時代初頭～前期前葉の築造で後続しない。

　一方，今治平野では海浜部近くの丘陵部でいち早く古墳前期の高塚系墳墓が出現・展開する。

　平野南部の頓田川右岸に展開する唐子台丘陵では，古墳時代初頭～前期前葉の墳墓（特定個人墓）の築造が認められ，丘陵高所の唐子台第14～16丘や雄之尾1号墳（前方後方形），治平谷7号墳（前方後円形）など墳丘形態は多様である。

　その後，三角縁神獣鏡を含む豊富な副葬品を持つ国分古墳や各種埴輪の報告がある久保山古墳など，高塚系前方後円墳が後続する。

　一方，来島海峡を望む丘陵上に展開する相の谷古墳群では，前期前葉の相の谷9号墓から一定時期を隔て，県下最大の前方後円墳である相の谷1号墳が築造される。長大な竪穴式石槨に後漢鏡・仿製鏡の副葬，各種埴輪（円筒・朝顔形・壺形）の採用・配置など，それまでの在地系墳墓とは一線を画し，隣接する2号墳と併せ重要な首長墳である。

　やや奥まった蒼社川右岸丘陵上（日高地区）には，古墳時代初頭より特定個人墓が出現する。高橋仏師4号墳は前方部短小の特定個人墓で，副葬品に舶載鏡の破鏡（懸垂鏡）や鉄製品・玉類，棺内・棺上からは供献用の低脚高坏や壺，朱付着の石杵が出土する。同丘陵の高橋仏師1号墳・第2主体（前方部下の旧墳墓）からは赤色顔料に混じり多種鉄製品，木棺（木槨）上には供献土器が配置される。さらに前期後半には舶載鏡を含む青銅鏡2面や鉄製品が副葬された前方後円形墳墓の別名一本松古墳が後続する。

　斎灘を望む大西平野では，古墳時代初頭の壺棺墓が展開する衣黒山遺跡のように集団墓的様相はうかがえるが，独立型高塚系墳墓は前方後円墳である妙見山1号墳の登場を待たねばならない。竪穴式石槨2基を前方部・後円部に配し，舶載鏡・鉄製品の副葬や底部穿孔の壺形土器，在地器台の属性が残る「伊予型特殊器台」を有し，来島海峡エリアと対峙して斎灘を睨む地域首長墳である。

(2) 風早・松山平野

　斎灘を望む風早平野では，椋之原古墳群で前期前葉の木棺土坑墓群が確認されるが，高塚系墳墓としては立岩川左岸の櫛玉比売命神社古墳の登場

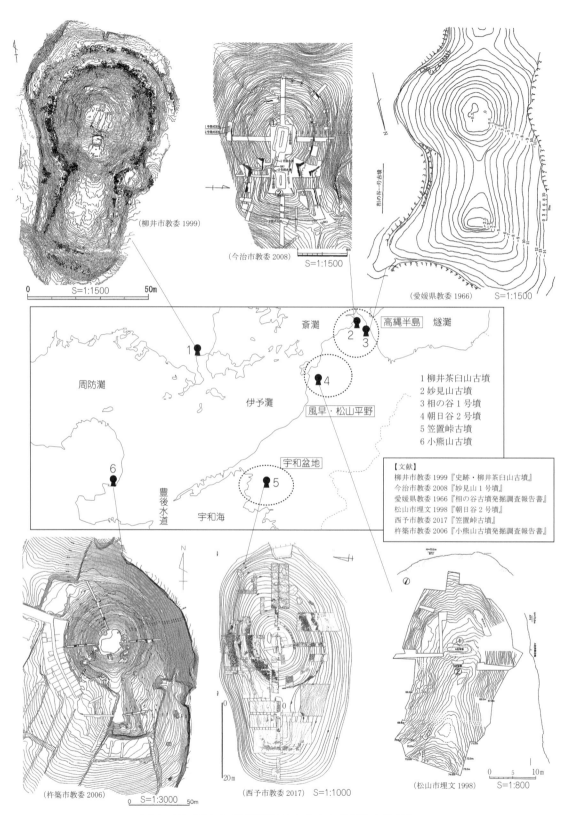

（柳井市教委 1999）

0　　　　　　　S=1:1500　　　　　　　50m

（今治市教委 2008）　　S=1:1500

（愛媛県教委 1966）　　S=1:1500

斎灘　　　　高縄半島　　燧灘

周防灘

伊予灘

風早・松山平野

宇和盆地

豊後水道

宇和海

1 柳井茶臼山古墳
2 妙見山古墳
3 相の谷 1 号墳
4 朝日谷 2 号墳
5 笠置峠古墳
6 小熊山古墳

【文献】
柳井市教委 1999『史跡・柳井茶臼山古墳』
今治市教委 2008『妙見山 1 号墳』
愛媛県教委 1966『相の谷古墳発掘調査報告書』
松山市埋文 1998『朝日谷 2 号墳』
西予市教委 2017『笠置峠古墳』
杵築市教委 2006『小熊山古墳発掘調査報告書』

（杵築市教委 2006）　　S=1:3000　　0　　　50m

（西予市教委 2017）　　S=1:1000

（松山市埋文 1998）　　0　　5　　10m　　S=1:800

図 1　西四国および西部瀬戸内のおもな前期前方後円墳

を待たねばならない。埋葬施設は不明だが，県下第2位の大型前方後円墳（75m）で葺石・埴輪を配し，前期後葉と想定される。

一方，伊予灘を眼前に望む松山平野では，弥生時代後期以降，大型複合口縁壺を用いた壺棺墓や土壇原遺跡にみられる集約型土坑墓群は認められるが，墳丘を有する特定個人墓の登場は，魏鏡ほか2面の青銅鏡・銅鏃・各種鉄製品を副葬する朝日谷2号墳（前期初頭）をその初現と考える。同時期には勝山丘陵西裾の若草町遺跡で陸橋部付随の方・円形墓が出現するが，未だ限定的である。

その後，北井門遺跡（前方後円形）や平野南部に広田神社上古墳（三角縁神獣鏡）や吹上の森1号墳（筒形銅器）など前期古墳の存在は想定されるが，明確な高塚系前方後円墳は希薄である。

（3）宇和盆地

弥生時代後期〜終末期の墓制は未確認であるが，宇和海を一望できる丘陵頂部に築造された古墳時代前期前葉末〜中葉の笠置峠古墳（前方後円形）がその初現となる。前方部前面と円丘部に葺石を有し，埋葬主体の竪穴式石槨には鉄製品が副葬され，墳丘上では土師器高坏および土製の小型食物模造品を用いた儀礼が想定される。後続する小森古墳では，埋葬施設として竪穴式石槨2基が並列し，赤色顔料が塗布された壺形土器（埴輪）がみられる。

2 西四国における前期古墳出現の画期

西四国（伊予地域）では，東四国（讃岐・阿波）と比較して前方後円墳を含む前期古墳の築造数が少ないことがすでに知られており，弥生時代後期墓制の連続性も認められない。加えて大洲盆地や宇和島以南，土佐（幡多地域）のように前期古墳の希薄なエリアが存在するほか，各エリアでその出現・展開が一様でないことがわかる。

しかし，瀬戸内海を介した広域ネットワークを踏まえると，エリアを越え同調しない前期古墳築造状況も，連続的な外的刺激（契機）には共通項があり，結果として受容の在り方に差異が認められたと理解する。以下，倭王権中枢および瀬戸内

海沿岸地域を発信源とする3つの刺激（段階）とその反応について触れる。

（1）第1の契機（古墳時代初頭〜前期前葉）

弥生時代の高塚系墳墓が稀薄な西四国に，初期前方後円墳をはじめ高塚系墳墓の導入を促した段階である。その背景には，各エリアでの拠点的集落に呼応した個人特定墓の採用といった内的要因と，「前方後円形」をはじめとした築造規範の浸透といった倭王権由来の外的要因（政治的要因）があったものと考えたい。

その刺激にいち早く呼応したのが，高縄半島（今治平野）と松山平野である。とくに今治平野では唐子台古墳群（治平谷7・雉之尾1），日高丘陵（高橋仏師4）の各エリアで「前方後円形」の高塚系墳墓を築造開始する。副葬品では鏡（破砕鏡）や鉄製品，供献土器など地域首長墓としての差別化が図られる一方，埋葬主体や外表施設（葺石・埴輪）には未だ大きな変化をうかがうことが出来ない。

松山平野も同様で，朝日谷2号墳にみられる各種副葬品は外的要因に伴なう直接的な交流実態を反映する一方，埋葬主体や低墳丘，曖昧な「前方後円形」の墳丘形態は，受容地域側の選択原理（内的要因）に基づくものと理解したい。同様に，同平野内の若草町遺跡や北井門遺跡（前方後方形）ついても外的要因に基づく結果と捉えておく。

（2）第2の契機（古墳時代前期前葉〜中葉）

地域首長墓としての高塚系墳墓から，さらなる海上交通掌握の目的で西部瀬戸内に「広域首長墓」が成立・導入されはじめる段階で，西四国における大きな政治的転換点である。

とくに顕著なのが高縄半島で，唐子台丘陵の国分古墳（44m），今治平野北部の相の谷1号墳（82m），大西平野の妙見山1号墳（55.2m）で，いずれも燧灘・斎灘を臨む中・大型前方後円墳である。いずれの古墳も竪穴式石槨を採用し，青銅鏡および各種鉄製品を副葬する点で共通しており，隣接する東四国（讃岐）・大和との形態・技術的特徴を共有した各種埴輪を採用した相の谷1号墳は，ランドマークとしての位置付けのみならず，

東西瀬戸内の中継点としての「広域首長墳」の出現を想起させる。

　一方，松山平野では同時期の「広域首長墳」を見出せず，古墳時代初頭〜前期前葉に特定首長墳がみられたエリアでも後続しない。しかし，弁天山1号墳（前方後円形）を含む臨海丘陵上や内陸部の樽味遺跡群周辺では，今後同時期の高塚系墳墓が確認される可能性も考えられる。

　また，宇和盆地では笠置峠古墳（44m）の築造が大きな変換点である。東西主軸の竪穴式石槨や葺石，土製食物模造品による儀礼は，宇和海・瀬戸内海を媒介とした広範な関係を示唆するが，左右非対称で前方部前面を意識した独特な墳丘形状は，地域の選択性を反映した結果とも考えられる。後続する小森古墳（61m）も，赤色顔料塗布の壺形土器（埴輪）の存在から，豊後水道を介し別府湾沿岸の特定首長層との関係性が想定されよう。

(3) 第3の契機（古墳時代前期後葉）

　西四国の主要地域に展開した「広域首長墳（前方後円形）」の築造は，旧来の在地首長層にとって高塚系墳墓（前方後円形）築造の再契機となる。また，瀬戸内海を介した「ヒト・モノ」の移動はより活溌化し，広域ネットワークの構築をさらに進め，倭王権との政治的繋がりが顕在化する古墳時代中期社会への移行期としても注目される。

　西四国では今治平野の久保山古墳や別名一本松古墳など，前方後円形を指向しつつも埋葬主体や墳丘規格は未だ曖昧で地域色が残る一方，北条平野に登場した大型前方後円墳である櫛玉比売命神社古墳（75m）は，それまで高塚系墳墓のみられなかった同地域に，倭王権が直接介入した広域首長墳とみることもできよう。

3　西部瀬戸内の中の「西四国」

　伊予地域（高縄半島以西）における前期古墳の築造と展開を概観すると，倭王権および瀬戸内海沿岸地域からの外的刺激（政治的要因）が反映されている。しかし，その受容は一方向ではなく，①受容側の選択原理が働き反映される場合と，②

政治的ネットワークの中で敢えて局所的に導入される場合が混在するようである。

　前者は古墳時代初頭〜前期前葉の今治平野に多く，「前方後円形」墳丘形態の曖昧さと，瀬戸内海沿岸における副葬品組成と葬送儀礼の共通性には地域ごとの選択原理が働いている。

　後者の事例としては前期中葉の中・大型前方後円墳導入期（第2の契機）が対応する。とくに相の谷1号墳の築造は，大和や東部瀬戸内（讃岐）との政治的関連性の中で瀬戸内交流の海域掌握拠点として築造された象徴的事例と理解したい。

　この「広域首長墳」の出現・展開は，広く西部瀬戸内に目を移すと，周防・熊毛地域の柳井茶臼山古墳（90m），豊後水道を隔てた別府湾北岸の小熊山古墳（120m）でも同様で，西部瀬戸内における重要拠点（海上交通の要所）に象徴的な大型前方後円墳の築造が認められる。いずれも倭王権の直接的な政治ネットワーク掌握に基づき西部瀬戸内に出現した「広域首長墳」であり，在地とは異なる造墓選定原理に基づきピンポイントで築造された政治的産物として評価すべきであろう。

　なお，西四国の古墳時代前期を論ずるにあたり，先述の前方後円形を規範とした「有力首長墳」のほか，高塚および低（無）墳丘の箱式石棺墳が多く展開する点は注意を要する。墳形や副葬品による序列・階層性とは異なる領域単位での造墓原理を反映していることから，前期前方後円墳の希薄さを根拠に前期古墳の展開を「不明」とするのではなく，エリア毎の墓制を詳細に捉えながら地域独自の造墓原理・階層性を捉え直す地道な作業が，西部瀬戸内の西四国エリアでは今後必要であろう。

参考文献

柴田昌児「伊予における出現期古墳の様相」『瀬戸内の出現期古墳』日本考古学協会愛媛大会，2006
柴田昌児「高縄半島における前期古墳の景観と瀬戸内海」『比較文化研究所年報』28，徳島文理大学，2012

東部瀬戸内沿岸の前方後円墳

たつの市立埋蔵文化財センター
岸本道昭
KISHIMOTO Michiaki

播磨，備前，備中，讃岐などは前期の前方後円墳が多く，当時の倭王権を支えた枢軸地域である。

ここでは，これらの地域を東部瀬戸内沿岸としてくくり，古墳時代前期の前方後円墳からその地域的特質や当時の社会を考える。とくに地域性に関しては，讃岐を中心とした積石塚や細長い前方部が注目されてきた。また埋葬頭位にも地域色が指摘されている。こうした地域性が培われた背景とはどのようなものか。倭王権と地域権力，そして地域相互の関係を筆者なりに解釈してみたい。

1 前方後円墳の特性

前方後円墳は墳長 500m 以上の超巨大古墳から墳長 20m に満たない超小型古墳まで，形が共通しており，その造営期間は 350 年間もの長期にわたる。しかも，分布は南九州から東北地方に及ぶ広域性を有している。この事実は改めて確認する必要がある。地域性を主張するさい，特殊性を重視するあまり，中央に偏る大きさと共通性や継続性を棚上げすると本質を見失う。

ただし前方後円墳がもつ共通性のうち，鍵穴形という外形的規範は貫徹されているが，細部の形状—とくに前方部の大きさや外形は，個々にまた各々に地域的個性が強く，時に地域を越えた広がりを発現している。このことも忘れてはなるまい。

古墳は遺骸の埋葬施設という性格を超え，異常に大きな墳丘を築いている。いつまでも被葬者の生前の偉業，古墳を築造する力量をその場所で伝え続ける。その意味で，被葬者の厚葬とは別に，墳丘は見せることを強く意識している。王権との関係や実力，その地位を表したければより大きく造り，外形にこだわっている。小稿では，祀られる墓所を見せる被葬者の顕示的特徴を重視し，墳丘の形状や大きさを比較し，検討する。

2 前方後円墳の類型

初期前方後円墳の前方部は，前端に向かってバチ形に開く形状が多い。痩せ尾根の地形に逆らってまで，前方部端の幅を増す古墳があるため，そこには一定の規範があったのだろう。また，バチ形前方部は短命であるが，形状には個性がある。

東部瀬戸内沿岸に分布する前期前方後円墳について，ごく一部の古墳を抽出することになるが，墳形がほぼ正確に観察できる古墳を検討する（図1）。（　）内の数値は墳長である。

丁瓢塚類型　播磨の養久山 1 号墳（32m）は，くびれ部の屈曲角が緩やかで，前方部付け根付近の幅は約 6m だが，最狭部は前方部中ほどで 3.4m となっている。ここから前端部に向かって急激に幅が広がり，バチ形前方部の典型である。形態的に相似墳になるのは景雲寺山古墳（52m），丁瓢塚古墳（104m）である。丁瓢塚を頂点として，1/2 が景雲寺山，その 2/3 が養久山 1 号墳というわけだ。これらは同一地域圏にあって，被葬者間に墳形を共有する強い紐帯があったとみられる。

同じ形状の兄弟墳は，讃岐の爺ヶ松古墳（49m）があり，丁瓢塚古墳のほぼ 1/2 規模とみられる。前方部の最狭幅が前方部中ほどにある形は，東部瀬戸内の前方後円墳がもつ特徴といえる。讃岐では野田院古墳，鶴尾神社 4 号墳，高松市茶臼山古墳もその仲間である。なお，爺ヶ松と野田院は，後円部が積石，前方部が土盛りという特異な墳丘をもつ。

これらの古墳は，後円部径と前方部の長さはほぼ等しいか，前方部がわずかに短い。ここでは最大規模の古墳名を採って，丁瓢塚類型と呼ぶ。

中山 13 号類型　丁瓢塚類型に似ているが，前

図1　東部瀬戸内沿岸の前期前方後円墳と倭王墓
（古墳図は報告書，報文，集成本などから引用。S＝1/2000）

方部が異様に細長い前方後円墳である。播磨の中山13号墳（59m）は前方部前端が急に広がると推定されている。中山13号と同規格に考えられるのが大避山1号墳（57m）で，後円部径1に対して，前方部長は約1.2となる。

　これら不相応に長い前方部をもつ古墳は少数派であるが，隣国では備前の一日市古墳（55m）もその仲間に加わる。これら3墳は規模の優劣はないものの，一つの類型としておきたい。讃岐の諸墳は，前方部形状が細長いものの，これほど長くはない。

　中山茶臼山類型　この類型は，角を作るくびれ部が最狭部となり，曲線的に広がるバチ形前方部を有する。播磨の龍子三ツ塚1号墳（36m），放亀山1号墳（38m）などである。前方部は概して短く，後円部径1に対して0.7〜0.8程度になる。形状では備中の中山茶臼山古墳（105m）が相似する。放亀山1号墳とは規模差が大きいが，外形はほぼ合致している（図2）。もっとも大きな古墳を代表させて中山茶臼山類型と呼んでおく。なお，前方後方墳である播磨の権現山51号

(1/1400)   (1/500)

図2　中山茶臼山古墳（左）と放亀山1号墳（右）

(1/4000)

図3　岩見北山積石塚4号墳

墳（43m），備前車塚古墳（48m）も前方部の形状
は同じである。

　石清尾山類型　讃岐の石清尾山古墳群は，積石
塚を特徴とする。形状の不確定な古墳が多いが，
東部瀬戸内地域では強い地域色を示している。な
お，積石塚はわずかながら播磨にも分布し，岩
見北山積石塚4号墳（23m）は前方後円墳である
（図3）。讃岐産の土器片が採集されており，讃岐
との関係が深い。周辺には積石塚の古墳群が形成
されているが，海しか臨めない立地である。瀬戸
内海を隔て，讃岐を意識しているようである。

　この時期の積石塚は東部瀬戸内沿岸地域に限定
され，石清尾山では双方中円形の猫塚（96m）を
筆頭に，鏡塚（70m），稲荷山北端（69m）などが
分布する。墳長100mは超えないが，地域核と
なっており，石清尾山類型と呼んでおこう。

3　東部瀬戸内の地域間関係

　播磨と讃岐に墳形の共有が指摘されたのは，丁瓢
塚古墳の測量によって養久山1号墳と讃岐の爺ヶ

松古墳が比較検討され
たときである[1]。加え
て讃岐の鶴尾神社4号
墳が倭王墓たる箸墓古
墳に影響を与えたとい
う解釈が示唆された。

　その後，「讃岐型前
方後円墳」が提唱さ
れ[2]，前方後円墳の斉
一性概念に違和感をも
ち，石清尾山古墳群を
中核として成立した地
域型と規定される。こ
の論調は中央の前方後
円墳を範とする考えに
否定的で，地域性を重視する立場であった。しか
し，そもそも讃岐型という型式概念が成り立ちが
たい，との批判もすかさずなされた[3]。

　東部瀬戸内沿岸の前方後円墳を見ると，丁瓢塚
類型墳は播磨と讃岐に分布するが，丁瓢塚古墳が
最大規模を誇る。この古墳の成立は播磨が主導し
讃岐からの援助または動員があったとみてよい。
古墳近くの和久遺跡では讃岐産の搬入土器，川島
遺跡では讃岐形態播磨産の甕が多量に出土してい
ることも示唆的である。換言すれば，丁瓢塚古墳
こそが播磨と讃岐の地域性を象徴する型なのでは
ないか。そこから前方部を引き延ばした中山13
号類型が生まれ，播磨と讃岐，備前と墳形を共有
する結束が広がっているように見える。

　いっぽう，中山茶臼山類型は備中と播磨を関係
づけるが，重心は中部瀬戸内にある。特殊器台・
特殊器台形埴輪や前方後方墳の分布を見てもそう
である。これらの要素は，今のところ四国への波
及が確認できず，三角縁神獣鏡の分布も劣勢は否
めないことから，倭王権が重視したのは，瀬戸内
北岸地域であった。ただ，讃岐の前方後円墳は地
域性を主張しながら数が多く，一時期といえ優勢
な側面も否定しがたい。その点は，積石塚が播磨
に波及していることが裏付けており，積石塚こそ
が讃岐の求心性を物語っている。

なお，便宜的に讃岐や播磨と表記しているが，領域的地域間の代表権を背景とした盟約や連合といった性質のものではなく，個々それぞれの被葬者が培った関係と考えている。

4　倭王墓と東部瀬戸内地域

東部瀬戸内の前方後円墳を墳丘から見ると，以上のような類型と地域性が読み取れる。筆者は地域性を認める立場である。しかし，列島の前方後円墳は，倭王権が創出した巨大前方後円墳を頂点とした中央と地方の関係を示し，地域性とはその内側に生じている多様性である。図1のとおり，箸墓古墳は圧倒的な規模を持ち，史上空前の倭王墓として成立する。地域性を主張する大小の前方後円墳は，これを範として派生したことは明らかである。

倭の中枢において，初期倭王墓または系列墳と目される箸墓古墳，西殿塚古墳，桜井茶臼山古墳は，各々に前方部の形状が異なっている。箸墓は緩いくびれ角を作り，前方部幅は平行に延びてから，前端に向かって幅を増す。西殿塚では明瞭なくびれ角を設け，そこから微妙な曲線を描いて前方部が開いている。桜井茶臼山は，柄鏡形と称されるような前方部を造り，まっすぐ延びる前方部は，前端付近で微妙に開く程度である。柄鏡形前方部は，播磨においても数例が認められる。

丁瓢塚類型は箸墓の平面形を範として変形したもので，中山13号類型は丁瓢塚類型の前方部を引き延ばしている。中山茶臼山類型は，西殿塚を範にして変形させたように思われ，前方後方墳も加えた系列化と考えたい。石清尾山類型の淵源は不明確であるが，前方部は丁瓢塚類型や中山13号類型との関係が想定される。

初期倭王墓周辺には吉備に起源をもつ特殊器台形埴輪などが知られ，箸墓の後円部最上段は讃岐に核を有する積石塚の可能性があるという[4]。東部瀬戸内沿岸の類型核となる大型古墳は，倭王墓との関係が深い。前方後円墳が列島各地で，時に地域を越えて同時多発的に成立するには，地域の代表者がその情報を得る機会が必要である。前方後円墳の地域性とは，中央の規範が「誤読」され，本質的意義が「再解釈」されたという指摘[5]がある。その機会とは，倭王権を運営するために上番し，各地方から参画した首長たちが働く政治中枢と考えるほかない。また，箸墓古墳を卑弥呼墓と仮定すれば，共立直後から寿陵として倭国史上初の巨大墳墓を造営する以上，基本計画から完成までには数十年の長期間を有したはずである。この間，墳墓に託された政治規範が十分に完成しない段階では，外形だけが切り取られた個性ある前方後円墳が各地で誕生することもあったのだろう。

このように倭王の政治中枢に仕え，協同して王墓の造営を成し遂げるにあたり，「陵園」「陵邑」とも呼ぶべき場で学び仕えた経験こそ，地域首長が前方後円墳情報に触れる機としてふさわしい。そこで各地の有力者が相互に出会って関係を培い，前方後円墳の意味と外形規範を学び，地方へ持ち帰ることで地域類型の前方後円墳が誕生する。

註

1)　岸本直文「丁瓢塚古墳測量調査報告」『史林』71―6，史学研究会，1988
2)　北條芳隆「讃岐型前方後円墳の提唱」『国家形成期の考古学』大阪大学考古学研究室，1999
3)　橋本達也「四国における古墳築造地域の動態」『前方後円墳を考える』古代学協会四国支部，2000
4)　塚本和人「昭和40年代の宮内庁による箸墓古墳の調査資料について」『古代学研究』224，古代学研究会，2020
5)　大久保徹也「古墳時代列島政治秩序を捉え直すために」『さぬき野に種をまく』「片桐さん」退職記念論集刊行会，2020
※紙幅の関係で図1の出典は略記します。ご容赦下さい。各古墳の図が掲載されている『書陵部紀要』，『古代吉備』『史林』，『香川考古』，『前方後円墳集成』，『ひょうご考古』，各古墳の発掘調査報告，測量報告，分布調査報告などから採図しました。図2は中山茶臼山古墳：陵墓調査室『書陵部紀要』61 宮内庁書陵部2009，放亀山1号墳：山中良平『放亀山古墳群調査報告書』赤穂市教育委員会2019。図3は芝香寿人・中溝康則『御津町埋蔵文化財分布調査報告書』御津町教育委員会1997。

四国の石棺

高松市文化財課

高上　拓
TAKAUE Hiraku

本書で対象とするのは刳抜式石棺である。以下では石棺＝刳抜式石棺を指すこととする。四国島，わけても讃岐では古墳時代前期後半に在地の軟質石材を用いた石棺が生産された。讃岐産の石棺は畿内の大型古墳を含む遠隔地に搬出されたことが指摘され，重さ数tにもなる重厚な棺が長躯海を越えて運搬された背景に首長間の政治的な関係性を読み取り，とくに畿内と四国の首長間の関係を具体的に示す資料として耳目を集めてきた。

限られた紙幅で論点を網羅的に整理することは困難であるし，研究史の概要はかつて整理したことがある[1]ため，本書では今後の石棺研究の進展に向けて重要と考えられる論点を取り上げ，見通しを整理したい。

1　生産地の問題

讃岐産の石棺石材に大別2者が存在することは早くから知られ，石材産地として知られた高松市鷲之山とさぬき市火山が産地に推定されてきた。鷲之山の石材は硬質で，古墳時代の丁場は判明しないが，近代の採石場の現況をみると角柱状の節理が発達している。鷲之山以外でも同様の産状は確認されるのだが，石棺への加工が容易な産状が積極的に評価され石棺が製作された可能性も考えられる（図1）。また，山麓に未製品である石船石棺があり，生産地とする理解を補強している。火山の石材は非常に軟質で，こちらも古墳時代の丁場は判明しないが中世以降盛んに石造物に加工された石材産地として知られる。

間壁忠彦・葭子は逸見によるX線回析[2]を援用し，讃岐産石棺を鷲之山系石（安山岩質凝灰岩）[3]と火山系石（非晶質凝灰岩）の二者に区分し，産地推定を行なった[4]。X線回析では，石材

の含有する主成分鉱物の回析像の組合せ像から，鉱物組成の大略が判明することが紹介され，分析した産地推定地の石材と，各1例の石棺が同様の鉱物組成の石材であることが示された。この際に重要なことは，X線回析で明らかになったことはあくまでも岩石の鉱物組成の大略についてであって，石材の産地そのものではないという点である。石材の産地は，間壁らによる肉眼観察によって同定された[5]ことに留意する必要がある。肉眼観察の所見としても表面の色調と砂粒の傾向が触れられた程度である。元より岡山県内の複数他地域産石棺の搬出元を検討するための先駆的な研究であり，設定された研究目的は達成されていると言えるだろうが，詳細な産地を特定するためには，さらなる論拠の積み重ねが必要なことも同時に示されている。鷲之山，火山ともに同質の石材は県内各所で確認でき，一例として鷲之山石製石棺とされた安福寺石棺が雨山産とする見解もある[6]。例えば生産体制論や流通論などは石棺研究の重要な論点であるが，基底となる産地の理解についてかなり不確定な論拠の上で議論が展開され

図1　鷲之山（採石場の産状）

ていることについて自覚的であるべきで，少なくとも産地同定については上記の研究状況を踏まえた限定譜付きで理解せざるを得ない。今後の調査研究の進展が強く期待される。

2　石棺の編年

　石棺の編年研究を推し進めたのは渡部である[7]。鷲之山石製と火山石製に大別し，それぞれの型式変化の方向性を整理した。3基の石棺が認められる快天山古墳の調査成果から，石棺埋納の時間差を見出し，そこに石棺の型式変化の方向性が示されているという理解を起点とする。ただし，快天山古墳では例えば遺構の切り合いといった考古学的に確認できる確実な先後関係が判明している訳ではなく，①3号石棺が中心からやや外れていること，②1・2号石棺は石室を伴なうが，3号石棺は粘土槨と想定され，埋葬の簡素化と考えられることを論拠に，1・2号棺よりも3号棺が後出するとしている。資料的な制限があることは十分承知の上で，上述の状況証拠が石棺の新古に直結する根拠とするには不十分である点は指摘でき

るだろう。①は3号棺が中心主体ではないことの傍証にはなるが，時間差を直接示す根拠ではないし，②の粘土槨も時期的には併存してもよく，系統差や階層差などの要因で読み解くことも可能だろう。つまり，現在の編年の起点となった快天山古墳の理解は，確実な先後関係が論証された事例ではないことがわかる。また，快天山古墳で検証した変化の方向性が基本的にはほかの石棺にも読み取れるとし，継承的かつ発展的な生産体制の存在を読み解く理解についても十分な検討が必要であろう。虚心に石棺をみると，石棺は検討に耐えうる資料数が20点以下と少なく，かつ細部の個体差も大きい。これらの石棺の間に存在する差異について，渡部は基本的に時期差として整理するが，共伴資料の分析などから編年的位置づけに齟齬が生じる事例も確認され始めており再検討が必要である。

　編年案については別稿を期したいが，再検討に当たっての着眼点を整理しておきたい。石棺の創出は先行する木棺の材質転換によって発生した現象であることは現在大方の合意を得ている。近年木棺の形態に関する研究が大きく進み，石棺の成立に先行して複数系統の木棺が存在することが明

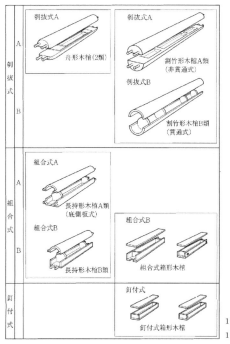

図2　古墳時代木棺分類模式図（岡林2010より）

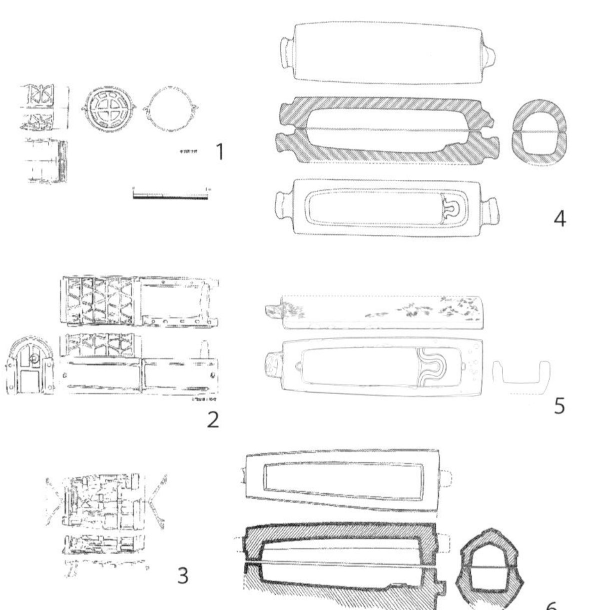

1〜3：土製棺，4〜6：石棺
1・3：中間西井坪遺跡　2：今岡古墳　4：快天山古墳　5：三谷石舟古墳　6：石船塚古墳

図3　土製棺と石棺（S=1/80）

らかになっている[8]。さらに注目すべき資料として土製棺がある。高松市中間西井坪遺跡で生産遺跡が確認され，同市今岡古墳で使用されたことが確認されているが，注目すべきはほぼ同時期に製作されたと考えられる土製棺に，複数の形態が併存することである。

これらと石棺を併せて概観する（図2・3）と，材質の違いによる細部デザインや形状の差は当然にあるものの，基本となる形態には共通性が高いことがうかがえ，素材を横断した共通の形態規範が存在したことが推測できる。時期的に先行する複数形態の木棺をモデルに，石材・粘土に材質が転換されることで，棺の多様性が成立していると考えることができるのではないだろうか。こうした理解に立つとき，現在の基本単系列の形態変化ではなく，複数系列の併存という側面から石棺編年を整理することが可能となるだろう。

3　石棺の製作技術と生産体制

石棺製作は，それ以前に基本的に利用例のない大型軟質石材の採取・加工・運搬などに係る技術体系を必要とする作業である。採取・運搬に関する情報は乏しいが，加工については石棺表面に最終調整痕として残る場合がある。この観察および記録は不十分なものが多いが，鷲之山石製石棺と火山石製石棺とで，最終調整技法が異なることが指摘されている[9]。ここで問題になるのは，石材産地・調整技法の差異に対応した生産集団の存在を読み解く[10]かどうかである。まず石棺石材の産地同定については実証が不充分であることはすでに述べた。併せて，石棺の表面の最終調整に大きく二者が存在するが，これは基本的には同一種工具の最終使用方法の差異（チョウナ叩きとチョウナ削り）[11]であり，石橋も認めるように石材の特質（硬度）にあわせて道具の使い方を最適化したものと理解することもできる。鷲之山石・火山石ともにそれぞれ資料数が10基程度と生産規模は必ずしも大きくなく，しかも形態に複数系統を認めたとしても細部形状もそれぞれがかなり個性的である。各石材産地で継続的に生産体制が維持された

というイメージよりも，棺の形態に関する規範が存在した上で，生産が必要になった契機にその都度生産集団が編成される生産体制を想定することも可能ではないか。製作集団の編成と維持に関する理解は，その背後に集団の維持を可能にした地域内の政治的動向の理解ともリンクする。讃岐では前期後半に地域内の統合が進展し，最多の石棺を有する快天山古墳や三谷石船古墳といった石棺採用墳が築造される。これらはいずれも飛躍的に墳丘規模が拡大するものの，その後の系譜的な古墳築造が確認できない。火山周辺の津田古墳群では継続的な造墓活動が認められるものの，総体としてはある意味で流動的な地域内の社会的背景がある中で，果たして石棺製作集団が安定的に維持されたと評価できるだろうか。上述の生産体制を想定する方が地域の実態にも整合的なように思われる。

4　石棺の創出と伝播

渡部の編年観に依拠し，讃岐で石棺が先行して成立し，他地域に伝播したとする理解は根強い[12]。一方，共伴遺物の評価から，各地でほぼ同時期に石棺製作が開始されたとする理解も示されている[13]。石棺編年の再検討と共伴遺物による年代観の検証という取り組みをさらに推進することで評価を確定したいが，現時点で筆者は北山の見解に親和的な立場である。

石棺創出の歴史的背景を検討する際に現象面で重要な点を列記すると，①製作開始が同時多発的と考えられる点②跛行的に生産地が展開せず，局所的な製作地が点在する点③地域ごとに主体となる形態が異なっても，先行する木棺の材質転換という性質は共通する点，が挙げられる。こうした現象の背景としては，石棺の創出を促した契機が各地での自然発生的なものではなく，やはり高い政治性を帯びた現象であると推測するのが妥当だろう。石棺創出の背景に畿内の主導性を説く見解も多い[14]。ただし，この際に注意が必要なのは，確かに讃岐産石棺は畿内への搬出が認められるものの，九州や越前など他地域の石棺が畿内に搬出された事例は確認されていない点である。石

棺の創出に畿内の主導性を認めたとして，すべての生産地が畿内の首長との直接的な棺のやり取りを行ったわけではない。地域ごとに石棺が採用された階層と地域内で果たした役割の違いも指摘されており[15]，石棺の創出された契機には共通した政治的背景を認めたとして，それを駆動した動機については地域ごとの事情が反映され，結果として地域間の様相の違いが生じているのではないだろうか。四国地域を題材にすると，地域内での最上位階層に限定した石棺の使用，畿内への搬出といった現象が指摘される。また，石棺製作は短期間で断絶し，中期には九州産石棺の受容地へと変容する。こうした側面からは，讃岐における石棺製作は極めて政治的な色彩が強く，とくに畿内でも石棺を搬入した集団との濃厚な関係を背景として石棺が創出・生産され搬出された。ただしその関係性は長く続かず，地域内では上位階層の棺に限定された需要であったため生産量も少なくかつ生産体制も臨時的なもので，石棺製作が定着する動機に欠けていたため，継続的な生産がなされなかったと考えることも可能だろう。

5　石棺の保存と公開

　一般に石棺は軟質な石材であるため，自然的・人為的な破損要因の影響を大きく受ける。一方で石棺表面には調整など微細な痕跡が残るものがあり，全体から見れば軽微な欠損であっても，資料の価値が失われる危険性は大きい。石棺研究を今後も推進し次代に継承するためにも，堅実な保存対策の検討が必要不可欠である。考古学を軸とした学際的な検討により，石棺の価値を明確化し，どういった対応が定性的な正しさと定量的な妥当性を担保できるのかを判断し，その上で経過観察を継続する体制の整備が必要である。こうした取り組みが近年高松市所在石棺[16]，丸亀市快天山古墳で始められており，今後の展開に注目する必要がある。

おわりに

　これまで自明のこととされてきた基礎的な整理，例えば産地同定や編年観にも再検証が必要で
あることは上記のとおりである。紙幅の関係でどのテーマも具体的な資料やデータを挙げて論述できておらず，本来ならば詳論を積み重ねた上で本書を成すべきであろうが，今後の研究の展開のために意図的に「風呂敷を広げる」作業を試行した。今後個別に詳論を成すことで責を果たしたい。

　註
1)　高上　拓「四国」『日本考古学協会2010年度兵庫大会研究発表資料集』2010
2)　逸見吉之助「X線回折法による岩石の同定」『倉敷考古館研究集報』12，倉敷考古館，1974
3)　かつて角閃安山岩と呼ばれ，近年ではデイサイトとする整理もある。石材の分類・呼称についても整理する必要がある。
4)　間壁忠彦・葭子「石棺石材の同定と岡山県の石棺を巡る問題─石棺研究ノート（4）─」『倉敷考古館研究集報』12，倉敷考古館，1974
5)　由良の石，三谷の石，その他外見の似た周辺の露岩のX線回折も行ったとあるが，その成果は示されない。また原理的にもX線分析が岩石の産地同定に直接結びつくものでないことは逸見が指摘しており，これを根拠に産地同定までが可能になったとは考え難い。
6)　奥田　尚『石の考古学』学生社，2002
7)　渡部明夫「四国の刳抜式石棺」『古代文化』46─6，1994など
8)　岡林孝作「木棺」『日本考古学協会2010年度兵庫大会研究発表資料集』2010
9)　石橋　宏「讃岐産石棺の創出と伝播」『考古学雑誌』96─1，2011
10)　前掲註7に同じ
11)　和田晴吾「古墳時代の石工とその技術」『北陸の考古学』1983
12)　高木恭二「割竹形石棺・舟形石棺」『日本考古学協会2010年度兵庫大会研究発表資料集』2010など
13)　北山峰生「割竹形石棺・舟形石棺と長持形石棺」『古墳時代の考古学3 墳墓構造と埋葬祭祀』同成社，2011
14)　前掲註13など
15)　大久保徹也「石棺型式共有の背景」『季刊考古学』90，雄山閣，2005
16)　高松市教育委員会ほか『高松市内所在刳抜式石棺調査報告書』I・II，2021・2022

四国の中期古墳動態

(公財) 徳島県埋蔵文化財センター
栗林誠治
KURIBAYASHI Seiji

古墳時代前期の四国（徳島県北部〜香川県〜愛媛県中予）では，石井町前山1号墳，高松市鶴尾神社4号墳，西条市大久保1号墳などに代表される地域的属性が強い多様な小型前方後円墳が小水系ごとに築造される（図1）。前期後半には，総数として造数減少するが，小型前方後円墳の激減と旧律令郡単位で中型前方後円墳（ex：愛宕山古墳，快天山古墳，三谷石舟古墳，相ノ谷1号墳など）の築造から序列化・統合の強化が進展する事が読み取れる。前期末〜中期初頭には円筒埴輪の採用や葺石構築技法の変化などいわゆる"畿内化"が志向され統合型前方後円墳が築造される。大代古墳・国高山古墳・今岡古墳・長崎鼻古墳／岡前地神社古墳などである。大代古墳では火山産凝灰岩性舟形石棺を採用し，方形板革綴短甲，鳥舌鏃などを副葬する国高山古墳は結晶片岩製竪穴式石槨に方形板革綴短甲，鳥舌鏃，刀子形石製模造品を副葬する。

愛媛東中予では当該期に久保山1号墳・相の谷2号墳を最後に前方後円墳が築造停止している可能性が高い。高知幡多地域では，前期後葉には高岡山古墳群や曽我山古墳が築造されるなど，古墳空白域となる高知土佐・安芸地域とは様相を異にする。

1 大型前方後円墳の築造とその後（図2）

前期を通じて序列化・統合は強化され，三段築成・円筒埴輪・葺石・盾形周壕を備えたさぬき市富田茶臼山古墳（全長139m）・徳島市渋野丸山古墳（全長118m）の築造により，旧国単位での地域的結集が完了し，序列が確定した。冨田茶臼山古墳は，全長163m，墳長139m，後円部径90m，後円部高15m，前方部幅77m，前方部高12.5mを測り，前方部・後円部共に三段築成墳丘は，前方部先端が比較的高くなる縦断面を呈する。盾形周壕と周堤帯を伴ない，墳丘2段目以降に葺石が葺かれる。主墳主軸方位に併行，直交する3基の陪塚伴なう。渋野丸山古墳は，墳長105m，全長118mを測り，前方部・後円部共に三段築成で前方部が比較的高い縦断面形を呈する。南側に盾形周濠が伴なうが，北側は隣接する山裾岩盤の不整形な掘削のみである。南側くびれ部に造出が敷設され，頂部より小型丸底壺や籠目土器が出土している。両古墳は前期より進展した序列化・統合の頂点であり，地域的属性は皆無な"畿内化"が完了する。一方，愛媛では大形前方後円墳への統合以前に築造停止する。また，高知のように古墳未築造であった土佐地域に長畝古墳群が形成されるが，前方後円

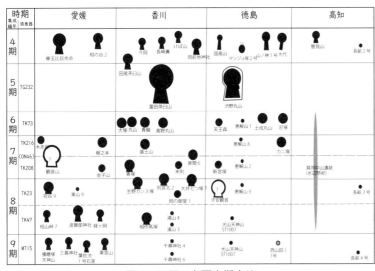

図1 四国の主要中期古墳

墳は未築造である。こうした現象は「地域的階層秩序の形成は地域的独自性を放棄する事で完成の域に達し〜畿内勢力を頂点とする広域秩序への参入を意味する」と位置付けられている[1]。

2　各地の帆立貝式古墳

中期中葉には，阿波市土成丸山古墳，多度津町盛土山古墳，今治市樹之本古墳などの二重周濠を伴なう二段築成墳丘の中規模円墳（40m級）や，新宮塚古墳，末則古墳，金子山古墳などの簡略化した周濠や小規模円墳（20〜30m級）が築造される。広域的秩序へ参入した四国にとって，古市古墳群，百舌鳥古墳群，淡輪古墳群，造山古墳群は，広域秩序における多頭化した有力層古墳群である。いわば当該期の盟主墳は従属的諸墳≒陪塚形式で構成される。

中期後葉に帆立貝式古墳が香川西部や愛媛東中予に築造される事は指摘されてきたが，近年新事例が報告されている。

愛媛（図3・4）　松山市祝谷9号墳は，"帆立

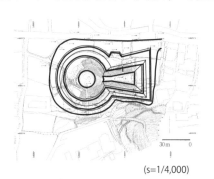

(s=1/4,000)

貝形の前方後円墳"である。全長31.5m，墳長27.1m，後円部径19.4mを測る。馬蹄形周濠は墳丘だけで無く外周法面にも葺石を施しており，四国では類例が無い。周濠内より円筒埴輪や馬形埴輪などが出土しており，5世紀後半である。前方部長：後円部径は1：2.5，前方部幅：後円部径は1：1.4といわゆる「帆立貝古墳」の範疇からは逸脱する。一方，前期前葉の妙見山1号墳の前方部が短く撥状に開く平面プランや，後期初頭の播磨塚天神山古墳の後円部径23m，前方部長11mと前方部が短い平面プランと，愛媛中予では，前方部が短く先端が開く平面プランが地域的独自性として維持されたことが伺える。

今治市樹之本古墳は朝倉平野に立地する帆立貝式古墳の可能性が指摘されている長軸40mを測る。細線式獣帯鏡と共に長頸壺が出土した。長頸壺は高麗タイプ系陶質土器[2]の高麗地域V段階（5世紀第3四半期）で，大伽耶の地域色が発現し勢力拡大期直前に大伽耶連盟の政治的動態が反映された。

香川（図5）　相作馬塚古墳は高松市鶴市町に所在し香東川と本津川の旧河口付近に立地する。推定後円部径15m，推定前方部長5mの円形周濠を伴なう帆立貝形古墳と考えられる。竪穴式石槨に鑷を用いた木棺を採用する。棺内には花仙産碧玉製管玉，大刀，棺外には短甲，眉庇付冑，鑢，鉄鏃，須恵器，土師器直口壺が副葬されており，TK23・47型式併行期である。墳丘・埋葬施設・

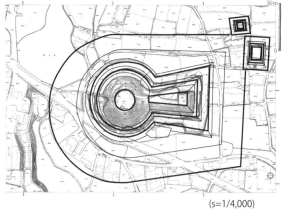

(s=1/4,000)

図2　渋野丸山古墳（上）と富田茶臼山古墳（下）の墳丘

図3　松山市祝谷9号墳の墳丘

副葬品に渡来系属性が確認されている。

徳島（図6）　小松島市子安観音古墳は，嘉永7年に金銅装甲冑が出土した事が『古甲図』[3] に描かれ，明治13年に不時発見された甲冑片は鉄地金銅装三角板鋲留短甲と鉄地金銅装小札鋲留衝角付冑である[4]。現在，直径約20m高さ約3mの墳丘残滓が残るのみであるが，地籍図や航空写真からは推定後円部直径約45m，くびれ部幅約20m，前方部長約17m，前方部幅約28mの墳丘と盾形周濠の存在が伺える。墳丘長62mの帆立貝形古墳もしくは墳丘長80mの前方後円墳が想定される[5]。

まとめ

「独自性を放棄する事により地域的階層秩序を完成させ，広域秩序への参入」[1] した古墳時代中期後葉の四国では，香川西部や愛媛中予において

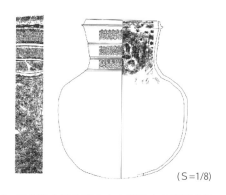

(S=1/8)

図4　愛媛県今治市樹之本古墳出土の陶質土器

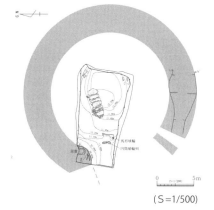

(S=1/500)

図5　香川県高松市相作馬塚古墳

帆立貝式古墳が築造されるが，香川東部や徳島では上位墳は低調な造墓状況とされてきた。

しかし子安観音古墳の再確認は，再検討を促す事になる。金銅装甲冑をセットで副葬するのは，大仙陵古墳前方部出土例，祇園大塚山古墳のみで，同セット関係は月岡古墳や西小山古墳などがある。こうした甲冑保有状況からは，子安観音古墳被葬者は王権中枢においても序列上位であり，瀬戸内航路以外にも紀伊水道－太平洋航路開拓に伴い四国側基点としての機能強化とその盟主墳と言える。

瀬戸内海沿岸には渡来系の木槨墓（原間6号墳）・渡来系竪穴式石室（川上古墳，相作馬塚古墳，金子山古墳）や緊結金具が伴なう木棺（二番山古墳，後谷古墳，唐子台79号墳，日吉山古墳，桧山峠7号墳，岩木赤坂古墳）が導入されている。同様の現象は横穴式石室と阿蘇溶結凝灰岩製石棺においても認められる。集落出土の渡来系文物は内陸部からも出土している[6]。愛媛東予は百済，大伽耶系が，中予阿羅伽耶系，大伽耶系，南予は新羅地域の土器が集中し，樽味四反地遺跡の特殊建物以外

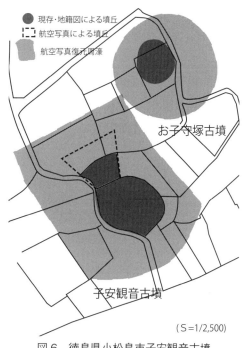

● 現存・地籍図による墳丘
⬚ 航空写真による墳丘
▨ 航空写真復元周濠

お子守塚古墳

子安観音古墳

(S=1/2,500)

図6　徳島県小松島市子安観音古墳
周辺の地籍と墳丘想定

にも市場南組窯では初期須恵器の生産が行なわれ
ているが，地域ごとに土器の系統が異なる事や，
韓式土器の土師器化が認められる事から定着は点
的であった。香川では，東讃では尾崎西遺跡，中
讃の六条・上所遺跡，西讃の村黒遺跡などから韓
式土器が出土し，三谷三郎池西岸窯跡や宮山窯跡
で初期須恵器が生産された。高知では，具同中山
遺跡に代表される水辺祭祀に初期須恵器が用いら
れる[7]。土佐湾と豊後水道を結幡多地域は，土佐
地域に比して王権との関わりが維持された。徳島
では，渡来系竪穴式石室や緊結金具を伴なう木
棺，韓式土器や陶質土器は未確認だが，結晶片岩
製組合式箱式石棺の盛行など独自性が発現する。

　四国における盟主墳での地域的独自性の放棄が
認められる一方で，中小規模墳の埋葬施設には多
様性が認められ，「地域的結集志向の弱化」と捉
えられるが，一律では無く，徳島や高知のように
地域的独自性を維持・創出する地域も存在し，王
権や他地域との関わりは多様である

註

1)　大久保徹也「四国」『講座日本の考古学』7，古
　　墳時代，上，青木書店

2)　定森秀夫『朝鮮三国時代陶質土器の研究』六一
　　書房，2015。山内英樹「愛媛県出土埴輪の基礎的
　　研究（2）―特徴的な形態・技法を有す得る埴輪に
　　ついて―」『紀要愛媛』2，（財）愛媛県埋蔵文化
　　財センター，2001

3)　長谷川賢二「幕末維新期の地誌編纂」徳島県立
　　博物館編『郷土の発見』徳島県立博物館，2008

4)　橋本達也「小松島市田浦出土甲冑の再発見と子
　　安観音古墳」『新居見遺跡・田浦遺跡発掘調査報
　　告書』小松島市教育委員会，2015

5)　栗林誠治「勝浦川流域における前・中期古墳の動
　　態」『青藍』考古フォーラム蔵本，2014

6)　松永悦枝「愛媛県」『中期古墳研究の現状と課
　　題Ⅱ～古墳時代中期の交流～』中国四国前方後円
　　墳研究会，2018

7)　出原恵三「祭祀発展の諸段階―古墳時代におけ
　　る水辺の祭祀―」『考古学研究』36―4，考古学
　　研究会，1990。宮里　修「古墳時代土佐における
　　水辺の祭り『第25回中国四国前方後円墳研究会
　　中期古墳研究の現状と課題Ⅵ～新編年で読み解く
　　地域の画期と社会変動～』中国四国前方後円墳研
　　究会，2022。宮里　修「高知県における古墳時代
　　中期の渡来系文物」『中期古墳研究の現状と課題
　　Ⅱ～古墳時代中期の交流～』中国四国前方後円墳
　　研究会，2018

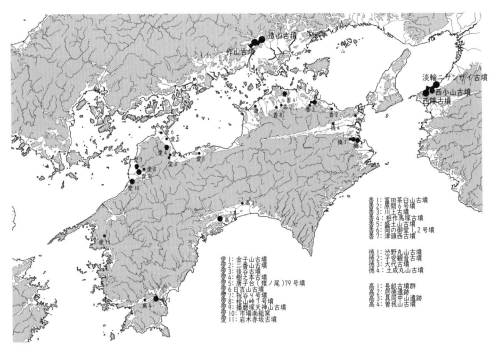

図7　集落出土の製塩土器

横穴式石室の導入

香川県政策部文化芸術局
文化振興課
松本和彦
MATSUMOTO Kazuhiko

1 点的な導入 （中期後半）

讃岐西部，三豊平野の丸山古墳（径35mの円墳）が四国最古の横穴式石室となる（図1）。全容は不明だが，①略方形の玄室平面形，②巨大な玄室（奥壁幅3.5m）③2mを越える玄室高，④コ字形の棺配置，⑤北肥後型舟形石棺の内包などの特徴を有する。須恵器を欠くが，三角板鋲留短甲やⅣ期の埴輪から，集成6期の築造が想定できる。内海航路を介した石棺の輸送に関係した首長間の直接交流による石室導入が想定できる。

讃岐では前期に多数の前方後円墳が築造されるが，中期初頭には数は激減し，以降，墳丘形態や規模に一定の規制を認める一方，埋葬施設は竪穴式石槨・箱式石棺・木槨など多様であり，丸山古墳の横穴式石室もこうした背景で導入される。

丸山古墳と同時期には，低位層の埋葬施設にも採用されており，今治平野の長沢1号墳（径20mの円墳）ではTK208型式併行期に竪穴系横口式石室の可能性もある石室を認める（図2）。また，TK47型式併行期には松山平野の徳利山古墳（径17mの円墳），斎院茶臼山古墳（墳形・規模不明）では幅広の石室が確認できる。後者は奥壁に腰石を用いており，北部九州系の横穴式石室の可能性を残す。

2 本格的な導入 （古墳時代後期）

数は限られるが，MT15〜TK10型式併行期（6世紀前葉〜中葉）に四国各地で個性的で多様な形態の横穴式石室が導入される。

(1) 畿内型石室

MT15型式併行期に松山平野の三島神社古墳（全長45mの前方後円墳）で導入される（図3）。①玄室は矩形，②右片袖の袖部は数段積みで内側にはせり出さない，③平天井，④塊石による閉塞などの特徴がある。市尾墓山古墳との類似性が指摘され，直接波及と評価される[1]。円筒埴輪の断続ナデ技法から内海南岸航路の整備に関連した中央との直接的な関係で導入された石室とも評価できるが，本形態は後続墳には確認できない。

(2) 九州系横穴式石室

伊予ではTK10型式併行期の東宮山古墳（径14mの円墳／前方後円墳の可能性を残す）が九州系石室として知られる。①玄門部は左右に板石を立て，上部に楣石を設置，②短い羨道が付設し，天井を有する，③玄室と羨道部床面に段差はなく，④玄門部での板石閉塞などの特徴を有する。首長間交流を背景とした九州系石室の直接伝播と捉えられる[2]。後続する経ヶ岡古墳（全長約30mの前方後円墳）には，羽子板形の玄室平面形で，玄門立柱石を有し，狭長な羨道部を有する石室が築かれるが，壁体から遊離した立柱石に東宮山古墳の袖部の影響を認める。さらに，近接する讃岐西部の三豊平野の千尋神社4〜6号墳（径15m前後の円墳，TK10型式併行期）には，羽子板形の玄室に短い羨道が付設し，安定しない袖部構造の横穴式石室が導入されており，両石室の影響を認める。ただし，本石室形態は導入直後以降，姿を消す。

また，伊予では松山・北条・今治平野において，MT15〜TK10型式併行期にかけて，玄門部に段構造を有する階段状石室が導入され，導入以降も広く展開する[3]。TK10型式併行期の葉佐池古墳2号石室の「①やや胴張りの羽子板状の平面，②内側に張り出す両袖と一本立柱の袖石，③袖石間に二段の階段，④羨道は造らず前庭部両側は側壁状石積み」といった諸特徴が，福岡県番塚

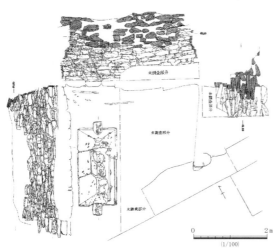

図1　丸山古墳　横穴式石室
（観音寺市教育委員会『丸山古墳Ⅱ』2000）

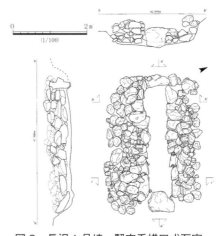

図2　長沢1号墳　竪穴系横口式石室
（愛媛県埋蔵文化財調査センター「長沢1号墳」『一般国道
296号今治バイパス埋蔵文化財調査報告書Ⅳ』2000）

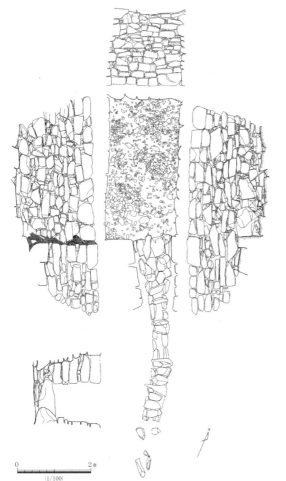

図3　三島神社古墳　横穴式石室
（松山市教育委員会『三島神社古墳』1972）

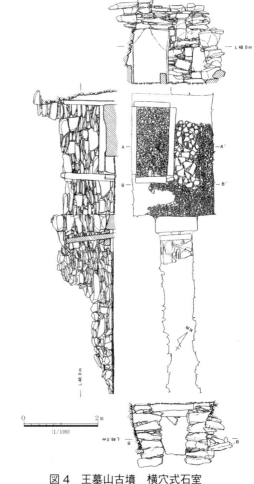

図4　王墓山古墳　横穴式石室
（善通寺市教育委員会『史跡有岡古墳群（王墓山古墳）保
存整備事業報告書』1992，一部展開を改変）

古墳，大分県鶴見古墳に共通することから，有力豪族間の関係に基づき九州から本石室形態が受容され，以降急速に松山平野に広がった可能性が指摘される[4]。一方，今治平野ではMT15型式併行期の治平谷2号墳第1石室や高橋仏師1号墳などに階段状石室を認め，その導入状況は一様ではない。土佐ではTK10型式併行期の長畝4号墳（径10mの円墳）に横穴式石室が採用されるが，階段状石室の影響による導入が想定される[5]。

阿波では，吉野川中流域の大国魂古墳で肥後南部の横穴式石室が導入される（TK10型式併行期，蔵本）。①玄室は正方形を呈し，②天井部は穹窿状に持ち送り，③狭長な羨道部が付設する，④玄門部羨門側に板石を立て，玄室側に数段の塊石を積み上げるといった特徴を有する。導入背景には，肥後南部地域との政治的関係に基づく人的な移動が想定される[6]。本石室形態は，吉野川中流域や讃岐中部の土器川中流域（香川県まんのう町）において系譜が継続する（段ノ塚穴型石室）。

(3) 各地の石室構造を融合した石室

讃岐では，TK10型式併行期の王墓山古墳（全長46mの前方後円墳）に特徴的な石室を認める（図4）。①単室構造の両袖式，②長方形の玄室平面形（玄室比1.5），③玄室に石屋形を内包，④玄門部は梱石上部に板状石材を数段積み重ね，⑤袖石は羨道側壁より内側に突出し，⑥板石閉塞を行なうなどの特徴がある。特徴②から肥後系石室の影響を認める一方，特徴①・②・④は紀ノ川流域の岩橋千塚の石室の特徴に酷似し，その影響も想定できる。副葬品には儀仗用太刀，金銅製冠帽など，中央との直接交流によって入手したものを多く含むほか，断続ナデ技法の円筒埴輪もあり，被葬者が九州や畿内などの個別地域との関係や交渉で埋葬施設に関する情報や構築技術，儀礼などを入手し，当地域で融合・創出したと考えられる。本石室形態は後続するMT85型式併行期の菊塚古墳（全長63mの前方後円墳）に継承されるが，以降は確認できない。

また，讃岐ではTK10型式期において，故地が判然としない石室がみられる。丸亀平野北東部の雄山古墳群（直径10m以下の円墳）では無羨道の横穴式石室，羽床盆地の浦山5号墳（径14mの円墳）や本法寺西古墳（径11mの円墳）では横長長方形ないし略方形の玄室平面形を呈し，内側に突出しない数段積みの玄門部構造の石室を認める。

おわりに

四国では中期後半に丸山古墳において，石棺輸送に関連し九州系の横穴式石室が導入されるが，一時期の点的な採用であった。後期（集成9期）には四国各地の首長墳を中心に横穴式石室が導入されるが，低位層への導入も一定数認める。導入された石室は地域ごと，古墳群ごとに個性的な形態を呈し，総じて多様であり，各地域の勢力が独自交流によって新たな埋葬施設の情報や構築技術を入手し，構築した結果と考えられる。一方，導入した石室形態は，一部在地化していく地域もあるが，後続墳への継承に留まり，系譜が継続しないという特徴もある。

註

1) 山﨑信二『横穴式石室構造の地域別比較研究―中・四国編―』1984年文部省科学研究費奨励研究A，1985
2) 前掲註1に同じ
3) 眞鍋修身「愛媛の横穴式石室の地域相―階段状石積み石室について―」『四国とその周辺の考古学』同刊行会，2002
4) 下條信行「第Ⅶ章結語」『葉佐池古墳』松山市教育委員会，2003
5) 宮里　修「土佐における横穴式石室の導入と展開」『中四研だより』33，中国四国前方後円墳研究会，2014
6) 蔵本晋司「段ノ塚穴型石室の基礎的研究Ⅰ―編年と系譜―」『香川考古』5，香川考古刊行会，1996
＊このほか，中国四国前方後円墳研究会『第16回研究集会　横穴式石室の導入と展開』2013など，四国各地の先行研究を多数参考としたが，紙幅の都合上省略した。御寛恕願います。

横穴式石室墳の展開と巨石墳の登場

中嶋美佳
NAKAJIMA Mika

　四国島内の横穴式石室墳は TK43 型式期（6世紀後半）以降に急増する。それまで古墳築造が希薄な南四国でもその差を解消する時期である。そして TK217 型式期（7世紀半ば）頃には築造を終えていく。この間の石室の展開を通観し，これに基づき地域社会の様相を検討する。

1　本稿の視点

　畿内型をめぐる議論では祖型式すなわち発信元の影響を強調されがちだが，一方で祖型式を認めつつ主体的改変の側面を評価する見解がある。いわゆる地域型式である。伊予の階段状石積み石室，讃岐の平塚型・角塚型，阿波の段ノ塚穴型，土佐の舟岩型などがすでに提唱されている[1]。改めてみれば，地域型式の展開は普遍的な現象といえよう。ただし地域色の指摘だけでは不十分と考える。型式共有と展開の実態から，地域社会の様相を復元する視点がむしろ重要だ。

　とくに当該期は一部石室の顕著な大型化を看過できない。四国で玄室床面積が 10㎡超の石室数は 1〜2 割に相当し，対岸地域でも傾向に大差ない。ここでは 10㎡超級を大型石室として扱う。

　地域型式の石室群は各々に組列設定が可能である。本稿では各群を系統と呼ぶ。そのうち大型石室が帰属する 4 系統を取り上げる。諸系統は先学を参考に一部は筆者が設定した。以下，系統ごとに大型石室の展開過程を確認しよう。

2　諸系統の展開の概要

(1)　大野原系統（図1【O】）

　突出玄門の複室構造に由来する。TK43 型式期の母神山鑵子塚古墳（約12㎡）を起点にし，椀貸塚古墳（約24㎡），TK209 型式期の平塚古墳（約

18㎡），TK217 型式期の角塚古墳（約11㎡）まで，讃岐・刈田郡で盟主墳の築造が継続する。伊予・宇摩郡東部でも TK43 型式期の端華の森1号墳（10㎡），TK209 型式期の住吉古墳（約12㎡）を確認でき，展開期を通じて刈田郡と宇摩郡の大型石室は同系統で一体性がある。また大久保徹也の指摘通り，椀貸塚古墳から平塚古墳までの間に各所へ派生する[2]。新宮古墳（約12㎡）や久本古墳（約11㎡）に加えて，伊予・七間塚古墳（約12㎡）や鶴ヶ峠H区7号墳（11㎡），土佐・朝倉古墳（約13㎡）などが一連の型式組列に位置づけられる。TK217 型式期の阿波・穴不動古墳（約9㎡）が派生の最終段階にあたる。これらは別系統がすでに展開する地域へ新たに築造が及ぶ点で注目される。

　TK209 型式期の新宮古墳が所在する讃岐・綾北平野では，その直後から同系統の大型石室がとりわけ集中する[3]。角塚古墳以後も同エリアにおける築造は続き，TK46 型式期の醍醐7号墳（約11㎡）・TK48 型式期の醍醐8号墳（約10㎡）をもって大型石室は姿を消す。

(2)　舟岩系統（図1【F】）

　羨道側壁と同じ幅で両袖へ接続する一群をさす。上部構造の残存例が少なく指摘されていないが，下記の例より玄門部は楣（まぐさ）構造を起点とする。奥壁の一石化のような巨石使用とともに楣構造は解消していく。よって吉備・こうもり塚古墳を代表とする吉備系統に近いが，羨道の短さなど四国側の特徴を重視し別系統と考える[4]。

　楣構造の例は，伊予・五間塚古墳（約12㎡）と讃岐・山野塚古墳（約12㎡）である。2例と近似する土佐・舟岩8号墳（約12㎡）は出土須恵器から TK43 型式期と推定できる。伊予・新城5号墳2号石室（約10㎡）も埴輪から同時期とみられ

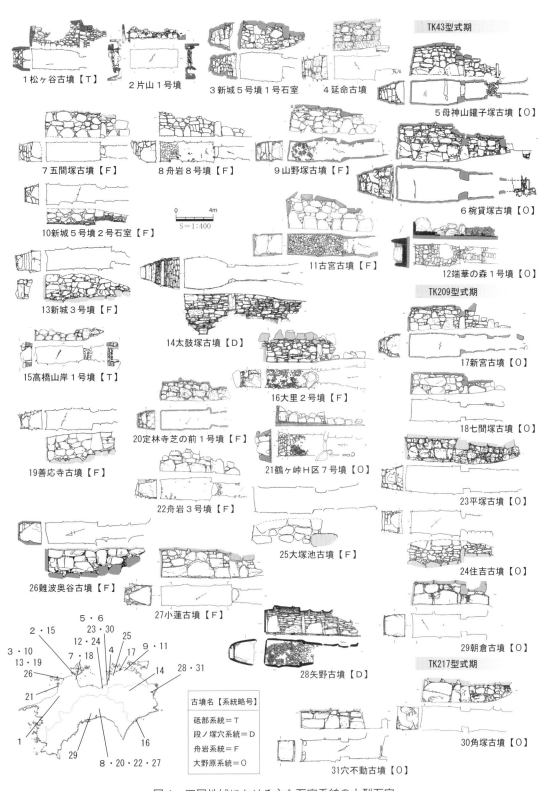

1松ヶ谷古墳【T】　2片山1号墳　3新城5号墳1号石室　4延命古墳

TK43型式期

5母神山鑵子塚古墳【O】

7五間塚古墳【F】　8舟岩8号墳【F】　9山野塚古墳【F】

6椀貸塚古墳【O】

10新城5号墳2号石室【F】

0　　　4m
S＝1:400

11古宮古墳【F】

12端華の森1号墳【O】

13新城3号墳【F】

14太鼓塚古墳【D】

TK209型式期

17新宮古墳【O】

15高橋山岸1号墳【T】

16大里2号墳【F】

18七間塚古墳【O】

19善応寺古墳【F】

20定林寺芝の前1号墳【F】

21鶴ヶ峠H区7号墳【O】

23平塚古墳【O】

22舟岩3号墳【F】

25大塚池古墳【F】

24住吉古墳【O】

26難波奥谷古墳【F】

27小蓮古墳【F】

29朝倉古墳【O】

28矢野古墳【D】

TK217型式期

30角塚古墳【O】

31穴不動古墳【O】

古墳名【系統略号】
砥部系統＝T
段ノ塚穴系統＝D
舟岩系統＝F
大野原系統＝O

図1　四国地域における主な石室系統の大型石室

横穴式石室墳の展開と巨石墳の登場　121

る。その後大きな時間を置かず，讃岐・古宮古墳（約12㎡），舟岩2号墳（約10㎡）が続く。TK209型式期で確実に榑構造を解消し，舟岩3号墳（約12㎡），定林寺芝の前1号墳（約10㎡），小蓮古墳（16㎡）や新城3号墳（約15㎡），善応寺古墳（約11㎡），難波奥谷古墳（約12㎡）などを列挙できる通り，とくに高知平野（長岡郡）と伊予・北条平野（風速郡）を基盤にする。さらに讃岐・大塚池古墳（約16㎡）や阿波・大里2号墳（約11㎡）が同段階にあたり，基盤地域とは別の地へ造営する。TK217型式期の大型石室例は見当たらず，伊予・宇和郡の河内奥ナルタキ1号墳（約9㎡）が上位例になる。

（3）段ノ塚穴系統（図1【D】）

穹窿形の玄室天井が特徴的な一群である。代表例の阿波・太鼓塚古墳（約13㎡）はTK43〜209型式期の間に位置づけられる。分布域は吉野川中流域（美馬郡・麻植郡）を核にし，少なくともTK209型式期には下流域とその周辺（板野郡・名方郡）へ拡大する[5]。とくに吉野川中流域は他系統石室が並存しない点で際立つが，太鼓塚古墳に後続する大型石室例は認められない。棚塚古墳（約8㎡）や海原古墳（約8㎡），東拝原古墳（約9㎡），矢野古墳（約9㎡）のように準大型クラスが最大規模石室となる。なお，讃岐・土器川中流域でも岡10号墳（6㎡以上）や岡11号墳（約5㎡）などの一部に共通点をもつ石室が展開し，矢野古墳までの天井形態変化を補足可能だと考えるが，10㎡超石室は未確認である。TK217型式期は小型石室例に限る。

（4）砥部系統（図1【T】）

玄門部に段を有する点がおもな特徴となる。分布の中心は伊予・松山平野（浮穴郡・久米郡）で，とくに砥部川流域に多い。10㎡未満の石室まで含めれば北条・今治平野などでも展開する。

大型石室はTK43型式期の松ヶ谷古墳（約11㎡）を除けば，大下田2号墳2号石室（約8㎡）や大下田1号墳（7㎡），東山鳶ヶ森8号墳A石室（約8㎡）など，7〜8㎡台の石室が相次ぐ。TK209型式期は今治の高橋山岸1号墳（9㎡）が最大規模とみられるが，同段階で築造数は減少

し，次の段階へ継続しない可能性が高い。

（5）その他の系統

上記4系統のほかに，伊予・新城5号墳1号石室（約14㎡）や讃岐・延命古墳（約10㎡）などの片袖，あるいは伊予・片山1号墳（約10㎡）のような羨道を形成しない系統の大型石室も確認できる。いずれもTK43型式期の築造と推測されるが，次の段階へ大型化は継続していない。

3　大型石室の出現と展開

まず大型石室の築造動向を整理しておきたい。

先述した諸系統において，10㎡超石室の初現はTK43型式期である。大型石室は系統ごとに1〜4基程度を数えた。この点からは地域諸勢力の上位層が競い合うように，採用した石室型式の大型化を追求し，多系統が並び立つ時期といえる。さらにMT15型式期から再登場した後期前方後円墳の築造停止期と重なることも興味深い。四国島内における後期前方後円墳の分布域は瀬戸内側の一部地域に限られた。対して石室の大型化は南四国や内陸部の吉野川中流域でも観察でき，遥かに広域的な現象である。

つづくTK209型式期では，大型石室数が前段階の2倍程度へ急増する。ところが系統は大野原系と舟岩系に絞り込まれる。大型化を指向する石室系統の淘汰であり，多くの地域勢力が上記二系統を採用した結果と考えられる。こうした同一型式の共有の広がりに諸勢力の連携を読み取りたい。同段階以降に綾北平野へ大野原系の大型石室が集中する特異な現象は，上位層連携の明瞭な形と理解されている[6]。高知平野と北条平野における舟岩系の分布状況も同質なものといえよう。このような在地基盤を固めながら，大野原系と舟岩系の大型石室の拠点的分布は広域的な地域連携の模索を示す。

TK217型式期で舟岩系の大型石室は具体例に欠ける。大野原系は角塚古墳を挙げる程度まで大型石室数が急激に落ち着く。同系統の広域展開は最大規模を縮小しながらも継続し，段ノ塚穴系の大型化が停止した阿波地域への築造に至る。その

後も綾北平野では僅少な大型石室が築かれるが，古墳築造自体は終息に向かう。

以上のように，大型石室の系統は地域の自律的な動向の中で整序されていく過程を看取できる[7]。つまり上位層による石室型式の共有化である。相対的に大型石室は各系統の代表格だが，次第に系統間を律する地域代表のような二重構造が浮上する。

4 地域型式の本質―地域秩序の形成―

つぎに地域型式展開の本質を点描してみたい。

石室型式の共有は TK43 型式期以前にも観察できるが，その築造数は限られる。ほぼ同時期の小型石室で構成する古墳群や四国島内外を含めた盟主墳の埋葬施設である場合が多い。先述の後期前方後円墳を含め，これらは個別的な連携を示唆する。しかし系統の消長や造墓地の違いを踏まえれば，すべての局地・個別的連携がそのまま次の段階へ昇華したとは考えにくい。

その上で，大型石室の出現は各系統内で規模較差を拡大させた側面が重要だ。すなわち石室型式の共有を紐帯とした序列的な構成の顕在化である。石室規模差は投入労働量に直結する。巨石使用を含めてこれを示威する行為は，墳丘外形表示とは異なり造営時にもっとも効果的といえる。序列関係の誇示はいわば地域内部向けに機能しやすい。したがって各地における地域型式の展開とは，階層的構成を内包した地域の秩序形成運動のプロセスである。ここに地域型式の本質を見出したい。各系統の築造域は令制下の2～3郡程度へ広がる。こうした石室規模差と分布域をもった同型式の築造増加が地域型式の共有を裏付けている。排他的な分布の傾向が強い段ノ塚穴系はこれを端的に示すものだろう。多くの地域では複数の石室系統が交錯しながら並存している。一見すると複雑な様相を呈する所以である。大局的には，石室系統の淘汰を経て到達した地域的結集を四国各地で読み取ることができる。しかし，直後の律令地方統治制度ではこれを再編する。

おわりに

上述の通り，四国各地の石室展開は複数系統の消長を反映する。このうち特定の石室型式が広く共有されていく。大型石室の出現は広域で連動するが，形態差は地域の主体的な運動の側面を重視したい。そして系統ごとに規模構成が異なるように，地域社会の様相は均質ではない。これらの点を評価して，地域の秩序形成運動と捉えた。

さらなる理解には中央と地方の双方向の視点が必要である。例えば，当該期は様々な生産技術の地方移転を背景に検討しなければならない。各種地域生産を担った諸勢力の動向が築造数の増減と連鎖するだろう。また古墳造営の階層分化に対応する形で複数系統が並存し，再編成される過程も想定しうる。少なくとも，多元的かつ流動的な情勢において，安定した地域経営の基盤をもつ地域首長の成長は全否定されていないようにみえる。両者の互恵的な関係性を見通すが，その追究は今後の課題としたい。

註

1) 山崎信二『横穴式石室構造の地域別比較研究―中・四国編―』1985。天羽利夫「徳島県における横穴式石室の一様相」『徳島県博物館紀要』4，徳島県博物館，1973。山本哲也「まとめ」『大谷古墳』財団法人高知県文化財団，1991。ほかにも型式論はあるが，紙幅の関係上，代表的な地域型式設定をした最初のものに限っている。

2) 大久保徹也「大野原古墳群の基礎的検討」『考古学と地域文化』一山典還暦記念論集刊行会，2009

3) 大久保徹也「国府以前のこと 綾北平野における大型石室墳の築造動向とその評価」『徳島文理大学比較文化研究所年報』34，徳島文理大学，2018

4) 大局的には吉備系と捉えるが，南四国の玄室天井形態の特徴は志摩半島周辺の高倉山型との関係も考慮が必要であり，今後の課題とする。

5) 中嶋美佳「段ノ塚穴型・忌部山型石室の型式学的検討」『さぬき野に種をまく』「片桐さん」退職記念論集刊行会，2020

6) 前掲註3に同じ

7) 段ノ塚穴系の最終形態が大野原系に類同化するかのような点も整序に伴う融合かもしれない。

須恵器生産の展開

京都橘大学文学部准教授
中久保辰夫
NAKAKUBO Tatsuo

本稿では，四国島における須恵器生産について窯跡の分布と盛衰を検討してみたい。

1 古墳時代中期の窯業生産
―初期須恵器生産―

初期須恵器窯とその出土遺跡 初期須恵器窯は，瀬戸内海沿岸を中心に分布し，四国島では香川県の三谷三郎池西岸窯，宮山窯，愛媛県の市場南組窯が知られている。

陶質土器・初期須恵器出土遺跡も，瀬戸内海沿岸に濃密に分布する。香川県の尾崎西遺跡，愛媛県樽味高木・四反地遺跡，福音小学校校内遺跡，出作遺跡などが代表的な遺跡である。興味深いことに徳島県域には初期須恵器出土遺跡はほとんどみられない。一方で，高知県域では居徳遺跡で加耶系の広口小壺，具同中山遺跡で初期須恵器二重口縁壺などが確認できる。古墳時代前期とは一変した大陸系文物の受容状況を示す可能性がある。

初期須恵器窯の操業時期 三谷三郎池西岸窯は，TG232型式期からTK73型式期として捉えられてきた。このことは図1-1とTG232号窯灰原（9）が酷似することから首肯できる。2もまたTG232号窯出土壺に類例がみられる。

宮山窯は，TG232型式期からTK208型式期という新理解が提示されている[1]。把手付椀が型式的に古く位置付けられる可能性があり，甕口縁部形状（図1-3）もTG232号窯灰原（9）と似る。ただし，図1-4・5，口唇状口縁部直下に一条の突線をめぐらせる6〜8は，ON231号窯（10），TG22-Ⅰ号窯（11・12）に類例があるので，TK73型式期のものが多い。

市場南組窯は，2022年に窯体が発掘され，実態解明に期待がかかる。操業時期はTK216型式期からTK23型式期である[2]。

技術系譜 それでは，四国島における初期須恵器の製品はどういった系譜を有しているであろうか。初期須恵器には陶邑窯とは異なる意匠，技術のものがあり，これまで市場南組窯の製品は「非陶邑系須恵器」などと呼称されてきた。

まず三谷三郎池西岸窯，宮山窯は，陶邑窯との類似性を指摘できる（図1）。ただし，両窯の操業時期はそもそも金官加耶の甕・壺の口縁と類似度が高い。宮山窯では甑や杯身・杯蓋もまた生産されるようになるが，これらは栄山江流域を中心として韓半島南西部と共有される器種である。陶邑窯と同調的に生産される器種構成が定型化以前でも認められる。なお，村黒遺跡では，韓半島南西部と類似する甑も出土しており（14），その生産地が気になるところである。

また，市場南組窯は陶邑とは異なった形態の無蓋高杯や壺・甕があり，頸部と肩部に波状文を描き，底部に格子タタキ目を施す甕（15〜17）など，識別が容易である。筆者は韓半島だけではなく，近畿地域の初期須恵器窯にも系譜を探る手掛かりがあると考える。

具体的には，奈良県新堂遺跡から出土した杯部下半に格子タタキ目を有する無蓋高杯に着目したい（13）。共伴土器よりTG232型式期からTK73型式期にさかのぼり，市場南組窯に先行する時期である蓋然性が高い。新堂遺跡付近では初期須恵器生産がなされた可能性もあるので，陶邑窯を介しない技術移動があった可能性もある。加えて，市場南組系壺C[3]は，短い口縁部を有する点が特徴であり（18〜21），やや厚めの器壁を有し，外面にカキメと格子タタキ目がみられる。筆者は，TK216期以降，陶邑窯系の二重口縁壺（22〜26）

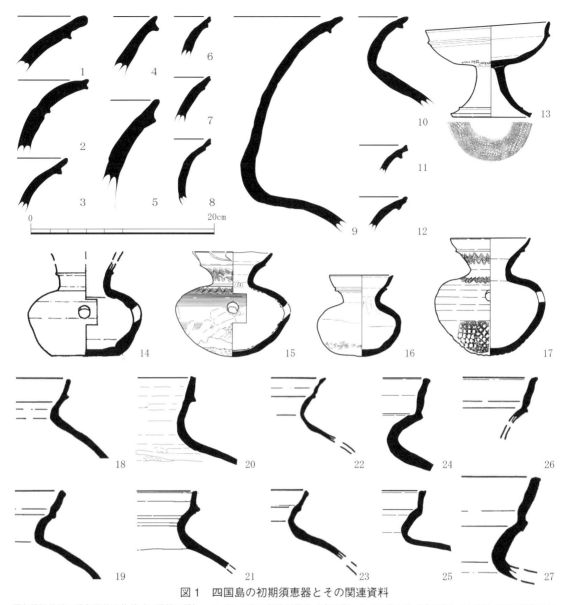

図1　四国島の初期須恵器とその関連資料

須恵器貯蔵器口縁部形状の比較（口唇状口縁）　　1・2：三谷三郎池西岸窯（香川県）　3〜8：宮山窯（香川県）　9：陶邑 TG232 号窯灰原
　10：陶邑 ON231 号窯　11・12：陶邑 TG22‐I 号窯（大阪府）
市場南組系高杯の祖型　　13：新堂遺跡（奈良県）
須恵器𤭯　　14：村黒遺跡（香川県）　15：神領10号墳（鹿児島県）　16：新堂遺跡　17：布留遺跡（奈良県）
須恵器貯蔵器口縁部形状の比較（二重口縁）　　18：船ヶ谷遺跡（愛媛県）　19：具同中山遺跡（高知県）　20：神領10号墳　21：布留遺跡
　22：陶邑 TK85 号窯　23：陶邑 TK305 号窯　24：陶邑・小坂遺跡　25：陶邑・伏尾遺跡　26：野中古墳（大阪府）　27：布留遺跡

が変容としたものとして理解している。なお，布
留遺跡には，東部瀬戸内系土師器壺の口縁部形状
を有する初期須恵器も存在し，土師器の意匠を採
用したものがある。

　この理解が妥当だとすると，四国島の須恵器生
産は，近畿地域との同調性がみられるとともに，

在来的色彩の強い地域色も見いだせるのである。

　中期後半から後期前半における空白　初期須恵
器生産は瀬戸内海各地で開花するが，それは古墳
時代を通じて継続しない。須恵器生産分布は，古
墳中期後半では日本海側へと遷移する。

　四国島でも同様であり，宮山窯の操業は止み，

市場南組窯も TK47 型式期以降，継続しない。例外的に，香川県黒藤窯の操業がみられる。これは陶邑窯や猿投・東山窯などを除く，大多数の須恵器窯に通有の現象といえよう。

2　律令期須恵器生産への展開過程

　古墳時代後期後半では，単発的あるいは小規模な生産にとどまっていた古墳中期までの様相とは異なり，継続性を有する生産へと変貌する窯があらわれる（図2・表1）。後期後半から飛鳥時代前半に松山平野：小野・平井窯，砥部窯，伊予市南

部窯が操業し，奈良時代まで生産が継続する。各窯の規模は10数基程度であるが，1基あるいは数基とみられる古墳中期とは，まず窯数が異なる。香川県域では，青ノ山窯や辻窯など，後期後半から飛鳥時代前半を中心に生産が確認できる。ただし，高知県域では須恵器窯の操業が想定できるが，小規模とみられ[4]，徳島県域では内ノ御田窯や西池田窯があるものの，実態は不鮮明である。
　須恵器生産の画期は，飛鳥時代後半期であり，香川県域では須恵器窯は平野単位でみられ，奈良時代にかけて「一郡一窯的体制」に近い様相とな

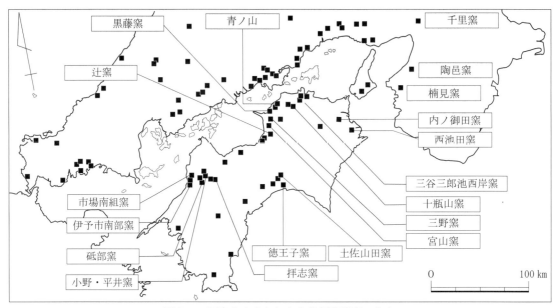

図2　四国島を中心とした古代須恵器窯の分布

表1　四国島における古代須恵器窯の操業時期

旧国名　窯名	古墳中期 TG 232	ON 231	TK 73	TK 216	TK 208	TK 23・47	後期 MT 15	TK 10	MT 85	TK 43	飛鳥 (TK209)　前半　後半	奈良 前半　後半	平安 前期
讃岐　三谷三郎池													
宮山													
黒藤													
辻													
青ノ山													
十瓶山													
三野													
伊予　市場南組													
砥部													
小野・平井													
阿波　内ノ御田													
西池田						?							
土佐　徳王子													
土佐山田													

る[5]。そして，奈良時代前半には国衙に近い十瓶山窯への集中化がはじまる。国衙付近に中核的な窯業生産地が確立する讃岐の様相は，播磨とは異なるが，丹波・篠窯とは類似し，ともに平安時代に展開する。また，土佐山田窯も類似する様相を示す。

おわりに

古墳時代における四国島の須恵器生産は，初期須恵器の段階からはじまるが，盛衰がみられ，また小規模であった。変化の兆しは古墳時代後期後半であり，飛鳥時代から奈良時代に至り，中核的な生産地が確立する。しかし，それは調納国となった讃岐が示すように，生産物の一部が中央に搾取される生産であった。

古墳時代にみる須恵器生産は，技術供与から貢納へと転化する過程としてよむことができる。この意味において，四国島は国家形成の初期段階から成熟段階へと移行する質的な変化を明らかにしうる良質な調査対象なのである。

謝辞　本論はJP20H01354の成果の一部である。文献渉猟や類例捜索にあたり，北村望実氏，竹内裕貴氏，仲辻慧大氏，髙島悠希氏の教示を得た。末筆ながら，ここに記し，謝意を表したい。

註

1) 塩冶琢磨「宮山窯跡の再検討」『香川考古』11，香川考古学研究会，2009
2) 三吉秀充「伊予市市場南組窯跡における初期須恵器生産」『須恵器誕生』和歌山県立紀伊風土記の丘，2014
3) 前掲註2に同じ
4) 佐藤竜馬「讃岐」「伊予」「土佐」「阿波」『須恵器窯構造資料集』I，窯跡研究会，1999。池澤俊
　　幸「中国・四国」『古代窯業の基礎研究―須恵器窯の技術と系譜―』窯跡研究会編，2010
5) 前掲註4に同じ

挿図出典

図1　1・2：松野一博・松本豊胤・岩橋　孝「三谷三郎池西岸窯跡」『香川県埋蔵文化財調査年報　昭和58年度』香川県教育委員会，1984。3〜9：塩冶琢磨「宮山窯跡の再検討」『香川考古』11，香川考古学研究会，2009。9：岡戸哲紀ほか『陶邑・大庭寺遺跡』IV，大阪府教育委員会・大阪府埋蔵文化財協会，1995，10：西口陽一『野々井西遺跡・ON231号窯跡』大阪府教育委員会・大阪府埋蔵文化財協会，1994，11・12：中村浩ほか1978『陶邑』III，大阪府教育委員会。13：石坂泰士（編）『新堂遺跡IV』橿原市教育委員会，2020。14：松本敏三「香川県」『弥生・古墳時代の大陸系土器の諸問題』埋蔵文化財研究会・大阪府埋蔵文化財協会，1987。15：橋本達也（編）『大隅大崎　神領10号墳の研究』II，鹿児島大学総合研究博物館，2021。16：新堂遺跡。17：太田三喜『奈良県天理市布留遺跡豊井（宇久保）地区発掘調査報告書』埋蔵文化財天理教調査団，2006。18：山之内志郎ほか『船ヶ谷遺跡』松山市教育委員会・松山市生涯学習振興財団埋蔵文化財センター，2002・19：松田直則ほか『具同中山遺跡群』IV，高知県文化財団埋蔵文化財センター，2001。20：橋本（編）前掲，2021。21：山内紀嗣・竹谷俊夫ほか『奈良県天理市布留遺跡三島（里中）地区発掘調査報告書』埋蔵文化財天理教財団，1995。22・23：中村ほか前掲，1978。24：森屋美佐子・清水　篤『小阪遺跡』大阪府教育委員会・大阪府文化財センター，1992。25：森村健一ほか『陶邑・伏尾遺跡』IIA地区，1992。大阪府教育委員会・大阪府埋蔵文化財協会。26：高橋照彦・中久保辰夫（編）『野中古墳と「倭の五王」の時代』大阪大学大学院文学研究科，2014。27：高野正昭・日野　宏・毛利光用子『布留遺跡布留（西小路）地区　古墳時代の遺構と遺物』埋蔵文化財天理教調査団，1996
図2・図3　池澤20010を参照し，中久保作成

Ⅴ 古代

四国の古代山城
―永納山・城山・屋島―

香川県教育委員会
生涯学習・文化財課
渡邊　誠
WATANABE Makoto

近年，多くの古代山城で調査が進み，『日本書紀』の記載の有無で朝鮮式山城と神籠石系山城に区分するのではなく，7世紀後半から8世紀にかけての軍事遺跡としての，城の構造，築造の年代，造営後の繕治などについて議論が深められている[1]。

本稿では，永納山，城山，屋島に築かれた古代山城[2]を取り上げ，これまでの調査成果を踏まえ，立地，構造，出土遺物から改めて考察してみたい。

1　3つの山城の立地と四国北岸ルート

『日本書紀』に記された斉明天皇の百済への援軍出兵時の九州への航海路や『万葉集』巻十五の遣新羅使安倍朝臣継麻呂一行の辿った航路から，古代瀬戸内における一般的な航路は，山陽側の沿岸部を地乗りで走行するものであった。沖乗りとなった江戸時代においても，基本は山陽側の沿岸部を通る航路が主体で，四国側への南北移動は，島が多く集まる場所で島伝いに行なわれていた。本稿で取り上げる3つの山城は，四国北岸ルートの防衛・連絡のために造営されたものである。瀬戸内における山城の分布は燧灘以東，とくに備讃瀬戸周辺にまとまっており，来島海峡を抜けると南北に航路を設定できることからも，北と南のルートに対応する山城の配置が計画されたと考えられ，四国北岸ルートを地乗りで航海した場合だけでなく，山陽側の航路から南下が可能な場所への対応として山城を設置した可能性も想定できよう。

また，城山城と屋嶋城は20数kmに立地し，双方に目視で確認できる場所があり，これは大廻り小廻り山城と鬼ノ城との距離[3]と同様な距離で，備讃瀬戸の対岸で山城が配置されていると言え，『日本書紀』に記載された山城は屋嶋城のみであるが，山城間の距離から，2つの山城が計画的に配

置されたことを示している。

各城の立地について少し詳しく見ておく。永納山城は，来島海峡から約17km南下した場所で，燧灘を見下ろす永納山と医王山に築かれている。麓には河原津という地名が残り，港の存在が想定される。西側には，後の南海道が通り，今治平野から道前平野へと抜ける陸路と河原津という海路とが結節する交通の要所になっている。城山城の北麓は，現在とは異なり，海が麓近くまで接近していたと考えられる。城山北西麓には関連施設と目される下川津遺跡が所在し，河口付近の港湾施設に隣接していた可能性が高い。また，讃岐国府の東を画し，北流する綾川の河口に後の国府津が所在しており，明らかに城門は国府津を意識している。南麓を走る後の南海道は，国府周辺で綾川と交錯するなど，城山城は水陸交通の結節点に所在する。屋嶋城は，名前のとおり，島に築かれた山城である。高松湾は屋島の南へと大きく湾入し，屋島の後背地となる現在の高松町や新田町は高松郷に所在し，高松は「タカツ」と呼ばれていたとも言われ，屋島を含めた「古・高松湾」の東岸に津（港）の存在が想定される。

以上のように，3城ともに海を意識した立地でかつ水陸交通の結節点に築かれている。永納山城，城山城は後の南海道に近接し，築造以前の交通路や築造を契機として整備された交通路が，南海道の敷設の下地になった可能性もあろう。

航路の観点からも見ておく。永納山城は，来島海峡を抜け，燧灘へと航路をとった場合の最初の防衛拠点である。城山城は，燧灘の航路に加え，荘内半島付近から四国側の航路をとった場合や山陽側の航路で東進し，下津井付近から南下した場合に対応する防衛拠点であったと考えられ，屋嶋

城は，直島諸島，豊島，小豆島の南側の航路を
とった場合を想定したものと考えられる。

2 山城の構造

　次に，各城の城壁構造の特徴を整理しておく。
　永納山城（図1）は永納山と医王山の尾根に城壁
をめぐらす。抱谷式とよばれる構造の山城で，城壁
が廻る場所の高低差は約100mと大きい。永納山
の山頂は海側に位置し，山城の西側を通る，後の南
海道の駅路，海上，南側の平野を見渡すことができ
る。城壁も海側を重点的に築いており，海路からの
視認性を意識していたと考えられる。城壁は内托式
で，尾根筋から少し下がった場所に築かれ，傾斜
の緩やかな個所は尾根頂部から離れた場所に築か
れるなど，尾根の地形に合わせて設置場所が選択
されている。城壁は列石を伴なう土塁（Ⅰ類），石
積み（Ⅱ類），列石がなく，自然地形を利用したと
考えられるもの（Ⅲ類）の3つの構造があり，Ⅰ類
は，細かな層状盛土が用いられるもの（a類）と列
石のみで明確な層状盛土が確認できないもの，も
しくは列石上部に傾斜する盛土があるもの（b類）
に分類できる。Ⅰa類は高さで2つにさらに区分
でき，高いものは約1m単位で盛土が施工される。
全体としてはⅢ類が圧倒的に多く，その中に，点
的に遺構として城壁（Ⅰ・Ⅱ類）があるように見え
る。Ⅰa・Ⅱ類は東部・西部，南西部に，Ⅰb類は北
部，南部に分布し，Ⅰa・Ⅰb類の分布範囲は工区の
ようにも見える。Ⅰb類の列石上部の盛土の評価が
問題であるが，列石の設置のみで盛土が施工され
なかったものであるならば，施工途中と位置付ける
こともできる。その場合，Ⅰa類が最初の着手場所
で，Ⅰb類が次に施工した場所という施工時期差
も想定でき，これらの城壁の構造の違いが工区割
による施工とその順序を示す可能性がある。
　城山城（図2）は城山の北西側を中心に二重に
城壁をめぐらす複郭構造である。現存する城壁は
明らかに北西を意識した範囲に構築されており，
海路からの視認性も意識されていたものと考えら
れる。外郭の城壁は標高300m付近の平坦面から
急傾斜になる傾斜変換点付近からやや下った場所

に構築される。不動滝やサルブチ滝といった谷部
は急峻な崖であり，自然地形を利用する。内郭の
城壁も400m付近の傾斜変換点からやや下った場
所を中心に構築される。城壁は内郭と外郭で構造
が異なる。内郭は石塁が主で，一部土塁によって
構成され，城門以外は内托式である。外郭は斜面
をL字にカットし，その前端部に列石を設置す
るが，その上部や背面には盛土がない。斜面をL
字にカットするだけで列石を設置していない区間
が多い。こうした特徴から車道と呼称され，移動
を前提とした構造に見える。また，斜面に立地し
ないササキ原や明神原の列石は，列石の敷設のみ
である。施工における工区は不明確であるが，内
郭と外郭，外郭の列石の有無などから工区割の存
在を想定できるかもしれない。
　屋嶋城（図3）はメサ地形によって，山頂縁辺部
には断崖絶壁が発達し，天然の要害を形成してい
るため，城壁は崖がないやや緩斜面となる場所にの
み構築する。城域は山上全域と見る場合と，南嶺
のみと見る場合がある。山城の機能としては瀬戸内
海への眺望のきく北嶺も必要な範囲であるが，古代
山城特有の城壁を廻らす構造は南嶺のみであった
可能性が高い。その根拠として，傾斜変換点からや
や下った標高270m付近に城壁が点在することと，
南嶺の最北部に切岸状に尾根を遮断する場所があ
り，先の尾根自体も馬ノ背状に細くなり，南嶺での完
結性が確認できる。城壁は未完成説もあるが，山上
および浦生地区の城壁は，いずれも共通して地形に
接続するように地形を巧みに利用した構造であるこ
とから，筆者は完成していたと考えている。城壁の
構造は，夾築式（Ⅰ類），内托式（Ⅱ類），自然地形
（断崖絶壁：Ⅲ類）に区分できる。Ⅰ類は高さ4m
を越え，極めて防御性の高い城壁である。城内外
ともに石積みを伴ない，城内側の壁の高さは背面
の地形によって異なる。Ⅱ類は高さ2m程度で，
斜面に幅2mほどの平坦面を形成する土塁である。
外部から遮断性は低く，山上の移動を容易にする
ためのものと考えられる。内部構造はⅠ・Ⅱ類と
もに一層がやや厚い層状盛土である。いずれも，
既述のとおり，Ⅲ類が途絶える範囲で確認でき，

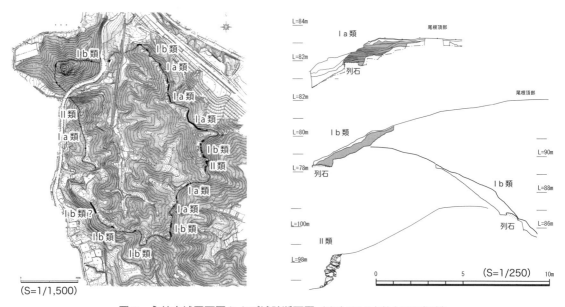

図1　永納山城平面図および城壁断面図（渡邊 2016 文献を元に作成）

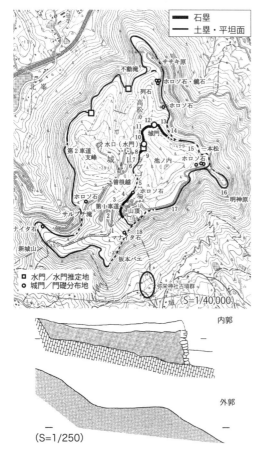

図2　城山城平面図および城壁断面図
（古代山城研究会 1996 文献・渡邊 2020 文献より）

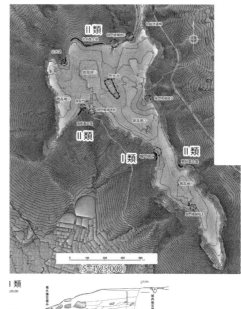

図3　屋嶋城（南嶺山上）平面図および城壁断面図
（高松市教育委員会 2008・2016 文献より）

最小限の労働力による構築が目指されたように見える。Ⅰ類は浦生地区，城門地区，Ⅱ類は南嶺北斜面地区，南西斜面地区，東斜面地区，城門地区の一部で用いられている。地形的な制約に基づくものであるが，各地区は施工区間とも言えよう。また，城門周辺はⅠ類が採用されていることから，高い石積みを構築することで，堅牢かつ威容を示し，それ以外の場所は，山上の移動といった機能性を優先したものと考えられる。

　以上の検討から，3城の城壁構造や構築技法は，選択された山塊の地形・地質に影響を受け，一見三者三様に見えるが，山頂や尾根の傾斜変換点からやや下がった場所に城壁が構築される点や城壁が設置されていない場所が一定区間ある点は共通している。確実に自然地形を使用した場合もあるが，この区間を未完成と見るか，自然地形を利用したと見るかはいずれの解釈も成り立つが，仮に永納山城の工区割の想定が成り立つのであれば，構造の違いや城壁の施工区間を工区として理解できる可能性がある。山城の築造が短期間で目指され，敵からの視認性を優先した場所の施工が重視されている点からすれば，城の縄張り後，施工箇所の優先順位に基づき，工区割によって施工されたことが想定できる。

3　山城の出土遺物

　築造時期を直接的に示すような出土遺物はないが，ここでは，城内から出土した遺物群の時間幅を城として機能した時間幅として捉え，その分布や量などから具体的な活動時期やその内容を考えてみたい。

　永納山城では，8世紀前葉と考えられる須恵器の蓋や杯，赤色塗彩土師器の杯，7世紀後半から8世紀と考えられる須恵器の甕が出土している。このほか，城壁に近接する城内側の緩斜面地で鍛冶遺構とふいごの羽口などの鉄器製作関連遺物が出土している。城山城では7世紀末頃と考えられる須恵器の杯，平瓶が，屋嶋城では7世紀中頃と考えられる須恵器の杯，7世紀後半の須恵器の平瓶，8世紀の須恵器の蓋のほか，7世紀後半から8世紀にかけての短頸壺，横瓶，甕の破片，土師器の甕などが出土している。いずれの城も一定の時期幅があ

り，7世紀末頃の遺物が出土する点は，軍事的緊張が減じた後も城内での活動が行なわれていたことを示している。いずれも数量は非常に少ないが，完形に近い遺物が多い点も類似する。これらの遺物は，永納山城では，城壁およびその周辺で出土しており，先の鍛冶遺構周辺でもまとまっている。城山城は，坂本バエと呼ばれる山頂からやや下った平坦地と池の内と呼ばれる城内の貯水池付近で，前者は城壁に近接した場所である。屋嶋城は，城内の施設群があった可能性の高い屋島寺境内地で供膳具，城門や城壁周辺で貯蔵具や調理具が出土しており，施設と土器の種別が相関しているように見える。いずれの城も，城壁および城壁に近接した場所で出土しており，城壁や城門周辺での活動を示すものと言える。永納山城の鍛冶関連遺物は，まさに築造に関わるものと考えられ，それ以外の城壁周辺の出土遺物は，屋嶋城城門での出土状況から城壁が完成し，崩落・埋没し始めるまでの間で廃棄されたと考えられること，ほかの城でも土器が城壁の盛土から出土した事例がわずかであることから考えると，城壁周辺出土遺物は，築造後の活動の中で使用・廃棄された可能性が高い。

おわりに

　以上のように，立地，城壁構造，機能した時間幅において，3城の類似点を確認することができた。これは，裏を返せば，3城が防衛拠点として，計画的に配置され，連動して機能していたことを示すのではないだろうか。発掘調査が進展した現在こそ，改めて比較を行なうことで，古代山城の理解を深めることに繋がるであろう。

註

1)　対象地域の具体的な研究として，向井一雄『よみがえる古代山城』2016。亀田修一「繕治された大野城・基肄城・鞠智城とその他の古代山城」『大宰府の研究』2018。「瀬戸内の古代山城」『出雲・吉備・伊予』（株）KADOKAWA，2022などがある。

3)　渡邊芳貴「古代山城における土塁構造の検討」『築造技術と遺物から見た古代山城』2016。古代山城研究会『讃岐古代山城の研究』溝渓6，1996

3)　村上幸雄・乗岡　実『鬼ノ城と大廻り小廻り』1999

最古の地方官衙
—久米官衙遺跡群—

（公財）松山市文化・スポーツ
振興財団埋蔵文化財センター
橋本雄一
HASHIMOTO Yuichi

四国における考古学的な成果をもって，我が国の歴史研究全般に資する遺跡を挙げるとすると，愛媛県松山市に所在する久米官衙遺跡群こそ，その筆頭にあげるにふさわしい。近年の調査研究の進展によって，遺跡群Ⅰ期政庁の出現が7世紀初頭に遡ること，また，条里制に似た地割を特徴とするⅡ期の代表的な施設である回廊状遺構の年代が，7世紀第2四半期から同第3四半期ころであることが判明している。

全国の地方官衙の中に7世紀末葉に出現する事例が少なからず存在するが，久米官衙の出現時期は，聖徳太子らが活躍した推古朝の前半にまで遡る。本稿では，我が国最古の地方官衙，久米官衙遺跡群の変遷を辿ることで，令制以前のこの時期に地方官衙が必要とされた理由を考えてみたい。

1 久米官衙政庁の成立

遺跡群Ⅰ期政庁の建設は，600（推古8）年11月に新羅征討軍の派兵が決定され，聖徳太子実弟の来目皇子を征新羅将軍に任じたことがきっかけと考えている。一行は601年4月1日には九州に到着しているが，その直前に伊予の久米に立ち寄った可能性を想定する。一行を迎えるために建

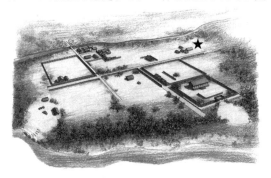

図1 久米官衙Ⅱ期の想像図
（『第111集』，松山市考古館保管）

設されたのが政庁で，皇子の養育氏族（あるいは乳母を輩出したか）であった伊予の久米氏がその任にあたったものと想定している。

大和の久米は，天皇の身辺警護を担当しているため，皇子の軍に加わることなく，伊予の久米に征討軍の受け入れを託したのであろう。

ところが，皇子は602年2月4日に九州にて薨去，征討軍は海を渡ることなく飛鳥へ引き返すこととなった。

2 回廊状遺構の出現

久米官衙遺跡群を代表する回廊状遺構（『第114集』）の出現は，「紀」に記された二人の天皇の伊予行幸が契機となったと考えている。639（舒明11）年から翌年4月にかけて，舒明天皇と宝皇后（後の皇極・斉明天皇）が伊予温湯宮（いよのゆのみや）に湯治のため滞在している。その22年後，661（斉明7）年に斉明天皇が百済救援のため九州へ向かう途上，石湯行宮（いわゆのかりみや）に2ヶ月近く滞在した記録がある。

発掘調査によって，回廊状遺構の西北角周辺では，外側の柱列（板塀）を建て替えたことが明らかとなっており（『第114集』），関門海峡から吹き付ける冬の季節風によって破損した箇所を補修して石湯行宮の一部としたのではないかと想定している。

3 回廊状遺構の構造と年代

周囲を方1町規模の濠ないし区画溝で囲われた二重の柱列で，南回廊の中程に門，敷地の北奥に正殿と考えられる梁行3間の東西棟の一部が検出されている。門から敷地に入ってすぐの場所には，一本柱列（板塀）が設けられている。これについて，回廊状遺構の東西正中線以南に設けられ

た正方形の内郭ではないかと考えていたが，東の調査区で板塀の柱穴が確認されないことから，今日ではL字形の板塀と理解している。また，二重の柱列の外側は板塀，内側は片流れの屋根を支える柱列であったと想定している（『第111集』）。

敷地の外郭は，北半は濠，南半は浅い区画溝によって囲続されている。ただし，門の正面に溝は掘られておらず，南中央は開口する（図7下段）。

図2の④は，北回廊背後の濠から出土した須恵器。回廊状遺構を廃して来住廃寺の敷地とした段階，7世紀第3四半期の遺物である（『第179集』）。684（天武13）年10月14日の南海地震の痕跡はまったく確認されていないことから，この頃までには廃絶し，寺院地と伽藍地に編入された。

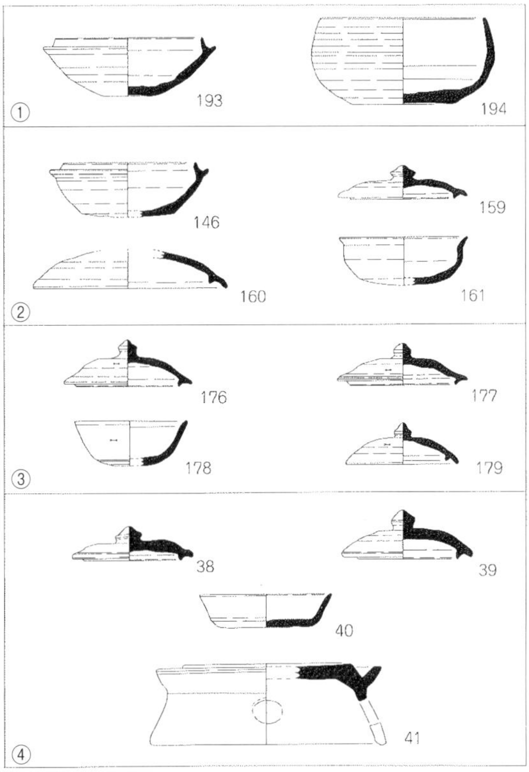

4 礼制建築としての回廊状遺構

この特殊な官衙は，古代中国の礼制建築における「辟雍」にあたるのではないかと考えている。図5は南宮を増設して「南北両宮制」が成立したころの後漢洛陽城，続く図6は，城外南郊に設けられた礼制建築群をあらわした図である。

礼制建築とは，儒教の教義に基づく施設で，西から順に霊台（天文台）・明堂（皇帝が天神と祖先を祀る施設）・辟雍（皇帝が教化を行なう場所，大射礼，養老礼を執り行ない，孔子を祀る施設），太学（儒教の学問所で官吏養成機関）などから構成される。

これらのうち，回廊状遺構は辟雍に相当する施設とみられる。中国における辟雍の特徴として，正方形の敷地が濠によって囲われるが，南正面は開口する点が指摘されており，久米の回廊状遺構についても同様である。南回廊の南面に掘りこまれた区画溝は，幅が狭く浅い目印程度の溝で，門の西で止まることが知られている（図7下段★印）。

図2　久米官衙の須恵器（『第179集』）

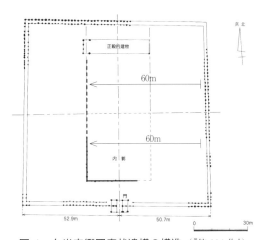

図4　久米官衙回廊状遺構の構造（『第114集』）

図3　久米官衙北回廊全景（『第111集』，松山市考古館保管）

5 宮中節会としての「大射の礼」

回廊状遺構が礼制建築の辟雍とみると、そこで行なわれた祭礼は「大射の礼」がふさわしい。

「紀」における大射の礼の初見は、675（天武4）年正月17日である。「紀」で確認できる回数は、天武天皇が9回、持統天皇が2回（持統8〜9年）である。天武朝以前は孝徳3年と天智9年に射礼とみられる儀式が行なわれた記録があるほか、清寧4年にも「弓殿」にて射礼の記事があるが、後世の潤色との見方が有力である。

奈良時代以降の射礼は、正月17日前後に行なわれることが多く、天皇の出御のもと、親王以下五位以上の官人が二組に分かれて実施された。西の的から東の射手までの距離は36歩（6尺1歩・216尺）。南北二組に分かれて交互に射て競い合い、優勝者には景品が授けられるなど、大変名誉なことであった。参加者は事前に兵部省の役人による調習によって絞り込まれるほか、東宮坊でも射手を選出した。近衛府と左兵衛の射手は天皇に近い北の組に振り分けられたという。兵部省による選抜は「兵部手結」と呼ばれ、開催2日前の15日前後に行なわれた。

なお、東回廊内側から西のL字形の板塀までの距離は65.2〜66.0mで、遺跡群II期の造営尺で216尺（1尺 =0.304m・高麗法180尺）に一致する。また、現代の国体競技における弓道には遠的と近的の2種類があり、前者の距離は60m、後者は28mが主流で、回廊状遺構で行なわれた射礼は遠的競技の距離に対応している。

6 舒明天皇と斉明天皇の射礼

舒明天皇夫妻の伊予行幸（639年）は、百済大寺の起工式に参列したその日に難波津に向けて出発し、翌年の3月まで約3ヶ月に及ぶ。滞在中に年末年始を挟むことから、様々な祭祀が伊予の地で行なわれたに違いない。その会場のひとつとして建設された施設が回廊状遺構で、実施された祭礼は射礼がふさわしいと考える。

斉明天皇の伊予行幸は、661年正月7日に船で難波津を出発し、備前邑久郡の沿岸部を経由して伊予熟田津到着は14日であった。この時の射礼は多くの皇族・文官や武官、兵士に加えて、久米直からも代表者が参加したに違いない。一行の伊予滞在は2ヶ月弱に及ぶ。高齢の天皇に配慮したとも天候の都合など、様々な見解があるが、馴染みの地で安心して過ごすことができたに違いない。この時の射礼は新羅に対する戦勝祈願を目的

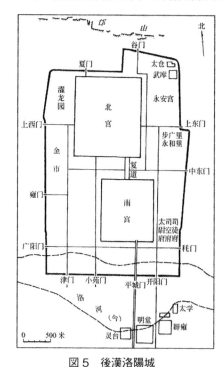

図5　後漢洛陽城
（愛媛大学東アジア古代鉄文化研究センター 2011）

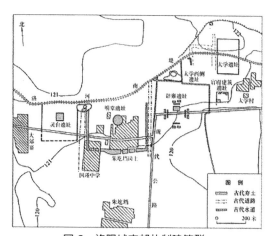

図6　洛陽城南郊礼制建築群
（愛媛大学東アジア古代鉄文化研究センター 2011）

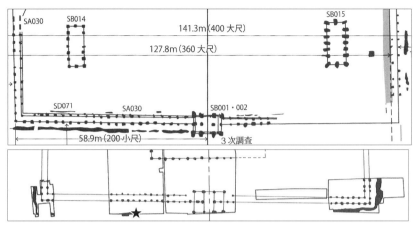

図7 南回廊の比較（上：行橋市教育委員会 2016，下：『第 114 集』）

として行なわれたもので，大射礼と呼ぶにふさわしい国家的祭礼であったと想像する。

7 射礼の証拠となる出土遺物

遺跡群東北部の官衙建物の柱抜き取り穴から石製の矢柄研磨器が2点の須恵器に収められた状態で出土している（『第 111 集』巻末写真）。

図2の①須恵器椀の中にこの石器が入れられ，①坏身で蓋をした状態で埋納された。図1右上の星印★の建物である。石器は，弥生時代の武器形青銅器模倣石器の基部を折り取って周縁に複数の抉りを施し，矢柄研磨器に転用したもので，おそらく，舒明天皇の射礼に参加して好成績を上げた久米の武官が，勤務先の建物を壊す際に記念に埋納したものであろう。削り込むことで遠的に最適な細く軽い矢柄としたのであろう。

8 今後の展望

「紀」，689（持統3）年7月15日条に，「左右京職および諸々の国司に**詔があり，習射所を築造させた**」とする記事があり注目している。天武朝で宮中節会としての大射の礼が定着するにつれて射手の技量の低下が問題となり，この詔を発出することになったとみられる。

今後，「習射所築造の詔」の発出が，7世紀末葉に定形化した地方官衙が多数出現する理由のひとつとして重要視すべきと考える。

例えば，因幡国八上郡衙II期郡庁に比定される鳥取県万代寺遺跡II期の官衙施設は，この詔を受けて因幡国習射所として整備されたものと評価できるかもしれない。

また，福岡県行橋市福原長者原遺跡の回廊状遺構は，豊前国習射所として建設され，後に別の場所に国衙政庁が設置されるまでの間，事実上の豊前国衙政庁として機能したものであろう（図7上段）。

図7の上段は長者原，下段は久米官衙の南回廊を比較したものである。南回廊への門の取り付け方や門の規模と構造が酷似しているほか，ともに建て替えの痕跡が認められることも共通している。長者原は少数ながら鉄鏃が出土していることも射礼に関連する事象と評価できよう。

さらに養老令以降に建設されたと考えられる各地の郡衙の中に，豊前国上毛郡衙に比定される大ノ瀬官衙遺跡のように，正殿と門の位置が施設の中心線より西にずれ，西脇殿を設けない事例の場合，敷地内で射礼を執り行なうことを前提とした建物配置と評価できるかもしれない。この場合，射手から的までの距離は最大で40m程度で，近的競技を行なうには十分な空間構成といえる。

今後，久米官衙政庁の出現についても，射礼が契機となった可能性を検討する必要があるかもしれない。

引用・参考文献

愛媛大学東アジア古代鉄文化研究センター『曹操高陵の発見とその意義―三国志　魏の世界―』第3回国際シンポジウム，汲古書院，2011

行橋市教育委員会『福原長者原遺跡―福岡県行橋市南泉所在古代官衙遺跡の調査―』行橋市文化財調査報告書58，2016

＊（『　』）内は，松山市文化財調査報告書の通し番号である。

国府探究の現段階

（公財）徳島県埋蔵文化財センター
藤川智之
FUJIKAWA Tomoyuki

1　南海道の諸国と国府

　古代日本は，いわゆる令制国を官道の単位で束ねていた。南海道には和泉・紀伊・淡路・阿波・讃岐・伊予・土佐が属する。

　国府は令制国（島）に設置され，現在の県庁にも例えられるが，『令義解』に列挙される業務は広範囲に及ぶ。

　そのように古代地方行政の基幹施設であるにも関わらず，国府の位置比定はあまり進んでいない。筆者の独自の評価ではあるが，68を数える令制国（島）のうち，位置が確定したものは3割ほどである。しかしながら近年，四国においても調査研究や活用事例に進展がみられる。以下，『延喜式』記載順に紹介する。

2　四国の国府の調査研究の状況

（1）阿波国

　「和名抄」には名方郡にあることが記され，現在の徳島市の西部にある国府町府中がその有力地と長く考えられてきた。なかでも府中に所在し，「印鑰」の別名をもつ大御和神社をその中心とする説が複数提示された。

　これらの説をもとに徳島市教育委員会により範囲確認調査が10次にわたって実施された。その結果，大御和神社周辺では顕著な成果がなく，より東に位置する四国霊場16番札所観音寺周辺を候補地と考える説が浮上してきた[1]。

　1992（平成4）年から徳島市国府町において徳島南環状道路に伴なう発掘調査が開始され，1997年から2005年にかけて，札所観音寺の西側での発掘調査が行なわれた。その結果，国府の主要施設は確認されなかったが，7世紀から10世紀に

かけての旧河道の埋没土から，大量の出土品が発見されたことが大きな転機となった。200点にも及ぶ木簡の記載内容が国府に直結するものであることから，調査地点に隣接する位置に政庁などの主要施設があることが確実視される。また，国司館と考えられる建物群を検出している。

　木簡は北にある敷地遺跡からも出土しており，代表的な木簡の釈文を図にあげた（図1）。勘籍木簡は，都に出仕した阿波国出身者に対する身分照会（勘籍）に対する，阿波国司の回答の下書きである。勘籍制度の実効性を表すとともに，また国府の存在を示すものである。そのほかにも，城内での行政や文化の習得などを示す多様なものを含む[2]。その他の出土品と合わせて，平成27（2015）年9月には重要文化財（考古）に指定された。

　論語木簡は4面に墨書がある特殊な形状のもので，共伴した土器などから7世紀中頃のものと考えている。4面のうち1面には「論語」学而篇第一の一節を記すが，残り3面はほぼ判読できていない。律令期のものと比較すると，字体が確立されていないことを思わせる。出土品のなかには，

図1　観音寺遺跡の主要な木簡

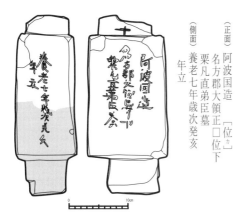

（正面）
阿波国造「位カ」
名方郡大領正□位下
粟凡直弟臣墓
（側面）
養老七年歳次発亥
年立

図2　阿波国造墓碑（菅原康夫「阿波の国造墓碑」
『考古学の世界4 中国・四国』ぎょうせい，1993）

7世紀の土器・木製品・動物遺存体があり，国府成立以前にもレベルの高い主体者の存在を想定しうる。名西郡石井町中王子神社周辺から出土したとされる「阿波国造墓碑」には，阿波国造である粟凡直弟臣が名方郡大領であったことが刻まれている（図2）。「養老令」の郡司は地元の有力者から採用する，との規定[3]を参照すれば，論語木簡を使用したものは粟国造家であった可能性が高い。

　また，荷札木簡のなかには，名方郡に属する郷からのものが含まれるが，国名・郡名の表記が省略されている。これらは郡内での流通のみを目的にしており，郡衙宛の荷に伴うとみられる。出雲国府では，『出雲国風土記』の記載から国府と郡衙（意宇郡）が隣接している復元が行なわれているが，阿波国府でも名方郡衙が並列していた可能性がある。

　こうした国府成立に関わる新知見を生んだ点で大きな成果であるが，祭祀具や農具・紡織具などの木製品や，獣骨からみたウマ生産についての個別研究もあり，古代史・考古学など多方面から追求されている点も意義深い。

（2）讃岐国

　「和名抄」には阿野郡にあることが記され，また国司として赴任した菅原道真の漢詩集『菅家文草』に「開方寺は府衙のにあり」と詠まれていることから，坂出市府中町にあると考えられ，大正期には「讃岐国庁跡碑」も建てられた。

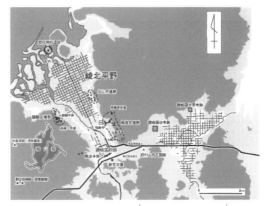

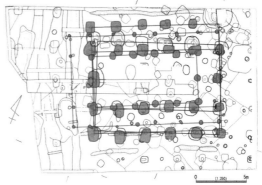

図3　讃岐国府の位置と主要建物
（SB2022・SB2023・SB2024）

　本格的な発掘調査は，2009年以降香川県教育委員会が主体となって行なっている讃岐国府の調査事業である。

　発掘調査では，おもな成果として対象地の中に古代の遺構・遺物にいくつか核となる範囲があることが明らかとなった。なかでも開方寺東方地区では，築地塀などの区画施設や東西棟の大型建物が同位置・同方位で建て替えられていること（図3）からみて，国府の中枢エリアだとみられている[4]。これらの成果をもとに，2020（令和2）年3月には国史跡に指定された。

　讃岐国府の調査内容で特筆すべきは，検出遺構の詳細な年代区分により，官衙機能の「その後」が明らかになっていることである。7世紀末以降の5段階のうち，第5期に設定された11世紀中葉〜13世紀には10ヶ所以上の屋敷地に再編されている。その規模などに明確な差異はみられないが，資料により留守所が置かれたとの記録に連動

するものとみられる[5]。

　また，この調査の過程では，出土遺物の統計学的処理や地理学的方法に基づく調査などをボランティアとともに行なうなど，調査手法にも大きな特徴があり，現在は埋蔵文化財センター内に特集展示コーナーが設けられ，活用へ向けた新しい段階に移行しつつある。

(3) 伊予国

　「和名抄」には，越智郡にあることが記され，地名などをもとにした地理学的なアプローチにより，今治平野において6つの比定地案が提示されてきた。

　1981年〜1983年に愛媛県教育委員会により，当時もっとも蓋然性が高いと考えられた富田上徳説に従って範囲確認のための発掘調査が実施されたが，良好な遺構・遺物は認められず，その位置は確定されるに至っていない[6]。また近年，越智駅の比定とともにそれまでの資料の詳細な検討とともに「拝志（はいし）」説が再提示された[7]。

　公益財団法人愛媛県埋蔵文化財センターでは，これまでの研究史を整理するとともに，古代の遺構・遺物を詳細な検討を行い，従来の八町説・中寺説を包含する蒼社川（そうじゃ）右岸エリアを中心とみる研究報告を行っており，その動向が注目される[8]。

(4) 土佐国

　「和名抄」には長岡郡にあると記される。国司として赴任した紀貫之が帰郷する際の様子を描いた『土佐日記』は古典文学としても非常に有名である。国府は「国庁前（くにちょうまえ）」「内裏（だいり）」「惣社（そうじゃ）」などの地名が残る現在の南国市比江地区に想定されている。

　発掘調査は開発に伴なうものも含めて1977年から実施されており，1979年から1989年までは高知県教育委員会が[9]，2001年から2003年までは南国市教育委員会が行った[10]。調査の結果，政庁などの明確な施設を特定するには至っていない。ただし，想定範囲の中央部分に位置する「金屋（かなや）」では，掘立柱建物が多数検出された。東西棟が多数を占め，方位に一定の斉一性がみられることに加えて，周辺の調査では8世紀後半〜9世紀前半の遺物が集中することから，隣接地に政庁などの存在が有力視されている。

註

1) 徳島市教育委員会『阿波国府跡第1次〜第10次調査概報』1983〜1992

2) 和田　萃・藤川智之「徳島市観音寺遺跡出土木簡の意義」『真朱』11，2011

3) 『養老令』選叙令十三 郡司條「凡郡司。取性識清廉。堪時務者為大領少領強幹聰敏。工書計者。為主政主帳其大領外従八位上。少領外従八位下敘之。【其大領少領。才用者同者。先取國造】」

4) 香川県教育委員会『讃岐国府跡2』2019

5) 佐藤竜馬「古代末期の讃岐国府」『讃岐国府跡1』2016，香川県教育委員会

6) 愛媛県教育委員会『伊予国府跡確認調査概報I〜III』1982〜1984

7) 白石成二「伊予国府の成立」『古代越智氏の研究』創風社出版，2010

8) 公益財団法人愛媛県埋蔵文化財センター『伊予国府を考える―今治平野の古代遺跡，その分析と国府発見の試み―』2018

9) 高知県教育委員会『土佐国衙跡発掘調査報告書』1〜11集，1980〜1990

10) 南国市教育委員会『土佐国衙跡発掘調査報告書』南国市埋蔵文化財発掘調査報告書21・22，2001・2008

飛鳥・奈良時代における在地寺院の造営

元徳島県立博物館学芸員
岡本治代
OKAMOTO Haruyo

地方においては，おおむね7世紀後半に寺院造営が始まり，8世紀前半にかけて数多くの寺院が建立された。本稿では，当該時期の四国地域を対象とし，在地寺院の造営の推移を概観したい。

1 讃 岐

約30ヶ所の寺院が建立される[1]。讃岐においては，従来，豊浦寺式軒丸瓦が出土している阿野郡開法寺跡および三野郡妙音寺が，創建時期が7世紀中葉に位置付けられる讃岐最古段階の寺院とされてきた。しかし，開法寺跡については，発掘調査の成果などから，創建年代を大幅に下らせるべきとの意見もある[2]。瓦そのものの年代としては，7世紀中葉に位置付けられる余地もあるが，現在確認されている開法寺跡の遺構の年代は，7世紀第4四半期を上限とするのが妥当であろう。また，妙音寺の豊浦寺式軒丸瓦は，同寺で出土する山田寺式軒丸瓦と色調・焼成が共通していることから，やはり7世紀第4四半期のものと筆者は考える。

さて，7世紀第3四半期の終わり頃（670年頃）～7世紀第4四半期の創建と推定される寺院としては，川原寺式軒丸瓦が出土する那珂郡田村廃寺跡・多度郡仲村廃寺跡，石川寺式軒丸瓦が出土する寒川郡石井廃寺，川原寺式軒平瓦が出土する大内郡白鳥廃寺跡・那珂郡宝幢寺跡などがある。また，藤原宮へ瓦を供給したことで知られる三野郡宗吉瓦窯跡も，この時期に操業を開始しており，川原寺式軒平瓦・山田寺式軒丸瓦が生産されている。さらに，法隆寺式軒瓦が出土する三野郡道音寺跡・多度郡善通寺跡，＊状の鋸歯文縁をもつ複弁八葉蓮華文軒丸瓦が出土する香川郡坂田廃寺跡なども7世紀第4四半期に建立されたと考えられる。また，重弁十二葉蓮華文軒丸瓦が出土する寒川郡極楽寺跡もこの時期に建立されたものと推定される。

7世紀末には，寒川郡・三木郡において，藤原宮6278C・6278E型式系統の軒丸瓦，6646型式系統の軒平瓦が石井廃寺を起点として長楽寺などに展開する。同時期には，宗吉瓦窯跡で藤原宮6278B型式の軒丸瓦・6647D型式の軒平瓦が生産され，藤原宮へ供給されている。また，統一新羅系の偏向唐草文軒平瓦と素弁八葉蓮華文軒丸瓦をもつ阿野郡鴨廃寺跡・寒川郡願興寺跡などが建立される。さらに，百済系の素弁六葉蓮華文軒丸瓦をもつ山田郡宝寿寺跡も，7世紀末～8世紀初め頃の創建と推定される。

8世紀前半段階に創建された可能性がある寺院としては，偏向唐草文軒平瓦が出土する香川郡勝賀廃寺跡などがある。また，白鳥廃寺跡では，平城宮6710型式の系譜を引く軒平瓦が導入されており，この時期に補修などが行なわれたものと考えられる。このほか，具体的な創建時期の特定は難しいが，苅田郡紀伊廃寺，大興寺跡なども8世紀前半までに創建された可能性がある。

2 阿 波

約10ヶ所の寺院が建立される[3]。阿波における最古段階の寺院は，那賀郡立善寺跡と，美馬郡郡里廃寺跡である。立善寺跡では，山田寺式軒丸瓦が出土しており，7世紀第3四半期の終わり頃～第4四半期に創建されたものと考えられる。郡里廃寺跡では，百済系の有稜素弁八葉蓮華文軒丸瓦と，讃岐国極楽寺跡と同笵の重弁十二葉蓮華文軒丸瓦が出土している。有稜素弁八葉蓮華文軒丸瓦の年代を特定するのは難しいが，7世紀第3四半期にさかのぼる可能性もある。なお，この時

期，阿波郡西原瓦窯跡では，法隆寺式軒丸瓦が生産されている。阿波国内の寺院跡では，これまでに法隆寺式軒丸瓦が出土しておらず，現状では，後述する伊予など阿波国外へ供給された可能性が高い。

　7世紀末〜8世紀初めには，山村廃寺式軒丸瓦が出土する麻植郡川島廃寺跡，藤原宮6278Ca型式および藤原宮式系統の軒丸瓦が出土する名方郡石井廃寺跡，6278型式の系譜を引く瓦が出土する麻植郡河辺寺跡が創建される。

　続く8世紀前半段階には，平城宮6345A型式や6348Aa型式などを祖型とすると考えられる外区に唐草文を配する複弁八葉蓮華文軒丸瓦が出土する名方郡常楽寺跡が建立される。

3　土　佐

　8ヶ所の寺院が建立されるとともに，1ヶ所の関連遺跡が存在する。まず，7世紀第4四半期に，阿波国立善寺跡の系譜を引く山田寺式軒丸瓦が出土する土佐郡秦泉寺廃寺跡，法輪寺式軒平瓦が出土する長岡郡比江廃寺跡が建立される。また，同じく長岡郡の野中廃寺跡は，近年の発掘調査において出土した土器や瓦の年代をもとに，8世紀を中心に7世紀後半から10世紀まで存続したことが明らかになっている。さらに，安芸郡瓜尻遺跡も，近年出土した瓦の年代から7世紀後半創建の寺院跡と考えられている。同じく安芸郡のコゴロク廃寺跡も，7世紀第4四半期に創建される。

　これらにやや遅れて，秦泉寺廃寺跡出土瓦の系

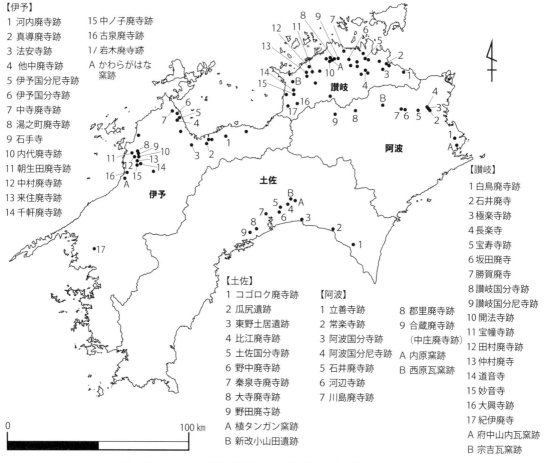

【伊予】
1 河内廃寺跡
2 真導廃寺跡
3 法安寺跡
4 他中廃寺跡
5 伊予国分尼寺跡
6 伊予国分寺跡
7 中寺廃寺跡
8 湯之町廃寺跡
9 石手寺
10 内代廃寺跡
11 朝生田廃寺跡
12 中村廃寺跡
13 来住廃寺跡
14 千軒廃寺跡
15 中ノ子廃寺跡
16 古泉廃寺跡
17 岩木廃寺跡
A かわらがはな窯跡

【土佐】
1 コゴロク廃寺跡
2 瓜尻遺跡
3 東野土居遺跡
4 比江廃寺跡
5 土佐国分寺跡
6 野中廃寺跡
7 秦泉寺廃寺跡
8 大寺廃寺跡
9 野田廃寺跡
A 植タンガン窯跡
B 新改小山田遺跡

【阿波】
1 立善寺跡
2 常楽寺跡
3 阿波国分寺跡
4 阿波国分尼寺跡
5 石井廃寺跡
6 河辺寺跡
7 川島廃寺跡
8 郡里廃寺跡
9 合蔵廃寺跡
　（中庄廃寺跡）
A 内原窯跡
B 西原瓦窯跡

【讃岐】
1 白鳥廃寺跡
2 石井廃寺
3 極楽寺跡
4 長楽寺
5 宝寿寺跡
6 坂田廃寺
7 勝賀廃寺
8 讃岐国分寺跡
9 讃岐国分尼寺跡
10 開法寺跡
11 宝幢寺跡
12 田村廃寺跡
13 仲村廃寺
14 道音寺
15 妙音寺
16 大興寺跡
17 紀伊廃寺
A 府中山内瓦窯跡
B 宗吉瓦窯跡

図1　飛鳥・奈良時代創建のおもな寺院跡および関連遺跡の分布

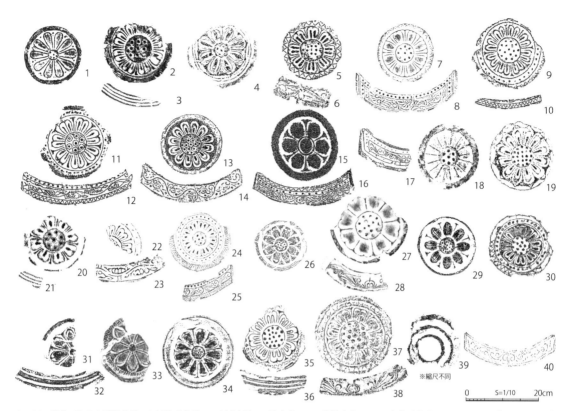

1〜17：讃岐（1・7・8 開法寺跡　2 田村廃寺跡　3 宝幢寺跡　4 妙音寺　5・6 仲村廃寺　9・10 宗吉瓦窯跡　11・12 石井廃寺　13・14 極楽寺跡　15 宝寿寺　16 勝賀寺　17 白鳥廃寺跡）　18〜26：阿波（18・19 郡里廃寺跡　20・21 川島廃寺跡　22・23 河辺寺跡　24・25 石井廃寺跡　26 立善寺跡）　27〜30：土佐（27・28 比江廃寺跡　29 秦泉寺廃寺跡　30 東野土居遺跡）　31〜40：伊予（31・32・33 法安寺跡　34 久米高畑遺跡　35・36 来住廃寺跡　37 朝生田廃寺跡　38 中ノ子廃寺跡　39 千軒廃寺跡　40 真導廃寺跡）

図2　四国地域の代表的な瓦当文様

譜を引く瓦が出土する吾川郡野田廃寺跡・大寺廃寺跡が建立される。秦泉寺廃寺跡の創建年代から推定すれば8世紀初め頃までの時期にはおさまるだろう。また，香美郡東野土居遺跡では，藤原宮式軒丸瓦が出土しており，7世紀末〜8世紀初めの寺院が付近に存在した可能性がある。

4　伊予

先行研究[4]を参考にすれば，当該時期には約25ヶ所の寺院が建立されたものと推定されるが，明確な遺構が不明なものや，かつて採集されたとされる瓦の所在が分からなくなっているものもあり，精査が必要である。

伊予国で最古段階と考えられているのは，7世紀中葉を上限年代とする軽寺式軒丸瓦が出土する周敷郡法安寺跡である。続いて，7世紀中葉〜後半に位置付けられる山田寺式軒丸瓦が出土する久米郡来住廃寺跡（久米高畑遺跡でも同笵瓦が出土している）・温泉郡湯之町廃寺跡が創建される。また，7世紀第3四半期の終わり頃には，伊予郡かわらがはな窯跡で，大和国川原寺や讃岐国宗吉瓦窯跡のものと酷似した四重弧文軒平瓦が生産されている。さらに，第4四半期にかけて，法隆寺式軒丸瓦が出土する温泉郡中村廃寺，越智郡他中廃寺跡，伊予郡古泉廃寺跡などが建立される。これらの寺院の多くでは，法隆寺式軒丸瓦と四重弧文軒平瓦が組み合うものと考えられる。同時期には，平隆寺式軒丸瓦と法隆寺式軒平瓦の組み合わせが採用される久米郡朝生田廃寺跡，浮穴郡中ノ子廃寺跡も建立される。また，新居郡河内廃寺跡，越智郡中寺廃寺跡の付近でも四重弧文軒平瓦が出土しているほか，宇和郡岩木廃寺跡でも法隆寺式

の軒丸瓦が出土しており，この時期に創建されたと考えられる。このように7世紀後半，とくに第4四半期に新規寺院造営が活発であるのに対して，7世紀末～8世紀初めの藤原宮造営期を創建時期と特定することができる寺院跡はみられない[5]。

8世紀においては，750年代前後の時期に位置付けられる平城宮6703A型式の軒平瓦が出土する新居郡真導廃寺跡が創建される。また，久米郡千軒廃寺跡・来住廃寺跡では，平城宮6009・6011型式系統の重圏文軒丸瓦が出土しており，この時期に，修復や再整備が行なわれたものと考えられる。

5 各国における寺院造営過程の特徴

各寺院の創建年代については，ある程度の時期幅を見込んだうえで議論せざるを得ないが，寺院造営が集中する時期や寺院の分布といった様相は，国ごとに異なっている。讃岐においては，7世紀第4四半期を中心に各郡で同時多発的に寺院造営が進められ，いずれの郡にも2～3の寺院が建立されている。これに対して，阿波においては7世紀末～8世紀初めに麻植郡・名方郡，土佐においては7世紀第4四半期～8世紀初めに長岡郡・安芸郡・吾川郡，伊予においては7世紀第4四半期に越智郡・久米郡・温泉郡で集中的に寺院造営が進んでいる。

また，寺院造営過程を象徴する遺物である屋瓦の系譜を見てみると，讃岐は，寺院数の豊富さと対応するように瓦当文様の型式も多様で，山田寺式・川原寺式・法隆寺式・藤原宮式といった7世紀後半における一般的な瓦当文様はもちろんのこと，さまざまな朝鮮系瓦が存在する。これとは対照的に，伊予においては8世紀前半までの瓦当文様のバリエーションは比較的少なく，法隆寺式軒丸瓦と重弧文軒平瓦の組み合わせが広く展開している。

おわりに

以上，事実関係の列挙に終始したが，ひとくちに四国地域といっても，国ごとに寺院造営の具体像が一様でないことは改めて確認できよう。自明のことではあるが，今後，各国の歴史的・地理的文脈の

なかで，造営の背景を検討していく必要がある。

註
1) 高松市歴史資料館編『讃岐の古瓦展』高松市歴史資料館，1996
2) 佐藤竜馬「讃岐国府周辺における土地利用形態―発掘調査成果からの素描―」『香川県埋蔵文化財センター研究紀要』8，香川県埋蔵文化財センター，2012
3) 徳島市教育委員会社会教育課編『歴史時代の徳島市―阿波の古代―』徳島市教育委員会，1982。徳島県立博物館編『瓦からみる古代の阿波―寺院と役所―』徳島県立博物館，2017
4) 愛媛県市編さん委員会編『愛媛県史資料編 考古』愛媛県，1986。亀田修一「地方への瓦の伝播―伊予の場合―」『古代』97，早稲田大学考古学会，1994。遺跡発行会編『遺跡』49，特集 愛媛の古代寺院，遺跡発行会，2015。愛媛県埋蔵文化財センター『伊予の古代』愛媛県埋蔵文化財センター，2017
5) 宇和地方採集とされる阿波国石井廃寺跡と同系統の複線鋸歯文縁軒丸瓦や藤原宮式軒丸瓦が存在するが，他地域の資料が混在している可能性が指摘されている（註4 遺跡発行会編2015）ことから，本稿では取り上げなかった。

挿図出典
図1　註1・3・4文献をもとに作成
図2　1～8・11～17：註1と同じ。9・10：三豊市教育委員会編『宗吉瓦窯跡　調査・保存整備報告書』三豊市教育委員会，2009。18・19：美馬市教育委員会編『郡里廃寺跡発掘調査報告書』美馬市教育委員会，2018。20・21：吉野川市教育委員会編『川島廃寺跡』吉野川市教育委員会，2016。22・23：清野ほか「藤原宮式軒瓦からみた阿波・讃岐東部の交流の一様相」『真朱』12，2019。24・25：筆者作成。26：徳島県教育委員会文化課編『阿南工業高校体育館新築工事に伴う埋蔵文化財発掘調査（現地説明会資料）』1991。27・28：筆者作。 29：田上　浩『秦泉寺廃寺（第6次調査）』高知市教育委員会，2004。30：下村　裕『東野土居遺跡Ⅳ』高知県文化財団埋蔵文化財センター，2018。31・32・35～38：註4亀田1994。33：愛媛県埋蔵文化財調査センター編『甦る埋蔵文化財第3集　史跡法安寺跡　資料編』愛媛県埋蔵文化財調査センター，1989。34：松山市教育委員会編『来住廃寺』松山市教育委員会，1979。39：註4　愛媛県市編さん委員会編1986。40：愛媛県教育委員会編『伊予国真導廃寺跡発掘調査報告書』愛媛県教育委員会，1977

国分二寺造営と以後の古代寺院

香川県教育委員会
生涯学習・文化財課
渡邊　誠
WATANABE Makoto

国分寺の建立は，地方において，古代山城築造から本格化する国家直営による社会資本整備事業の最終章にあたり，古代国家形成を物語る最後のモニュメントとして位置付けることができる。地方における仏教拠点として造営された国分寺は，地方への仏教の波及において一定の役割を果たしたことは容易に想像できるが，その具体相として，国府との関係，国分寺造営以後の地方寺院の動向や国分寺との関係，さらには地域社会において果たした役割に関する理解は，造営における議論ほど深まりをみせていない。

さて，現在，遺跡として確認できる7世紀後半から12世紀の寺院跡[1]は，讃岐は56ヶ寺を数える。札所寺院などの現役の寺院の中にも，仏像，石造物などから古代にまで遡るものもあり，さらに増加するものと考えられる。国分寺造営以前の創建と考えられる寺院は32ヶ寺ほどあるが，発掘調査によって伽藍が明らかになっているものは極めて少ない。資料的な制約はあるが，讃岐の寺院造営の歴史を概観すると，国分寺造営以前に創建された寺院の多くは，奈良時代から平安時代中期の間で終焉を迎え，平安時代後期以降にも寺院としての機能が維持され，宗教活動が行なわれたと考えられるものは国分寺を除き，善通寺，坂田廃寺などわずかである。一方で，平安時代から山寺の造営が始まり，立地も多様化する。

本稿では，こうした変遷を踏まえつつ，国分寺の造営とその後，国分寺以後のほかの古代寺院の様相について概観し，地方における古代仏教の展開について考えてみたい。

1　国分二寺の造営とその後

これまで讃岐の僧寺・尼寺の造営に関する研究は瓦を中心に検討が進められてきたが，その年代については未だ一致をみていないが[2]，僧寺は天平勝宝8年に，聖武天皇一周忌斎会のため，讃岐をはじめ26ヶ国に荘厳具として灌頂幡などを頒下されており，この頃までには，一定程度の堂塔の整備が完了していた可能性が想定される。創建瓦の文様にはほかの国分寺同様に，東大寺系などの都の系譜のものと在地系のものが共存し，複数種の軒丸瓦が使用される。僧寺と尼寺で同じ瓦を共有する一方で，専用瓦をそれぞれに製作・使用している。

次に，遺構や土器などの出土遺物から造営とその後の歴史について考えてみたい。

僧寺（図1）は，伽藍地（寺域）の規模は方2町で，大官大寺式の伽藍配置をとる。西半分に伽藍が偏在し，東半分では明確な遺構が確認されていない。周辺の現地形や確認された建物跡から，南北4町，東西3町の範囲に伽藍地を含めた施設が展開していたと考えられる。尼寺は金堂，講堂，尼房が直線的に配置され，伽藍地の規模は1町半と想定される。現地形から考えると伽藍地の東や南に付属施設の展開を想定できる。

僧寺・尼寺[3]は，堂宇の構成，建物の位置関係（講堂と僧房間の距離），建物規模や構造（金堂の規模，僧房が長大な東西棟），設計基準である造営尺（1尺＝0.296m）の共有などから同様な設計方針・計画に基づき，造営がなされたと考えられ，使用された瓦から僧寺→尼寺の順番で，それほど時間をおかずに尼寺も造営されたと考えられる。

次に，寺院の変遷や存続時期について考えてみたい。金堂西側に平安時代に掘立柱建物（SB6101）が造営され，西限築地塀のさらに西側で確認された掘立柱建物（SB011）も明確な時期

は不明だが，伽藍の造営後にも附属施設が整備され施設の充実が図られたことがわかる。また，僧寺では平安時代の瓦が多数出土し，尼寺では講堂の最終段階の瓦群が当初材と補修材（KB109・105）によって構成されていたこと，尼房の礎石が交換されていることが確認されているほか，双方で平安時代末の瓦の一定量確認できることから，伽藍の主要堂塔は平安時代末まで修繕などの維持管理が実施されていたことがわかる。

さらに，僧寺の僧房では，建物の廃絶後に井戸が掘られ，各所で火を使用した痕跡，建物跡と考えられる小型の柱穴が多数確認されていることから，鎌倉時代後期には，現本堂の建築のための作業ヤードや本堂の附属施設が整備されたものと推察される。寺院の区画施設である築地塀や東限の大溝（SD5802・SD5901）は13世紀前半には埋められており，周辺施設は12～13世紀の中で維持管理がなされなくなったと考えられる。加えて，中世瓦の出土地点や数量，14世紀以降の遺物が極端に減少することなどから，僧寺，尼寺ともに13世紀以降は，寺域を縮小し，古代的な寺院空間は大きく変貌したと推察される。

次に，ごみ処理の状況を見ておく。東面の築地塀近くでは8世紀中頃から9世紀後半にかけての土器がまとまって廃棄（SK5803）されるが，僧房のすぐ北側では，10世紀後半から11世紀の灯明皿や土器がまとまって廃棄（SK6113・6114など）されている。このことは，時代が下るにつれ，寺院空間の管理の意識が次第に低下し，より限定的な範囲の維持へと変化していること示している。

出土遺物は全体として8世紀代のものは少なく，9世紀から13世紀にかけての遺物が顕著である。とくに，僧房・尼房から集中して出土しており，供膳具，調理具，煮沸具，灯明皿のように日常的に使用するもののほか，硯などの文具類，多口瓶などの仏具がある。9世紀から11世紀の緑釉陶器，灰釉陶器のほか，東播系須恵器，篠窯須恵器，11～12世紀の白磁や青磁がまとまって出土しており，12世紀段階までは他地域の文物が集積する国内有数の消費地であったことがわか

る。こうした状況は，施設の機能の充実，維持管理の状況とも整合的である。

以上の点から，11世紀頃から寺院空間の縮小化の傾向はあるものの，古代寺院としての国分寺が12世紀代まで維持されたことが確認できる。

最後に，讃岐国府との動向[4]と対比しておきたい。国分寺造営以後は，国府の変遷における4期に該当する時期である。国府では，8世紀後葉から11世紀前葉を中心とした時期がもっとも施設群が充実し，とくに9世紀から10世紀は良吏と称される国司が赴任した時期でもあり，名実ともに国府が充実した時期と考えられる。既述の通り，僧寺・尼寺も瓦の様相から，定期的な維持管理が実施されたほか，出土遺物からも地方の仏教拠点としての充実が図られていた点は，国府と連動した状況である。その後，11世紀中葉から13世紀に当たる5期に国府は留守処として，大型建物群が廃絶し，屋敷地の複合体へと変質する。国分寺では，維持管理が実施される範囲が次第に限定され，寺院空間の縮小化の意識が見られはじめる。その後，僧房や区画施設などが廃絶することから，寺域が縮小し，13世紀以降は，国府と共に新たな時代を迎える。

2　国分寺造営以後の地方寺院

次に，面的な発掘調査が実施された白鳥廃寺，山寺である中寺廃寺などの寺院から国分寺造営以降の古代寺院の様相について考えてみたい。

白鳥廃寺（図2）[5]は北，西，南の3方を丘陵に囲まれた平地に所在し，東側には湊川が北流する。これまでの発掘調査によって，伽藍配置と付属施設の一部が明らかになっている。塔のほか，東西棟の礎石建物跡が2棟，伽藍北東部に掘立柱建物跡6棟と寺院東側を区画する柵列が確認されている。塔基壇の出土遺物から7世紀末から8世紀初頭の造営と考えられる。塔の基壇は版築状の細かな層状盛土によって造成した後，基壇を掘り込んで礎石を設置する。塔の基壇の端付近では，心礎付近と異なり，盛土が複雑で，下層では瓦を含むことから数回の

修理が行なわれている可能性が高い。基壇化粧が確認されていないが、縦方向の土層の存在から木装基壇であった可能性もある。基壇周辺には雨落ちに相当する施設と考えられる円礫が敷かれている。礎石建物はどの程度、後世の改変を受けているか不明であるが、残存する礎石や塔の基壇幅などから令小尺（唐尺：1尺＝約30cm）が設計基準として使用され、確認されている建物は奈良時代以降と考えられる。創建以降、伽藍の北東部の谷を埋めたて、寺域を拡張し、堂宇と同じ造営尺で附属施設（掘立柱建物）

が10世紀前半頃まで整備され、その後、建替えも行なわれている。

以上の点から、白鳥廃寺のように、国分寺造営以前の寺院も一定の寺域をもち、複数の堂宇が整備された後、寺域を拡張しつつ、施設の維持管理が行なわれたと考えられる。こうした点は地域の仏教拠点として一定期間、機能したことを示すものである。

さて、国分寺造営後、寺院造営はしばらく停滞するが、平安時代以降、山寺といった修行を主目的とした平野部から離れた場所に寺院が造営され

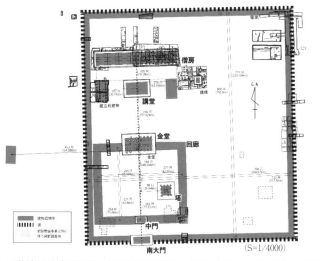

図1　讃岐国分寺平面図（高松市教育委員会 2017 文献に一部加筆）

図2　白鳥廃寺平面図（乗松 2021 文献に一部加筆）

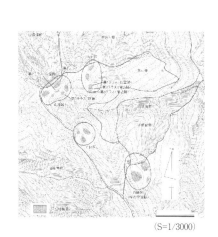

図3　中寺廃寺跡平面図および礎石建物平面図
（まんのう町教育委員会 2007 文献に一部加筆）

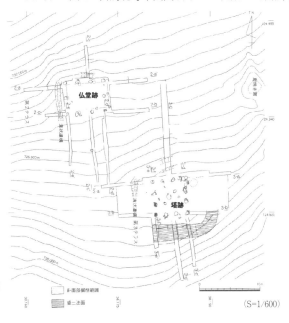

る。讃岐の平安時代前・中期の山寺としては、中寺廃寺（標高700m）、千間堂（屋島寺：標高285m）、中山廃寺（標高360m）があり、平安時代後期のものとしては、横山廃寺（標高240m）、白峯寺（標高260m）、野田院跡（標高400m）などがある。

その中で中寺廃寺（図3）[6]は、国分寺造営直後にあたる8世紀後半頃から修験の場として利用が開始され、10世紀頃に礎石建物が整備される。3つの平場群で構成され、とくに、A・B地区に建物群が展開し、C地区には石組遺構が集中する。錫杖頭片、三鈷杵片から密教導入期の修行の場であったと考えられ、その後、礎石建物が整備され転用硯などから本格的な修行の拠点となったと考えられる。やや時期は下るが、千間堂（屋島寺）や中山廃寺などの事例からも、複数の拠点が9〜10世紀に整備された状況を確認できる。

3 平安時代後期の石造物や瓦窯の動向からみた寺院造営

石塔形の石造物の造立からも寺院の新たな動きを確認することができる。初期の事例としては出釈迦寺禅定の層塔があり、平安時代後期以降のものとしては磨崖仏なども含めて、海岸寺奥之院や、札所寺院を中心として確認されている[7]。各寺院の様相は不明確だが、先の平安時代以降の讃岐各地での山寺の整備と連動するものと考えられる。平安時代末には、『梁塵秘抄』に記された「志度の道場」（志度寺）のように都にまで名をとどろかせる寺院も出現する。志度寺は海浜部に所在する寺院で、中世以降、港町を形成する場に造営される点も新たな動向として注目される。

このほか、11世紀後半〜12世紀には、陶窯跡群で生産された瓦が平安京や曼荼羅寺などの讃岐国内の寺院へ供給される[8]ほか、如意輪寺、勧喜院などの寺院附属の瓦屋での生産も確認でき、寺院の修繕、新たな施設や寺院の造営が行なわれたと考えられ、上記の山寺の造営や石造物の動向とも整合的である。さらに、12世紀を中心とする瓦は神社でも確認されており、神仏習合が隆盛する中で、新たな施設の整備がなされたことも示している。

おわりに

国分寺造営以後、密教などの新たな仏教思想の地方への波及によって、僧侶の修行などの仏教活動が本格化し、次第に地方における仏教の普及が進んだものと考えられる。一方で、国分寺、それ以後、新たに造営された山寺などの多くが、その後の新たな仏教思想の波及にあっても、各時代に応じて最適化され、新たな仏教寺院へと変貌していく。

註

1) 寺院数の把握に当たり、溝渕茂樹「讃岐上代寺院址考」『郷土文化サロン紀要』Ⅰ、1974。安藤文良「讃岐古瓦図録」『文化財協会報』特別号8、1967。瀬戸内海歴史民俗資料館『考古資料目録 古瓦編』1980。高松市歴史資料館『讃岐の古瓦展』1996などを参照した。

2) 松本忠幸「出土瓦から見た讃岐国分寺跡の創建」『佛教藝術』303、2009。「古代の讃岐国分寺跡・国分尼寺について」『佛教藝術』339、2015。渡部明夫『讃岐国分寺跡の考古学的研究』2013。妹尾周三「特論 讃岐国分尼寺の創建期軒瓦とその特徴について」『史跡讃岐国分尼寺跡』2017。「軒瓦からみた国分僧寺と国分尼寺の建立」『考古学雑誌』101—2、2019。香川将慶「第4章総括」『特別史跡讃岐国分寺跡』Ⅰ遺物②、2020

3) 高松市教育委員会『特別史跡讃岐国分寺跡』Ⅰ、2018・2019・2020。同『史跡讃岐国分尼寺跡』2017

4) 香川県教育委員会『讃岐国府跡』2、2019

5) 藤井直正・六車恵一・溝渕茂樹『讃岐白鳥廃寺跡調査報告―昭和43年度―』1970。乗松真也「白鳥廃寺跡の伽藍配置と変遷―1〜3次調査の再検討―」『香川県埋蔵文化財センター年報 令和元年度』2021。香川県教育委員会『山下岡前遺跡』2021

6) まんのう町教育委員会『中寺廃寺跡』2007などの報告書を参照

7) 松田朝由「讃岐の古代山寺と石造物」『季刊考古学』156、2021

8) 上原真人「古代末期における瓦生産体制の変革」『古代研究』13・14、1978。香川県教育委員会『丸山窯跡』2016

執筆者紹介 (執筆順)

湯浅利彦
元(公財)徳島県埋蔵文化財
センター

中村　豊
徳島大学大学院教授

信里芳紀
香川県埋蔵文化財センター

出原恵三
平和資料館・草の家

秋山浩三
桃山学院大学客員教授・
大阪府立弥生文化博物館
学芸顧問

柴田昌児
愛媛大学埋蔵文化財調査室
教授

乗松真也
愛媛県埋蔵文化財センター

村上恭通
愛媛大学アジア古代産業
考古学研究センター教授

西本和哉
(公財)徳島県埋蔵文化財
センター

吉田　広
愛媛大学ミュージアム教授

宮里　修
高知大学人文社会科学部准教授

梅木謙一
松山市考古館長

菅原康夫
元(公財)徳島県
埋蔵文化財センター

南　健太郎
京都橘大学文学部准教授

森下章司
大手前大学国際日本学部教授

山内英樹
松山市役所

岸本道昭
たつの市立
埋蔵文化財センター

高上　拓
高松市文化財課

栗林誠治
(公財)徳島県埋蔵文化財
センター

松本和彦
香川県政策部文化芸術局
文化振興課

中嶋美佳

中久保辰夫
京都橘大学文学部准教授

渡邊　誠
香川県教育委員会
生涯学習・文化財課

橋本雄一
(公財)松山市文化・スポーツ
振興財団埋蔵文化財センター

藤川智之
(公財)徳島県埋蔵文化財
センター

岡本治代
元徳島県立博物館学芸員

編著者略歴

大久保徹也
おおくぼてつや

徳島文理大学教授
1960 年神奈川県生まれ。岡山大学大学院文学研究科修士課程修了。香川県教育委員会勤務を経て現職。著書に『古墳時代の政治構造』（共著）『備讃瀬戸の土器製塩』（共著）など。

春成　秀爾
はるなり　ひでじ

国立歴史民俗博物館名誉教授
1942 年生まれ。九州大学大学院文学研究科修士課程中退。博士（文学）。著書に，『縄文社会論究』『儀礼と習俗の考古学』『祭りと呪術の考古学』『古代の装い』『原始絵画』（共著）『考古学者はどう生きたか』『考古学はどう検証したか』など。

季刊考古学・別冊 41
しこくこうこがく　さいぜんせん
四国考古学の最前線

定　　価	2,600 円＋税	
発 行 日	2023 年 5 月 25 日	
編　　者	大久保徹也・春成秀爾	
発 行 者	宮田哲男	
発 行 所	株式会社　雄山閣	

〒 102-0071　東京都千代田区富士見 2-6-9
TEL 03-3262-3231　FAX 03-3262-6938
振 替 00130-5-1685
URL　https://www.yuzankaku.co.jp
e-mail　info@yuzankaku.co.jp

印刷・製本　株式会社ティーケー出版印刷

© Ohkubo Tetsuya & Harunari Hideji 2023　Printed in Japan　　　　N.D.C. 210　148p　26cm
ISBN978-4-639-02908-3　C0321